John B. GIBB

4 - L
BUSINESS DICTIONARY
English - Russian - French - German

John B. GIBB

LEXIQUE MULTILINGUE
des
AFFAIRES

Anglais - Russe - Français - Allemand

LA MAISON DU DICTIONNAIRE

98, Boulevard du Montparnasse 75014 PARIS TEL : (1) 43.22.12.93 - FAX : (1) 43.22.01.77

© **LA MAISON DU DICTIONNAIRE 1994**

En application de la loi du 11 mars 1957 (articles 40 et 41 ; Code pénal, article 425), il est interdit de reproduire intégralement ou partiellement le présent ouvrage, sur quelque support que ce soit, sans autorisation de l'Editeur ou du Centre Français d'exploitation du droit de Copie, 6 bis rue Gabriel Laumain, 75010 PARIS.

PARIS 1994
Dépôt légal 2ème trimestre 1994
ISBN : 2-85608-061-8
Code livre : 3.49.49.115
Imprimé en France

Diffusion : EYROLLES
61 Bd St Germain
75240 Paris Cedex 05
Tel : (1) 44.41.11.11 Fax : (1) 44.41.11.44

PREFACE

En matière de commerce international, il est important de posséder une connaissance de sa terminologie qui évolue si rapidement. Il m'est apparu récemment qu'il existait un manque de dictionnaires d'affaires pour généralistes en russe et en anglais. Bien qu'il y ait des dictionnaires et des ouvrages sur l'économie et d'autres spécialisés dans certains domaines techniques comme la métallurgie, l'aérospatiale ou l'informatique, ils sont destinés essentiellement aux spécialistes. Je me suis donc mis à établir des listes de vocabulaire en russe et en anglais, portant sur des termes d'affaires généraux dans ces divers domaines : commerce international ; transport et commerce ; mercatique ; production ; technologie des ordinateurs et de l'information ; recherche et exploitation ; finance et droit. A mesure que je voyais l'utilisation d'un dictionnaire général de termes d'affaires, je compris également qu'il serait utile d'inclure deux autres langues commerciales majeures, à savoir le français et l'allemand, à l' anglais et au russe figurant à l'origine.

Choisir un vocabulaire est une tâche difficile. Les mots varient souvent de pays à pays, d'industrie à industrie et même de compagnie à compagnie. Les mots et les locutions sont sujets aux caprices du temps et de la mode. Certains termes apparaissent spontanément et disparaissent tout aussi vite. D'autres mots et locutions demeurent sans raison apparente pour devenir des anachronismes qui se maintiennent dans l'usage courant. Dans cet ouvrage, j'ai tenté d'éviter les mots "dans le vent", les acronymes et autres termes obscurs pour n'employer que des mots généraux portant sur une vaste gamme de domaines. J'aurais pu choisir de nombreux mots qui ne figurent pas ici et exclure d'autres dont j'aurais pu me passer. Néanmoins, j'espère que le corpus de ce dictionnaire est solide et sera utile aux gens d'affaires.

Cet ouvrage utilise la présentation classique des dictionnaires polyglottes et privilégie l'anglais américain. Chacune des entrées possède un nombre, une catégorie (nom, verbe, adjectif) et une explication pour réduire la confusion entre des mots semblables. Des index sont utilisables pour les non anglophones.

Ce travail étant destiné à des généralistes, on a éliminé les termes spécialisés. Certaines expressions ont parfois été rédigées dans les autres langues pour rendre le sens anglais s'il n'existe pas de sens ou d'expression plus proche. On s'est servi de locutions anglaises dans une ou plus des autres langues si elles sont d'un emploi commun dans l'autre langue.

PREFACE

In international business it is important to have a knowledge of the fast-changing terminology. Recently, it became clear to me that there was a lack of general use business dictionaries in Russian and English. Although there are dictionaries and textbooks on Economics and others specializing in certain technical fields such as Metallurgy, Aerospace or Computing, they are primarily for specialists. I began to develop word lists in Russian and English of the general business terms in : International Commerce, Transport and Trade ; Marketing ; Manufacturing ; Computing and Information Technology ; Research and Development ; Finance and Law. As I began to see the use for a general dictionary of business terms, I also saw that it would be useful to include two other major European commercial languages, French and German, to the original English and Russian.

Choice of vocabulary is an imprecise art. Words often differ from country to country, industry to industry and even company to company. Words and phrases are prone to the vagaries of time and fashion. Some terms come suddenly into use and depart with equal rapidity. Other words and phrases linger with little apparent reason and only to become anachronisms while remaining in use. In this work I tried to avoid "buzz-words", acronyms, and other obscure terms and employed only words in general use over a broad range of fields. There are many words that might have been chosen that were not and others which might be deemed better left off. Still, I hope the corpus of the work is sound and useful to business people.

The book uses the standard format for polyglot dictionaries and is keyed on American English. Each word or phrase has a number, usage (i.e.,noun, verb adjective.) and clarification to reduce confusion amongst similar words. Indices are included for use by non-English speakers.

Because this work is for broad use, specialist terms have been eliminated. Some expressions have sometimes been written in the other languages to approximate the English meaning, if no closer phrase or meaning exists. English phrases have been used in one or more of the other languages if it is in common use in the other language.

REMERCIEMENTS

J'aimerais remercier ma famille et, en particulier, Hannah et William Wister pour leur soutien et leur compréhension totale. Sans leur aide, cela aurait été une tâche bien plus difficile. Je remercie aussi chaleureusement Gilly et Stani Faure pour leur soutien et leurs nombreux conseils.

Je remercie également M. Michel Feutry, de la Maison du Dictionnaire à Paris. Je suis aussi très reconnaissant envers les personnes suivantes pour leurs suggestions de corrections au corpus de mon travail : Mme Tanya Gassel à Boston pour les corrections du russe ; M. Thibault Surer à Paris pour les corrections au français et M. Martin Scheytt du New Jersey pour les corrections au glossaire allemand. Je remercie également M. David Herren pour son aide technique dans le domaine de l'informatique et du langage. J'aimerais remercier aussi Mlle Jacqueline Soltys, enseignante, linguiste et chercheur en russe à Yale et le professeur David Sloane à Tufts pour ses conseils amicaux.

Merci également à M. Douglas Sternberg et au professeur Kathryn Henry qui se trouvaient au Middlebury College au cours de l'été 1990. A Middlebury, je voudrais remercier aussi Mlle Niki Rohde et M. Bruce Koplin de leur aide et de leur soutien.

J'aimerais également remercier les personnes suivantes qui m'ont aidé et conseillé pour la publication de cet ouvrage : Mme C. Douglas Dillon, M. John Sargent, M. Hugh Hyde, M. George Gibson, M. Andrew Wylie, M. Alex Valenzuela-Bock, M. Tony Balis, sans oublier M. Charles Scribner Sr. Merci également à Nina Thompson pour son aide et son soutien durant une période critique de l'élaboration de ce travail.

Je voudrais aussi reconnaître ma dette envers un groupe de chercheurs internationalistes de la compagnie Hewlett-Packard, qui a contribué à m'inspirer ce projet. Il s'agit de : MM. Jon Bale, Ed Tang, Mike Ksar, Frank Hublou, Victor Canivell, Roger Nelson, Frank Lucero, Bob Chin et Mlle Nancy Robison. Maître et Mme Benoît Charpentier m'ont apporté leurs fort judicieux conseils, leur soutien et leur amitié à un moment critique, ce dont je leur suis reconnaissant. J'aimerais inclure les noms des professeurs David Norburn, John Bateson et David Targett pour les remercier de leur aide si précieuse lors de l'élaboration initiale de ce projet.

Je ne voudrais pas oublier M. William Russell, M. et Mme John Pierrepont et M. et Mme J.B. Thomas IV en les remerciant de leur intérêt soutenu au cours de ce projet et d'autres. Je remercie tout particulièrement Rezida Mansurovna Sagdeeva pour son aide et son soutien, ainsi que M. et Mme Taobaldo Gonzales, sans oublier Mme Jean McClymont pour son aide tout au long de cette entreprise et de bien d'autres.

En conclusion, ce texte a été traité sur un Apple Macintosh, à l'aide du logiciel Microsoft Word. Les caractères russes sont ceux de la police russe Middlebury.

John GIBB
Oldwick, New Jersey

ACKNOWLEDGEMENTS

I would like to thank my family and particularly Hannah and William Wister for their complete support and understanding. Without them it would have been an infinitely more difficult task. Also, many thanks go to Gilly and Stani Faure for all their considerable support and advice.

Thanks go to M. Michel Feutry at La Maison du Dictionnaire in Paris. I am also very grateful to the following for their help in suggesting corrections to the corpus of the work : Mme Tanya Gassel in Boston, for corrections to the Russian ; Mr. Thibault Surer in Paris, for corrections to the French and Mr. Martin Scheytt in New Jersey, for corrections to the German word list. Thanks, too, to Mr. David Herren for his technical assistance in the field of computing and language. I would also add a note of acknowledgement for Ms. Jacqueline Soltys, educator, linguist and Russian scholar at Yale and Professor David Sloane at Tufts for his friendship and advice.
Thanks, too, go to Mr. Douglas Sternberg and Professor Kathryn Henry who were at Middlebury College during the summer of 1990. At Middlebury I would also like to thank : Ms. Niki Rohde and Mr. Bruce Koplin for their help and support.

I would also like to thank the following people who helped and advised on the book's publication : Mrs. C. Douglas Dillon, Mr. John Sargent, Mr. Hugh Hyde, Mr. George Gibson, Mr. Andrew Wylie, Mr. Alex Valenzuela-Bock, Mr. Tony Balis and special thanks to Mr. Charles Scribner Sr. Also thanks to Nina Thompson for her support and assistance during a critical period of the book's formulation.

I would also like to recognize a group of committed internationalists at Hewlett-Packard Company who were part of the inspiration for it : Mssrs. Jon Bale, Ed Tang, Mike Ksar, Frank Hublou, Victor Canivell, Roger Nelson, Frank Lucero, Bob Chin and Ms Nancy Robison. Maître et Mme Benoît Charpentier added immeasurable advice, support and friendship and a critical time and I am grateful to them. I would like to recognize : Professors David Norburn, John Bateson and David Targett and thanks to them for their assistance particularly at the beginning of the project.

Thanks to go to Mr. William Russell, Mr. and Mrs. John Pierrepont and Mr. and Mrs. J.B.Thomas IV for their ongoing interest during this project and other projects. And special thanks to Rezida Mansurovna Sagdeeva for her help and support. To Mr. and Mrs. Taobaldo Gonzales for their support and interest I say many thanks. I add thanks to Mrs. Jean McClymont for her assistance during this and other projects.

Finally, this document was created on an Apple Macintosh using Microsoft Word word processor. Russian characters are in the Middlebury Russian font.

John GIBB
Oldwick, New Jersey

LEXIQUE MULTILINGUE des AFFAIRES

CORPUS

Anglais - Russe - Français - Allemand

No	ENGLISH	USE	COMMENT	RUSSIAN	FRENCH	GERMAN

A

No	ENGLISH	USE	COMMENT	RUSSIAN	FRENCH	GERMAN
1	Abbreviation	n.	Acronym	Сокращение n.	Abréviation, f.	Abkürzung, f.
2	Abort (to)	v.	To stop before term	Прекращение n.	Arrêt, m. avant terme, interruption, f.	Vorzeitig abschließen, v.
3	Absenteeism	n.	Nonattendance	Абсентеизм m.	Absentéisme, m.	Abwesenheit, f.
4	Absolute	adj.	Unrestricted	Абсолютный adj.	Absolu	Absolut; adj. unbedingt, adj.
5	Abstract	n.	Short document	Реферат m.	Résumé, m.	Auszug, m.; kurze Übersicht, f.
6	Acceptable	adj.	Satisfactory	Приемлемый adj.	Acceptable	Annehmbar
7	Acceptance	n.	-- of goods	Приём m. товара	Acceptation, f. de marchandises	Warenannahme, f.
8	Access	phr.	Immediate --	Немедленный adj. доступ m.	Accès, m. direct	Sofortzugriff, m.; direkter Zugriff, m.
9	Access (to)	v.	To obtain access	Получать v. доступ m.	Avoir accès à qqch	Zutritt zu etw. haben
10	Accessories	n.	Additional items	Принадлежности f.pl.; аксессуары m.pl.	Accessoires, m.	Zubehör, n.
11	Accident	n.	Unforeseen event	Несчастный adj. случай m.	Accident, m.	Unfall, m.
12	Accommodate (to)	v.	To arrange; change	Размещать v.	Adapter	Jdm. einen Gefallen erweisen, phr.
13	Accord	n.	Formal agreement	Согласие n.	Accord, m.	Abmachung, f.; Abkommen, n.; Einverständnis, n.
14	Account	phr.	Expense --	Отчёт m. о понесённых расходах	Note, f. de frais	Spesenkonto, n.; Spesenrechnung, f.; Kostenrechnung, f.
15	Account	phr.	Bank --	Счёт m.; бухгалтерский adj. учёт m. в банке m.	Compte, n. bancaire	Bankkonto, n. Laufendes Konto, n.
16	Account	phr.	Current --	Текущий adj. счёт m.	Compte courant	Laufende Rechnung, f.
17	Account	n.	Business record	Счёт m.	Compte, m.	Rechnung, f.; Buchhaltungs- unterlagen, f.; Konto, n.
18	Account	phr.	To credit an --	Кредитовать v. счёт m.	Créditer un compte	Ein Konto, n. erkennen; einem Konto gutschreiben
19	Account	n.	Profit and loss -- --	Учёт m. рентабельности f.; Результатный adj. счёт; Счёт m. прибылей и убытков	Compte, m. de résultats	Gewinn- und Verlustkonto, n.
20	Accountability	n.	Responsibility	Ответственность f.; Подотчётность f.	Responsabilité, f.	Verantwortlichkeit, f.; Rechenschafts- pflicht, f.
21	Accountancy	n.	Accounting profession	(бухгалтерский) Учёт m.; бухгалтерия f.	Comptabilité, f.	Buchführungswesen, n.
22	Accountant	n.	Financial officer	Бухгалтер m.	Comptable, m.	Buchhalter, m.
23	Accountant	n.	Certified public -- (US)	Дипломирован- ный adj. бухгалтер m.; бухгалтер высшей квалификации	Expert- Comptable, m.	Buchprüfer, m.; Bücherrevisor, m.
24	Accountant	n.	Chartered -- (UK)	Дипломирован- ный adj. бухгалтер m.; бухгалтер высшей квалификации	Expert- Comptable, m.	Buchprüfer, m.

No	ENGLISH	USE	COMMENT	RUSSIAN	FRENCH	GERMAN
25	Accounting	n.	Cost --	Производствен-ный adj. учёт m.	Comptabilité analytique, f.	Kosterbuchhaltung, f.; Kostenrechnung, f.
26	Accounting	n.	Accountancy	(бухгалтерский) Учет m.	Comptabilité, f.	Buchführung, f.; Rechnungswesen, n.
27	Accounts	n.	-- payable	Счёт m. расчётов с поставщиками; Кредитовое adj. сальдо n. расчётов с поставщиками	Compte, m. fournisseurs	Verbindlichkeiten, f.pl.
28	Accounts	n.	-- receivable	Счёт m. расчётов с покупателями; Дебетовое adj. сальдо n. расчётов с покупателями	Compte, m. clients	Forderungen, f.pl.
29	Accrue (to)	v.	To accumulate in accounting	Нарастать v.	Courir, v.	Entstehen, v.
30	Accuracy	n.	Precision	Точность f.	Précision, f.	Genauigkeit, f.; Richtigkeit, f.
31	Acknowledgment	n.	Confirmation	Подтверждение n.	Récépissé, m.	Anerkennung, f.; Bestätigung, f.; Quittung, f.
32	Acquire (to)	v.	To obtain	Приобретать v.	Acquérir, v.	Erwerben, v.; erlangen, v.; anschaffen, v.
33	Acquisition	n.	Taking	Приобретение n.	Acquisition, f.	Erwerb, m.; Anschaffung, f.
34	Acronym	n.	Abbreviation	Акроним m.	Sigle, m.	Akronym, n.
35	Act	n.	Statute; law	Закон m.	Loi, f.	Gesetz, n.
36	Action	n.	Activity	Действие n.	Action, f.	Handlung, f.; Maßnahme, f.
37	Action	n.	Lawsuit	Иск m.; дело n.	Action, f. en justice	Klage, f.; Prozeß, m.
38	Actual	adj.	Real	Реальный adj.	Réel, adj.	Tatsächlich, adj.
39	Adapt (to)	v.	To adapt	Адаптировать v.	Adapter, v.	Anpassen, v.
40	Adaptation	n.	Adaptation	Адаптация f.	Adaptation, f.	Anpassung, f.
41	Add (to)	v.	To increase in number	Добавлять v.	Ajouter, v.	Hinzufügen, v.
42	Addition	n	Increase	Сложение n.; добавление n.	Addition, f.	Addition, f.
43	Additional	adj.	Supplementary	Добавочный adj.	Supplémentaire	Zusätzlich, adj.
44	Address	n.	Abode; place	Адрес m.	Adresse, f.	Adresse, f.
45	Address (to)	v.	To greet	Адресовать v.; обращаться v.	Adresser, v.	Adressieren, v.
46	Addressee	n.	of letter etc.	Адресат m.	Destinataire, m.	Adressat(in), m./f.
47	Adequate	adj.	Sufficient	Достаточный adj.; адекватный adj.	Adapté, adj.	Angemessen, adj.
48	Adjacent	adj.	Next to	Смежный adj.	Adjacent, adj.	Angrenzend, adj.
49	Adjourn (to)	v.	To suspend business	Закрывать v.; отсрочивать v.	Reporter, v.	Vertagen, v.; verschieben, v.
50	Adjust (to)	v.	To adapt	Исправлять v.; уточнять v.	Adapter, v.	Anpassen, v.; ausgleichen, v.
51	Adjustment	n.	-- of an account	Исправление n. счёта	Règlement, n. d'un compte	Regulierung, f. eines Kontos
52	Administrative	adj.	Directing; governing	Административ-ный adj.	Administratif, adj.	Verwaltungs-
53	Administrator	phr.	Database --	Администратор m. базы данных	Gestionnaire, m. de bases de données	Datenbankverwalter, m.
54	Administrator	n.	Director	Администратор m.	Gérant, m.	Verwalter, m.
55	Advance (to)	v.	To -- funds	Платить v. авансом; авансировать v.	Avancer, v.	Vorschießen, v.

No	ENGLISH	USE	COMMENT	RUSSIAN	FRENCH	GERMAN
56	Advance	phr.	Payable in --	Досрочный adj. платеж m.; внесение n. аванса	Payable d'avance	Vorauszuzahlender Betrag, m.; Anzahlung, f.
57	Advantage	n.	Leverage; superiority	Преимущество n.	Avantage, m.	Vorteil, m.
58	Advertise (to)	v.	To publicize	Рекламировать v.	Faire, v. de la publicité	Werbung, f. betreiben
59	Advertisement	n.		(Рекламное adj.) Объявление n.; реклама f.	Annonce, f.	Werbung, f.
60	Advertiser	n.	Sponsor	Рекламодатель m.	Annonceur, m.	Inserent, m.
61	Advertising	n.	-- agency	Рекламное агентство n.	Agence, f. de publicité	Werbeagentur, f.
62	Advertising	n.	Promotional material	Рекламные adj. материалы m.pl	Publicité, f.	Werbung, f.
63	Advertising	n.	Billboard --	Рекламный adj. щит m.	Panneau publicitaire, m.	Plakatwerbung, f.
64	Advice	n.	Counsel	Совет m.	Conseil, m.	Ratschlag, m.
65	Advice	n.	Notification	Извещение n.	Avis, m.	Benachrichtigung, f.
66	Affiliation	n.	Association	Присоединение n.	Affiliation, f.	Geschäftsverbindung, f.
67	Agenda	n.	Schedule	Повестка f. дня	Ordre, m. du jour	Tagesordnung, f.
68	Agent	n.	Intermediary	Агент m.	Agent, m.	Agent, m.
69	Agent	n.	Insurance --	Страховой adj. агент m.	Agent, m. d'assurances	Versicherungsagent, m.; Versicherungsvertreter
70	Aggregate	adj.	Assembled	Совокупный adj.	Global, adj.	Gesamt, adj.
71	Aggressiveness	n.	Entreprising behavior	Агрессивность f.	Agressivité, f.	Aggressivität, f.
72	Agree (to)	v.	To assent	Согласовать v.	Convenir, v. de	Abmachen, v.; vereinbaren, v.
73	Agreement	n.	Accord	Договор m.; соглашение n.	Accord, m.; convention, f.	Vertrag, m.; Abkommen, n.
74	Agreement	phr.	To conclude an --	Заключить v. договор m.	Parvenir, v. à un accord	Einen Vertrag schließen
75	Agreement	phr.	General -- on Tariffs and Trade(GATT)	Генеральное соглашение по таможенным тарифам и торговле	Accord, m. général sur les tarifs douaniers et le commerce	Allgemeines Zoll- und Handelsabkommen, n.
76	Agriculture	n.	Farming	Сельское хозяйство n.	Agriculture, f.	Landwirtschaft, f.
77	Air	phr.	Polluted --	Загрязнённый adj. воздух m.	Air, m. vicié/pollué	Verunreinigte Luft, f.
78	Air	phr.	-- pollution	Загрязнение n. воздуха m.	Pollution, f. de l'air	Luftverschmutzung, f.
79	Airline	n.	Air carrier	Авиакомпания f.	Compagnie, f. aérienne	Flugverkehrslinie, f.; Flugverkehrsgesellschaft, f.; Luftfahrtgesellschaft, f.
80	Airmail	v.	To send by --	Отправить v. авиапочтой	Par avion	Mit Luftpost
81	Airplane	n.	Aircraft	Самолёт m.	Avion, m.	Flugzeug, n.
82	Airport	n.	Aerodrome (UK)	Аэропорт m.	Aéroport, m.	Flughafen, m.
83	Alcohol	n.	Generic	Спирт m.	Alcool, m.	Alkohol, m.
84	Algorithm	n.	Mathematics	Алгоритм m.	Algorithme, m.	Algorithmus, m.
85	Allocate (to)	v.	To allot	Ассигновать v.; размещать v.	Allouer	Zuweisen; zuteilen
86	Allocation	n.	Allotment	Размещение n.; ассигнование n.	Affectation, f.	Zuweisung, f.; Verteilung, f.
87	Allowance	n.	Financial --	Содержание n.	Provision, f.	Vergütung, f.; Abzug, m.; Nachlaß, m.
88	Alloy	n.	Compound	Сплав m.; примесь f.	Alliage, m.	Legierung, f.

3

No	ENGLISH	USE	COMMENT	RUSSIAN	FRENCH	GERMAN
89	Alphanumeric	adj.		Алфавитно-цифровой *adj.*	Alphanumérique	Alphanumerisch
90	Alteration	n.	Modification	Изменение *n.*	Modification, *f.*	Änderung, *f.*
91	Alternating	phr.	-- current(AC)	Переменное *adj.* напряжение *n.*	Courant, *m.* alternatif	Wechselstrom, *m.*
92	Alternative	n.	Option; substitute	Альтернатива *f.*	Alternative, *f.*	Alternative, *f.*
93	Aluminum	n.	Aluminium	Алюминий *m.*	Aluminium, *m.*	Aluminium, *n.*
94	Amalgamation	n.	Combination; mixture	Амальгамирование *n.*	Fusion, *f.*	Zusammenschluß, *m.*; Fusion, *f.*
95	Ambiguity	n.	Ambiguous expression	Неоднозначность *f.*	Ambiguïté, *f.*	Mehrdeutigkeit, *f.*
96	Amortize (to)	v.	To dissect; break down	Погашать *v.* долг в рассрочку	Amortir, *v.*	Tilgen, *v.*; amortisieren, *v.*
97	Amount	n.	Sum	Сумма *f.*	Montant, *m.*; Somme, *f.*	Betrag, *m.*
98	Analysis	phr.	Quantitative --	Количественный *adj.* анализ *m.*	Analyse, *f.* quantitative	Quantitative Mengenbestimmung, *f.*; Aufgliederung, *f.*; Analyse, *f.*
99	Analysis	n.	Breakdown	Анализ	Analyse, *f.*	Analyse, *f.*
100	Analysis	phr.	Qualitative --	Качественный *adj.* анализ *m.*	Analyse, *f.* qualitative	Qualitative Analyse, *f.*
101	Analysis	phr.	Discounted cash flow --	Расчёт *m.* окупаемости капиталовложений	Actualisation, *f.* des flux futurs	Abgezinster Cash Flow, *m.*
102	Analysis	phr.	Cost-benefit --	Анализ *m.* затрат и результатов	Analyse, *f.* coûts-profits	Kosten-Nutzen-Analyse, *f.*
103	Analytical	adj.	Examining	Аналитический *adj*	Analytique, *adj.*	Analytisch
104	Annuity	n.	Financial instrument	Аннуитет *m.*; ежегодная *adj.* рента *f.*	Annuité, *f.*	Annuität, *f.*
105	Annul (to)	v.	To cancel, invalidate	Аннулировать *v.*	Annuler, *v.*	Für ungültig; kraftlos erklären
106	Answer	n.	Reply	Ответ *m.*	Réponse, *f.*	Antwort, *f.*
107	Answer (to)	v.	To reply	Отвечать *v.*	Répondre	Antworten, *v.*
108	Antenna			Антенна *f.*	Antenne, *f.*	Antenne, *f.*
109	Appeal (to)	v.	To make an earnest request or plea	Апеллировать *v.*; обращаться *v*	Faire appel, *n.*	Einspruch, *m.*; Beschwerde, *f.* erheben
110	Applicable	v.	To be --	Быть *v.* применимым, соответствующим	Être, *v.* applicable	Anwendbar sein; geeignet sein
111	Application	phr.	program-- software --	Применение *n.* компьютерной программы	Application, *f.* logicielle	Anwendersoftware, *f.*
112	Application	n.	Formal request	Заявление *n.*	Demande, *f.*	Antrag, *m.*
113	Application	phr.	-- software program	Прикладное программное обеспечение *n.*	Sous-programme, *m.*	Anwendungsroutine, *f.*
114	Application	phr.	To make an --	Сделать *v.* заявление *n.*	Présenter sa candidature	Sich an jdn. wenden, *v.*; Antrag, *m.* stellen; sich bewerben, *v.*
115	Appraisal	n.	Evaluation	Оценка *f.*	Évaluation, *f.*	Bewertung, *f.*
116	Appreciation	n.	Increase in price	Повышение *n.* стоимости	Revalorisation, *f.*	Aufwertung, *m.*; Preiserhöhung, *f.*
117	Approval	n.	Approval	Одобрение *n.*	Approbation, *f.*	Zustimmung, *f.*; Genehmigung, *f.*; Annahme, *f.*
118	Approximation	n.	Estimate	Приближение *n.*	Approximation, *f.*	Annäherungswert, *m.*
119	Arbitrage	n.		Арбитраж *m.*	Arbitrage, *m.*	Schlichtung, *f.*
120	Arbitrary	adj.	Discretionary	Произвольный *adj.*	Arbitraire, *adj.*	Dem Ermessen überlassen; willkürlich, *adj.*

No	ENGLISH	USE	COMMENT	RUSSIAN	FRENCH	GERMAN
121	Arbitration	n.	-- procedure	Арбитраж *m.*; третейский *adj.* суд *m.*	Procédure, *f.* d'arbitrage	Schiedsverfahren, *n.*
122	Arbitrator	n.	Mediator	Арбитр *m.*; третейский *adj.* судья *m.*	Médiateur, *m.*	Schiedsrichter, *m.*; Vermittler, *m.*
123	Area	n.	Geographical place	Площадь *f.*	Domaine, *m.*; région, *f.*	Gebiet, *n.*
124	Argument	n.	Discussion	Аргумент *m.*; доказательство *n.*	Discussion, *f.*	Argument, *n.*; Beweisgrund, *m.*; Meinungs-verschiedenheit, *f.*
125	Arrears	phr.	To be in --; to be late	Отставание *n.*; просрочка *f.*	En retard; arriérés	Zahlungsrückstände, *f.* haben
126	Arrival	n.	-- of goods	Поступление *n.* товара	Arrivage, *m.* de marchandises	Eingang, *m.* von Waren
127	Artwork	n.	Graphics for publishing etc.	Макет *m.*	Maquette, *f.*	Druckvorlage, *f.*
128	ASAP	phr.	As soon as possible	Как можно скорее	Dès que possible	So bald wie möglich
129	Assembly	phr.	-- line	Сборочный *adj.* конвейер *m.*	Chaîne, *f.* de montage	Fließband, *n.*
130	Assembly	n.	Manufacturing	Сборка *f.*	Ensemble, *m.*; Plan de montage *m.*	Montage, *f.*
131	Assembly drawing	n.	Engineering design	Сборочный *adj.* чертеж *m.*	Montage, *m.*; assemblage, *m.*	Montagezeichnung, *f.*
132	Assess (to)	v.	Evaluate	Оценивать *v.*	Évaluer, *v.*	Bewerten, *v.*
133	Assessment	n.	Valuation	Оценка *f.*	Évaluation, *f.*	Bewertung, *f.*; Wertfeststellung, *f.*
134	Asset	n.	Possession with money value	Актив *m.*; капитал *m.*	Actif, *m.*	Vermögenwert, *m.*; Vermögens-gegenstand, *m.*
135	Asset	phr.	Net-- value	Нетто-капитал *m.*; нетто-активы *m.pl.*	Valeur, *f.* comptable	Buchwert, *m.*
136	Assets	phr.	Current --	Оборотный *adj.* капитал *m.*; оборотные *adj.* средства *n.pl.*	Actifs, *m.pl.* circulants	Kurzfristiges Umlaufvermögen, *n.*
137	Assets	phr.	Fixed --	Основной *adj.* капитал *m.*; основные *adj.* средства *n.pl*	Actifs, *m.pl.* immobilisés	Sachanlagen, *f.pl.*; Anlagevermögen, *n.*
138	Assignment	n.	Task; duty	Задание *n.*; поручение *n.*	Tâche, *f.*	Aufgabe, *f.*; Aufgabengebiet, *n.*
139	Assistance	n.	Aid	Помощь *f.*; содействие *n.*	Aide, *f.*; Assistance, *f.*	Hilfe, *f.*; Unterstützung, *f.*
140	Assistant	n.	-- manager	Помощник *m.* руководителя; референт *m.*	Sous-directeur, *m.*	Stellvertretender Direktor, *m.*
141	Assistant	n.	helper	Помощник *m.*; ассистент *m*	Adjoint, *m.*	Assistent, *m.*; Mitarbeiter, *m.*
142	Assumption	n.	Hypothesis	Предположение *n.*	Hypothèse, *f.*	Annahme, *f.*; Übernahme, *f.*; Voraussetzung, *f.*
143	Assurance	n.	Insurance	Страхование *n.*	Assurance, *f.*	Versicherung, *f.*
144	Assure (to)	v.	To ensure	Обеспечивать *v.*; страховать *v.*	Assurer	Versichern
145	ATM	phr.	Automatic banking teller machine	Банковский *adj.* автомат *m.*	Distributeur, *m.* automatique Billetterie, *f.*	Bankautomat, *m.*
146	Atom	n.	Small particle	Атом *m.*	Atome, *m.*	Atom, *n.*
147	Attaché	n.	-- case	Портфель *m.* для документов; атташе-кейс *m.*; дипломат *m.*	Porte-document, *m.* serviette, *f.*	Aktentasche, *f.*

5

No	ENGLISH	USE	COMMENT	RUSSIAN	FRENCH	GERMAN
148	Attack	n.	Assault; accusation	Атака *f.*	Attaque, *f.*	Angriff, *f.*
149	Attack (to)	v.	To assault	Нападать *v.*; атаковать *v.*	Attaquer	Angreifen, *v.*
150	Attorney	n.	Lawyer	Уполномоченный *m.*; адвокат *m.*	Avocat, *n.*	Rechtsanwalt, *f.*
151	Auction	n.	Sale	Аукцион *m.*	Enchère(s), *f.pl.*	Versteigerung, *f.*
152	Audience	n.	Listeners or observers	Зрители *m.pl.*; аудитория *f.*	Public, *m.*	Ansprechgruppe, *f.*; Publikum, *n.*; Zuhörer, *m.pl.*
153	Audit	v.	To check	Проверять *v.*; проводить *v* ревизию	Vérifier, *v.* (comptes)	Bücher, *n.pl.* prüfen; Rechnungsführung, *f.* prüfen
154	Auditor	m.	Accountant; supervisor	Бухгалтер-ревизор *m.*; финансовый *adj.* инспектор *m.*	Commissaire, *m.* aux comptes	Rechnungsprüfer, *m.*; Buchprüfer, *m.*
155	Authority	n.	Power	Орган м. власти; полномочие *n.*	Autorité, *f.*; Pouvoir, *m.*; Procuration, *f.*	Bevollmächtigung, *f.*; Vollmacht, *f.*
156	Authorization	n.	Permission	Санкция *f.*; уполномочивание *n.*	Autorisation, *f.*	Bevollmächtigung, *f.*; Genehmigung, *f.*
157	Automatic	adj.	Automated; methodical	Автоматический *adj.*	Automatique, *adj.*	Automatisch, *adj.*
158	Automatic	phr.	-- teller machine (ATM)	Банковский *adj.* автомат *m.*	Distributeur, *m.* automatique	Bankautomat, *m.*
159	Automation	n.	Electronics	Автоматизация *f.*	Automatisation, *f.*	Automatisierung, *f.*
160	Automobile	n.	Car	Автомобиль *m.*	Automobile, *f.*	Auto, *n.*
161	Autonomous	adj.	Independent	Автономный *adj.*	Autonome, *adj.*	Selbstständig; *adj.* autonom, *adj.*
162	Available	adj.	Ready	Наличный *adj.*; доступный *adj.*	Disponible, *adj.*	Verfügbar, *adj.*
163	Average	adj.	Medium	Средний *adj.*	Moyen	Durchschnittlich, *adj.*
164	Avoidable	adj.	Escapable	То, чего можно избежать	Évitable	Vermeidbar, *adj.*
165	Award	n.	Decision	Решение *n.*	Décision, *f.* de justice	Zuerkennung, *f.*; Schiedsrichterliche Entscheidung, *f.*

No	ENGLISH	USE	COMMENT	RUSSIAN	FRENCH	GERMAN

B

166	Background	n.	Experience; setting	Фон m.; задний adj. план m.	Arrière-plan, m.; références, f.pl.	Hintergrund, m.
167	Backlog	n.	Orders for goods	Портфель m. заказов	Carnet, m. de commandes	Unerledigter Auftragsbestand, m.
168	Backup	n.	Support	Поддержка f.	Sauvegarde, f.	Ausweichbetrieb, m. zur Hilfe/Stütze
169	Bad	n.	-- debt	Безнадёжный adj. долг m.	Mauvaise créance, f.	Zweifelhafte (uneinbringliche) Forderungen, f.pl.
170	Balance	phr.	-- of bank account	Сальдо n. банковского счёта	Solde, m. de banque	Guthaben bei der Bank
171	Balance	phr.	-- of payments	Платёжный adj. баланс m.	Balance, f. des paiements	Zahlungsbilanz, f.
172	Balance	n.	-- sheet	Балансовый adj. отчёт m.; бухгалтерский adj. баланс m.	Bilan, m.	Rechnungsabschluß, m.; Bilanz, f.
173	Balance	phr.	To -- the books	Подводить v. баланс m.; забалансировать v. бухгалтерские книги	Clôturer, v. les comptes	Die Bücher abschließen; Bilanz, f. ziehen
174	Balance (to)	v.	To equalize	Уравновешивать v.	Équilibrer, v.	Konten ausgleichen
175	Balance	phr.	-- of trade	Торговый adj. баланс m.	Balance, f. commerciale	Handelsbilanz, f.
176	Balance	n.	Bookkeeping --	Сальдо n.	Solde, m.	Kontensaldo, m.
177	Balanced	phr.	-- load	Симметричная adj. нагрузка f.	Charge, f. équilibrée	Symmetrische Belastung, f.
178	Bank	n.	Finance and lending institution	Банк m.	Banque, f.	Bank, f.
179	Bank	phr.	-- account	Счёт m. в банке	Compte, m. bancaire	Bankkonto, n.
180	Bank	phr.	clearing --	Клиринговый adj. банк m.	Banque de compensation	Abrechnungsstelle, f. Abrechnungsbank, f.
181	Bank	phr.	Investment -- (US)	Инвестиционный adj. банк m.	Banque, f. d'affaires	Handelsbank, f.
182	Bank	phr.	Merchant -- (UK)	Торговый adj. банк m.	Banque, f. d'affaires	Handelsbank, f.
183	Bank	phr.	-- rate	Учётная adj. ставка f.	Taux, m. officiel d'escompte	Bankzins, m.; Diskontsatz, m.
184	Bank	phr.	Savings --	Сберегательный adj. банк m. сбербанк m.	Caisse, f. d'épargne	Sparkasse, f.
185	Banker	n.	Financier	Банкир m.	Banquier, m.	Bankier, m.
186	Banking	n.	The -- profession	Банковое adj. дело n.	Opération, f. bancaire; la banque	Bankwesen, n.
187	Bankrupt	adj.	Insolvent	Обанкротившийся adj.	En faillite	In Konkurs zahlungsunfähig, adj.
188	Bankruptcy	n.	Default	Банкротство n.	Faillite, f.	Konkurs, m.
189	Bar	n.	Body of lawyers	Адвокатура f.	Barreau, m.	Anwaltsvereinigung, f.
190	Bar	n.	Ingot (i.e., silver, gold)	Слиток m.	Lingot, m.	Barren, m.
191	Bargain	n.	S.t. cheaply acquired	Выгодная adj. покупка f.	Affaire, f.	Vorteilhaftes Geschäft, n.
192	Bargain (to)	v.	To negotiate	Торговаться v.	Négocier	um etw. handeln, v.
193	Bargain	phr.	-- price; inexpensive	Цена f. при распродаже	Prix, m. en solde; soldes, m.pl.	Günstiger Preis, m.; Gelegenheitspreis, m.; Ausverkauf, m.
194	Bargaining	n.	Negotiations	Переговоры m.pl.	Marchandage, m.	Aushandeln, n.

7

No	ENGLISH	USE	COMMENT	RUSSIAN	FRENCH	GERMAN
195	Bargaining	phr.	-- power	Рыночная *adj.* власть *f.*	Pouvoir, *m.* de négociation	Berechtigung, *f.* zu verhandeln und abzuschließen
196	Barrel	n.	Container	Баррель *m.*	Baril, *m.*	Barrel, *n.*
197	Barrier	n.	Obstacle	Барьер *m.*	Barrière, *f.*	Schranke, *f.*
198	Barter (to)	v.	To trade	Бартер *m.*; товарообмен *m.*; обменивать *v.*	Troquer, *v.*	Tauschhandel, *m.*
199	Base	n.	Starting point	База *f.*; базис *m.*	Base, *f.*	Basis, *f.*
200	Basic	adj.	Simple	Базисный *adj.*; основной *adj.*	Fondamental, *adj.*	Die Grundlage bildend
201	Basis	n.	Starting point	Базис *m.*; база *f.*	Base, *f.*	Grundlage, *f.*
202	Batch	n.	Lot	Партия *f.*	Lot, *m.*	Serie, *f.*; Los, *n.* Liefermenge, *f.*
203	Battery	n.	Electric --	Батарея *f.*	Pile, *f.*; batterie, *f.*	Batterie, *f.*
204	Baud	n.	-- rate (electronics)	Бод *m.* (единица скорости передачи информации)	Baud, *m.* (vitesse de transfert de données informatiques)	Baud, *n.*
205	Bear	phr.	-- Market	Рынок *m.*; на котором наблюдается тенденция к снижению курсов	Marché, *m.* à la baisse	Baissebewegung, *f.*
206	Behavior	n.	Action	Поведение *n.*	Comportement, *m.*	Benehmen, *n.*; Verhalten, *n.*
207	Behavior	phr.	Consumer --	Поведение *n.* потребителей	Comportement, *m.* des consommateurs	Verbraucher-verhalten, *n.*
208	Belt	n.	Engine part	Ремень *m.* (автомобильный)	Courroie, *f.*	Antriebsriemen, *m.*
209	Benchmark	n.	Point of comparison	Отметка *f.*; репер *m.*; база *f.* сравнения	Point, *m.* de repère	Fixpunkt, *m.*
210	Benefit	n.	Advantage	Польза *f.*; выгода *f.*	Avantage, *m.*	Vorteil, *m.*; Nutzen, *m.*
211	Benefits	phr.	Fringe --	Дополнительные льготы *f.pl.*; дополнительные выплаты *f.pl.*	Avantages, *m.pl.* en nature	Zusatzleistungen, *f.pl.*
212	Better	adj.	Superior	Лучше *adv.*	Meilleur	Besser
213	Bias	n.	Prejudice	Тенденция *f.*	Tendance, *f.*; Prévention, *f.*	Voreingenommen-heit, *f.*; Vorurteil, *n.*
214	Bid	n.	Offer	Предложение *n.*	Offre, *f.*	Angebot, *n.*
215	Bid	n.	Auction --	Надбавка *f.* цены	Enchère, *f.*	Gebot, *n.*
216	Bid (to)	v.	To offer as a price	Предлагать *v.* цену	Faire une offre	Bieten; *v.* anbieten, *v.*
217	Bid (to)	v.	To auction	Предлагать *v.* надбавку к цене	Miser; mettre une enchère	Bieten, *v.*
218	Bilateral	adj.	Two-sided	Двусторонний *adj.*	Bilatéral	Zweiseitig, *adj.*
219	Bill	n.	Check; total	Счёт *m.*	Addition, *f.*	Rechnung, *f.*
220	Bill	phr.	Accounting for goods or services	Счёт *m.* за товары или обслуживание; фактура *f.*	Facture, *f.*	Rechnung, *f.*
221	Bill	phr.	-- of materials	Накладная *f.* на предметы материально-технического обеспечения	Lettre, *f.* de voiture	Frachtbrief, *m.*
222	Bill of lading	phr.	-- documents	Коносамент *m.*; транспортная *adj.* накладная *f.*	Connaissement, *m.*	Konnossament, *n.*; Frachtbrief, *m.*
223	Bill of sale	phr.	-- documents	Купчая *f.*	Acte (contrat) de vente	Kaufvertrag, *m.*

No	ENGLISH	USE	COMMENT	RUSSIAN	FRENCH	GERMAN
224	Billboard	phr.	-- advertising	Рекламный adj. щит m.	Panneau-publicitaire, m.	Reklametafel, f.; Anschlagtafel, f.
225	Billion	n.	Number	Миллиард m.	Milliard, m.	Milliarde, f.
226	Binary	adj.		Двоичный adj.	Binaire	Binär, adj.
227	Bit	n.	Computer term (e.g., 8-, 16- or 32-bit)	Бит m. (двоичная единица измерения количества информации)	Bit, m.	Bit, n.
228	Black market	phr.	Illicit dealings	Черный adj. рынок m.	Marché, m. noir	Schwarzmarkt, m.
229	Blueprint	n.	Design drawings	Синька f.	Photocalque, m. (Plan)	Lichtpause, f.; Entwurf, m.
230	Boilerplate	n.	Standard text or format	Библиотека f. стандартных текстов	Paragraphe, m. standard	Vorformulierter Satz, m.
231	Bond	n.	Debt instrument	Облигация f.	Obligation, f.	Schuldverschreibung, f.
232	Bond	phr.	Goods in --; also --ed goods	Товары m.pl.; не обложенные пошлиной	Marchandises sous douane	Zollagergut, n.
233	Bond	phr.	warehouse --	Складская adj. таможенная adj. закладная f.	Entrepôts, n.pl. des douanes	Zolllager, n.; Freilager, n.
234	Bonus	n.	Extra pay	Премия f.; бонус m.	Prime, f.	Bonus, m.
235	Book	n.	Published document	Книга f.	Livre, m.	Buch, n.
236	Book	phr.	-- value (net asset value)	Нетто-капитал m.	Valeur, f. comptable	Buchwert, m.
237	Bookkeeping	n.	Management of accounts	Ведение n. бухгалтерских книг; бухгалтерия f.	Comptabilité, f.; tenue de livres	Buchhaltung, f.
238	Boom	n.	Economic prosperity	Бум m.; Быстрый adj. подъём m. (деловой активности)	Boom, m.; forte hausse	Hochkonjunktur, f.; Hausse, f.
239	Border	n.	Boundary	Предел m.; граница f.	Frontière, f.	Grenze, f.
240	Borrow (to)	v.	Go into debt	Занимать v.; одалживать v.	Emprunter, v.	Leihen, v.; borgen, v.
241	Bottle-neck	phr.	Obstacle in production	Узкое adj. место n. (в экономике)	Goulet, m. d'étranglement en production	Engpaß, m. der Produktion
242	Box	n.	Container	Коробка f.; ящик m.	Boîte, f.	Behälter, m. Karton, m.
243	Boycott	n.	Exclusion; ostracism	Бойкот m.	Boycottage, m.	Boykott, m.; Boykottverfahren, n.; Sperre, f.
244	Brake	n.	Vehicle part	Тормоз m. (автомобильный)	Frein, m.	Bremse, f.
245	Branch	n.	-- office	Филиал m.; отделение n.	Succursale, f.	Zweigniederlassung, f.; Filiale, f.
246	Brand	n.	Company's name, trademark etc.	Фабричная adj. марка f.; торговый adj. знак m.	Marque, f. de fabrique	Firmenmarke, f.; Sorte, f.
247	Brand	n.	Product name	Сорт m.; марка f. изделия	Marque, f. déposée	Marke, f.; Markenname, m.; Logo, n.
248	Brand name	phr.	Company name	Фирменное adj. название n.	Marque, f. de commerce; Logo, m.	Marke, f.
249	Break in (to)	v.	(US); to run in machinery	Обкатка f. машины	Rodage, m.	Einlaufen, n.

No	ENGLISH	USE	COMMENT	RUSSIAN	FRENCH	GERMAN
250	Break-even (to)	v.	To cover expenses	Безубыточное adj. ведение n. дела	Atteindre le point-mort	Rentabilitäts-schwelle, f. erreichen
251	Break-even	phr.	-- point	Точка f. безубыточности	Seuil, m. de rentabilité	Rentabilitäts-schwelle, f.
252	Breakdown (to)	v.	To get out of order (vehicle)	Выходить v. из строя (приполомке)	Être en panne	Zusammenbrechen, v.
253	Breakdown	phr.	Of machine	Неисправность f. машины	Interruption, f.; Décomposition, f.	Betriebsstörung, f.
254	Bribe	n.	Payoff	Взятка f.	Pot-de-vin, m.	Bestechung, f.
255	Bribery	n.	Payoff	Взяточничество n.	Corruption, f.	Bestechung, f.
256	Brick	n.	Building material	Кирпич m.	Brique, f.	Ziegel, m.; Backstein, m.
257	Broadcast (to)	v.	To send out television, radio emissions etc.	Транслировать v.; передавать v. по радио	Émettre, v.	Durch Fernsehen oder Radio übertragen; Senden, v.
258	Broker	n.	Share --	Брокер m.; маклер m.	Courtier, m.	Makler, m.
259	Brokerage	n.	Trading	Куртаж m.; комиссионные pl.	Courtage, n.	Maklergeschäft, n.
260	Bronze	n.	Metal	Бронза f.	Bronze, m.	Bronze, f.
261	Budget	n.	Burden of expenditure	Бюджет m.	Budget, m.	Budget, n.; Haushalt, m.
262	Budgetary	phr.	-- year, (Fiscal)	Финансовый adj. год m.	Année, f. fiscale; exercice, m. fiscal	Haushaltsjahr, n.
263	Buffer	n.	Neutralizer; barrier	Резервный adj. запас m.	Tampon, m.	Puffer, m.; Stoßdämpfer, m.
264	Bug	n.	Error in computer software	Ошибка f.; помеха f.	"Bogue", f.; Erreur; Défaut	Bug, m.; Wanze(Abhörgerät), f.
265	Builder	n.	Contractor	Строитель m.	Entrepreneur, m.	Bauunternehmer, m.
266	Building	n.	Edifice	Сооружение n.	Bâtiment, m.	Gebäude, n.
267	Building	phr.	-- code, (Regulations)	Строительные adj. правила n.pl.	Normes, f.pl. de construction	Baupolizeiliche Vorschriften, f.pl.
268	Building	phr.	-- site	Стройка f.; участок m. застройки	Chantier, m.	Bauplatz, m.
269	Built-in	adj.	Incorporated	Встроенный adj.	Incorporé, adj.	Eingebaut, adj.
270	Bulk	phr.	In --	Навалом adv.	En vrac	Massengut, n.; lose Ladung, f.
271	Bull	phr.	-- Market	Рынок m.; на котором наблюдается тенденция к повышению курсов	Marché, m. soutenu	Haussemarkt, m.
272	Bull market	n.	Rising market	Повышательная adj. рыночная adj. конъюнктура f.	Marché, m. à la hausse	Steigender Markt, m.
273	Bullion	phr.	Gold/Silver--	Золото n./ серебро n. в слитках	Or, m./argent, m. en barres (en lingots)	Gold, n./Silber, n. in Barren
274	Business	n.	Task, affair	Дело n.	Affaire, f.	Geschäft, n.; Geschäftszweig, m.; Firma, f.
275	Business	phr.	To conclude a -- deal	Заключить v. сделку	Conclure/faire une affaire	Ein Geschäft (einen Handel) abschließen
276	Business	n.	-- establishment	Деловое adj. предприятие n.	Fonds, m. de commerce	Geschäftgründung, f.
277	Business	phr.	-- hours	Часы m.pl. работы	Heures, f.pl. de bureau (des affaires)	Geschäftszeiten, f.pl.
278	Business	phr.	-- trip	Командировка f.; деловая adj. поездка f.	Voyage, m. d'affaires	Geschäftsreise, f.

10

No	ENGLISH	USE	COMMENT	RUSSIAN	FRENCH	GERMAN
279	Business	phr.	-- class (air/train/travel)	Бизнес-класс m. (на авиа/ железнодоро- жных линиях)	Classe, f. affaires	Business Class
280	Business	phr.	-- card	Визитная adj. карточка f.	Carte, f. de visite	Visitenkarte, f.
281	Business	phr.	Spot	Сделка f. за наличные	Marché, m. au comptant	Promptgeschäft, n.
282	Business	phr.	-- school	Коммерческая adj. школа f.	École, f. de commerce	Handelsschule, f.
283	Businessman	n.	Person in business	Коммерсант m.; бизнесмен m.	Homme, m. d'affaires	Geschäftsmann, m.; Kaufmann, m.
284	Businesslike	adj.	Correct business procedures	Деловой adj.	Sérieux, adj.	Geschäftsmäßig, adj.; kaufmännisch, adj.
285	Busy	adj.	Telephone in use	Телефон m. занят	Ligne, f. occupée	Besetzt, adj.; Besetzte Leitung, f.
286	Busy	adj.	Occupied	Занятый adj.	Occupé, adj.	Beschäftigt, adj.
287	Buy	phr.	To -- on credit	Покупать v. в кредит	Acheter à crédit	Auf(gegen) Kredit kaufen
288	Buy (to)	v.	To purchase	Покупать v.	Acheter, v. qch.	Etw. kaufen, v.
289	Buy back (to)	v.	To repurchase	Покупать v. снова (ранее проданный товар)	Racheter, v.	Zurückkaufen, v.
290	Buyer	n.	Purchaser	Покупатель m.	Acheteur, m.	Käufer, m.
291	Buyer's	phr.	-- market	Рыночная adj. конъюнктура f.	Marché, m. acheteur	Käufermarkt, m.
292	Buying	phr.	-- power	Покупательная adj. способность f.	Pouvoir, m. d'achat	Kaufkraft, f.
293	By-product	n.	Result; outgrowth	Побочный adj. продукт m.	Sous-produit, m.	Nebenerzeugnis, n.
294	Byte	n.	Computer term	Байт m.	Byte, m.; octet, m.	Byte, m.

C

No	ENGLISH	USE	COMMENT	RUSSIAN	FRENCH	GERMAN
295	Cable	n.	Electrical	Кабель m. (электрический)	Câble, m. (électrique)	(Elektrisches) Kabel, n.
296	CAD	phr.	Computer Aided Design	Автоматизированное adj. проектирование n.; система f. автоматизированного проектирования (САПР)	Conception, f. assistée par ordinateur (CAO)	Rechnergestütztes Entwerfen, n.; CAD
297	Café	n.	Bar; bistro	Кафе n.	Café, m.	Café, n.
298	Calculate (to)	v.	Estimate	Калькулировать v.; вычислять v.	Calculer, évaluer	Kalkulieren, v.; berechnen, v.
299	Calculation	n.	Reckoning	Расчёт m.; калькуляция f.	Calcul, n.	Berechnung, f.; Kalkulation, f.
300	Calculator	n.	Machine	Калькулятор m.	Machine, f. à calculer	Rechenmaschine, f.
301	Calendar	n.	Schedule	Календарь m.	Calendrier, m.	Kalender, m.
302	Calibration	n.	Grade; measure	Калибровка f.; тарировка f.	Calibrage, m.; étalonnage, m.	Kalibrierung, f.; Eichung, f.
303	CAM	phr.	Computer-Aided Manufacture (CAM)	Автоматизированная adj. система f. управления производством (АСУП)	Fabrication assistée par ordinateur (FAO)	Rechnergestützte Herstellung, f.
304	Campaign	n.	Marketing/advertising --	Кампания f.	Campagne, f. publicitaire	Werbekampagne, f.
305	Canal	n.	Watercourse	Канал m.	Canal, m.	Kanal, m.
306	Cancel	v.	To -- a contract	Аннулировать v. контракт	Résilier, v. un contrat	Einen Vertrag Kündigen
307	Cancel (to)	v.	To annul	Аннулировать v.; отменять v.	Annuler	Für ungültig (kraftlos) erklären; abbestellen, v.
308	Capability	n.	Ability	Способность f.; возможность f.	Aptitude, f.; compétence, f.	Leistungsfähigkeit, f.
309	Capable	adj.	Qualified	Способный adj.; компетентный adj.	Compétent, adj.	Fähig, adj.; geeignet, adj.
310	Capacity	n.	Volume	Вместимость f.	Capacité, f.; contenance, f.	Kapazität, f.; Rauminhalt, m. Fassungsvermögen, n.
311	Capacity	n.	Manufacturing --	Производительность f.;	Capacité, f. de fabrication	Produktionskapazität, f.
312	Capacity	n.	Ability	Способность f.	Compétence, f.	Fähigkeit, f.; Befähigung, f.
313	Capacity	phr.	Production --	Объём m. выпуска	Capacité, f. de production	Produktionskapazität, f.
314	Capital	n.	Funds	Капитал m.	Capital, m.	Kapital, n.
315	Capital	phr.	Working --	Оборотный adj. капитал m.	Fonds, m. de roulement	Betriebskapital, n.
316	Capital	phr.	-- expenditure	Основные фонды m.pl.	Immobilisations, f.pl.	Kapitalaufwendungen, f.pl.
317	Capital	phr.	Venture --	Вложение n. капитала с риском	Capital-risque, m.	Risikokapital, n.
318	Capital	phr.	-- intensive	Капиталоёмкий adj.	À haute intensité de capital	Kapitalintensif, adj.
319	Capitalization	n.	Capital; financing	Капитализация f.; превращение n. в капитал	Capitalisation, f.	Kapitalisierung, f.

No	ENGLISH	USE	COMMENT	RUSSIAN	FRENCH	GERMAN
320	Capitalize (to)	v.	To finance	Капитализиро- вать v.; превращать v. в капитал	Capitaliser	Kapitalisieren, v.
321	Car	n.	Vehicle	Автомобиль m.	Voiture, f.	Auto, n.
322	Carbon	n.		Углерод m.	Carbone, m.	Kohlenstoff, m.
323	Card	n.	Record	Карта f.	Carte, f.	Karte, f.,
324	Card	phr.	Business --	Визитная adj. карточка f.	Carte, f. de visite	Visitenkarte, f.
325	Care	n.	Attention	Осторожность f.; внимание n.	Soin(s), m.pl. précautions, f.pl.	Aufsicht, f.; Pflege, f.
326	Cargo	n.	Load	Груз m.	Cargaison, m.	Ladung, f.
327	Carpentry	n.	Woodworking	Плотничное adj. дело n.	Charpenterie, f.	Zimmerhandwerk, n.
328	Carrier	n.	Transport agent	Транспортёр m.	Transporteur, m.	Frachtführer, m.; Spediteur, m.
329	Carry (to)	phr.	-- forward to an account	Переносить v.	Reporter, v.	Übertragen, v.
330	Cartel	n.	Association	Картель f.	Cartel, m.	Kartell, n.
331	Cartridge	n.	Cassette; shell	Кассета f.	Cartouche, f.	Kassette, f.; Hülse, f.
332	Case	n.	Attaché --	Портфель m. для документов; атташе-кейс m.; дипломат m.	Porte-document, m.	Aktentasche, f.
333	Case	n	Type	Случай m.; дело n.	Cas, m.	Fall, m.
334	Cash	phr.	-- on delivery (COD)	Наложенный adj. платёж m.	Paiement, m. à la livraison	Zahlung, f. bei Lieferung
335	Cash	phr.	-- register	Кассовый adj. аппарат m.; касса f.	Caisse, f.; enregistreuse, f.	Kontrollkasse, f.
336	Cash	v.	To pay --	Платить v. наличными	Payer en espèces	in bar bezahlen; barzahlen, v.
337	Cash	n.	Ready money	Наличные adj. деньги pl.	Espèces, f.pl.	Bargeld, n.
338	Cash	phr.	-- against documents	Наличными против (грузовых) документов	Comptant contre documents	Bar gegen Versandpapiere
339	Cash	phr.	-- dispenser; Automatic bank teller machine	Банковский adj. автомат m.	Distributeur, m. de billets; Billetterie	Bankautomat, m.
340	Cashier	n.	Payer	Кассир m.	Caissier, m.	Kassenführer, m.
341	Cassette	n.	Audio-; video-	Кассета f.	Cassette, f.	Kassette, f.
342	Catalogue	n.	List; directory	Каталог n.	Catalogue, m.	Katalog, m.
343	Catalyst	n.		Катализатор m.	Catalyseur, m.	Katalysator, m.
344	Cause	n.	Reason	Причина f.; повод m.	Cause, f.	Ursache, f.
345	Caution	n.	Warning	Предостереже- ние n.	Avertissement, m.	Vorsicht, f.
346	Cautious	adj.	Careful	Осторожный adj.	Prudent, adj.	Vorsichtig, adj.
347	Center	n.	Middle	Центр m.	Centre, m.	Zentrum, n.
348	Center	phr.	Cost --	Учётно- калькуляционное adj. подразделение n.	Centre, m. de coûts	Kostenstelle, f.
349	Center	phr.	Profit --	Структурное adj. подразделение n.; результаты деятельности которого измеряются прибылью	Centre, m. de profits	Gewinn- und Verlusteinheit, f.
350	Centimeter	n.	Metric length	Сантиметр m.	Centimètre, m.	Zentimeter, m.
351	Central	adj.	Middle	Центральный adj.;	Central, adj.	Zentral, adj.

No	ENGLISH	USE	COMMENT	RUSSIAN	FRENCH	GERMAN
352	Central	phr.	-- processing unit (of a computer); also CPU	Центральный adj. процессор m. (ЦП)	Unité, f. centrale (Informatique)	Zentraleinheit, f. (ZE); Zentrale Verarbeitungseinheit, f. (ZVE)
353	Centralization	n.	Focus on the center	Централизация f.	Centralisation, f.	Zentralisierung, f.
354	Centrigrade	n.	Temperature (C°)	Стоградусный; по шкале Цельсия (C°)	Centigrade, m. (C°)	Grad m. Celsius (C°)
355	Ceremony	n.	Formality; rite	Церемония f.	Céremonie, f.	Zeremonie, f.
356	Certainty	n.	Sureness; inevitability	Достоверность f.; несомненность f.	Certitude, f.	Zuverlässigkeit, f.; Klarheit, f.
357	Certificate	n.	Record	Удостоверение n.; сертификат m.	Certificat, m.	Bescheinigung, f.
358	Certification	n.	Authorization	Выдача f.; удостоверения n.pl.; сертификация f.	Certification, f.	Bestätigung, f.
359	Chairman	n.	Presiding officer	Председатель m.	Président, m. du conseil d'administration	Vorsitzender, m.
360	Challenge	n.	Test	Вызов...m.	Défi, m.	Herausforderung, f.
361	Challenger	n.	Opponent	Посылающий (бросающий) вызов m.	Provocateur, m.; challenger, m.	Herausforderer, m.
362	Chamber	phr.	-- of Commerce	Торговая adj. палата f.	Chambre, f. de commerce	Handelskammer, f.
363	Chance	n.	Uncertainty	Вероятность f.; шанс m.	Chance, f.	Chance, f.; Zufall, m.
364	Change	phr.	Small --	Мелкие adj. деньги pl.; мелочь f.	Petite monnaie, f.	Wechselgeld, n.
365	Change	n.	Alternation	Изменение n.	Changement, m.	Änderung, f.; Abänderung, f.
366	Channels	phr.	Through usual -	Обычным путём	Suivre la filière normale	Auf dem Dienstweg
367	Channel of	phr.	communication	Источник m. информации	Voie, f. de communication	Verbindungswege, m.pl.
368	Channel	n.	Conduit	Канал m.	Direction, f.	Kanal, m.
369	Character	n.	Personality	Характер m.	Caractère, m.	Charakter, m.
370	Characteristic	n.	Attribute	Характеристика f.	Particularité, f.	Charakteristisch, adj.
371	Charge (to)	v.	To receive credit	Расходовать v.	Charger, v.; débiter, v.	Belasten, v.
372	Charges	n.pl.	Expenses	Расходы m.pl.	Charges, f.pl.	Kosten, f.pl.
373	Chart	n.	Diagram	График m.	Graphique, m.; Tableau, m.	Graphische Darstellung, f.; Tabelle, f.
374	Charter	n.	Granting of rights	Хартия f.; привилегия f.	Charte, f.; Acte, m. de constitution	Chartervertrag, m.
375	Chassis	n.	Frame	Шасси n.	Chassis, m.	Fahrgestell, n.
376	Chauffeur	n.	Driver	Шофёр m.	Chauffeur, m.	Chauffeur, m.
377	Cheap	adj.	Inexpensive	Дешёвый adj.	Bon marché	Preiswert, adj.; billig, adj.
378	Cheat (to)	v.	To deceive	Обманывать v.	Tromper, v.	Betrügen, v.
379	Check (to)	v.	To verify	Контролировать v.; проверять v.	Vérifier, v.	Nachprüfen, v.; kontrollieren, v.
380	Check	phr.	-- list	Контрольный adj. список m.	Liste, f. de contrôle	Prüfliste, f.; Kontrolliste, f.
381	Check (to)	phr.	-- out of a hotel	Освободить v. номер в гостинице	Quitter, v. l'hôtel	Aus einem Hotel ausziehen
382	Check	n.	Banking instrument	Чек m.	Chèque, m.	Scheck, m.
383	Chief	n.	Leader, ruler	Шеф m.; начальник m.; руководитель m.	Chef, m.	Chef, m.; Vorgesetzter, m.

No	ENGLISH	USE	COMMENT	RUSSIAN	FRENCH	GERMAN
384	Chip	n.	Integrated circuit	Чип *m.*; интегральная *adj.* схема *f.*	Puce, *f.*	Chip, *m.*
385	Choice	n.	Selection	Выбор *m.*	Choix, *m.*	(Aus)Wahl, *f.*
386	Choose (to)	v.	To select	Выбирать *v.*	Choisir, *v.*	Wählen, *v.*
387	Chromium	n.	Metal	Хром *m.*	Chrome, *m.*	Chrom, *n.*
388	Chronological	adj.	In order of time	Хронологический *adj.*	Chronologique, *adj.*	In zeitlicher (chronologischer) Reihenfolge
389	CIF	phr.	Cost, insurance, freight	СИФ (Стоимость *f.*; страхование *n.*; фрахт *m.*)	CAF (Coût, assurance, fret)	CIF (Kosten, Versicherung and Fracht)
390	Circle	n.	Round; ring	Круг *m.*	Cercle, *m.*	Kreis, *m.*
391	Circuit	phr.	Integrated -- (IC)	Интегральная *adj.* схема *f.* (ИС)	Circuit, *m.* intégré	Integrierter Schaltkreis, *m.*
392	Circuit	n.	Electronic --	Электронная *adj.* схема *f.*	Circuit, *m.* électronique	Elektrischer Stromkreis, *m.*
393	Circuit	n.	Regular journey	Обход *m.*; окружной *adj.* путь *m.*	Trajet, *m.*	Kreislauf, *m.*
394	Circuit	phr.	Short --	Короткое *adj.* замыкание *n.*	Court-circuit, *m.*	Kurzschluß, *m.*
395	Circuitry	n.	Electronic circuits	Схемы *f.pl.*	(Les) circuits, *m.pl.*	Schaltung, *f.*
396	Circulation	n.	Currency	Денежное *adj.* обращение *n.*	Circulation, *f.* monétaire	Geldumlauf, *m.*
397	Circumstance	m.	Event	Обстоятельство *n.*	Circonstance, *f.*	Umstand, *m.*
398	Citizenship	n.	Nationality	Гражданство *n.*	Nationalité, *f.*	Staatsangehörigkeit, *f.*
399	City	n.	Metropolis	Город *m.*	Ville, *f.*	Stadt, *f.*
400	Civil	adj.	Public	Гражданский *adj.*	Civique, *adj.*	Bürgerlich, *adj.*
401	Civil	phr.	-- servant	Государственный *adj.* служащий *m.*	Fonctionnaire, *m.*	Staatsbeamter, *m.*
402	Claim (to)	v.	Demand	Требовать *v.*	Demander, *v.*	Fordern, *v.*; beanspruchen, *v.*
403	Class	n.	Rank	Класс *m.*; разряд *m.*	Classe, *f.*	Klasse, *f.*
404	Class	phr.	First -- (air/train travel)	Первый *adj.* класс *m.* (на авиа/железнодорожных линиях)	Première classe, *f.*	Erste Klasse, *f.*
405	Class	phr.	Business -- (air/train travel)	Бизнес-класс *m.* (на авиа/железнодорожных линиях)	Classe, *f.* affaires	Klasse, *f.* für Geschäftsreisende
406	Class	phr.	Economy -- (air travel)	Экономический *adj.* класс *m.* (на авиалиниях)	Classe, *f.* économique	Touristenklasse, *f.*
407	Classification	n.	Category	Классификация *f.*	Classification, *f.*	Klassifizierung, *f.*; Gruppeneinteilung, *f.*
408	Clause	n.	Provision	Клаузула *f.*; предложение *n.*	Clause, *f.*	Klausel, *f.*
409	Clause	n.	Penalty --	Пункт *m.* о штрафах	Clause, *f.* pénale	Vertragsstrafe, *f.*
410	Clearance	n.	Customs --	Очистка *f.* от таможенных пошлин	Dédouanement, *n.*	Zollabfertigung, *f.*
411	Clerical work	phr.	Conduct of --	Делопроизводство *n.*; канцелярская *adj.* работа *f.*	Travail, *m.* de bureau	Büroarbeit, *f.*
412	Client	n.	Customer	Клиент *m.*	Client, *m.*	Kunde, *m.*
413	Clientele	n.	Market	Клиентура *f.*	Clientèle, *f.*	Klientel, *f.*
414	Clock	n.	Timepiece	Часы *m.pl.*	Horloge, *f.*	Uhr, *f.*; Kontrolluhr, *f.*
415	Close	phr.	To -- down a factory	Закрывать *v.* фабрику	Fermer une usine	Einen Betrieb (eine Fabrik) schließen
416	Close (to)	v.	To shut	Закрывать *v.*	Fermer	Schließen

15

No	ENGLISH	USE	COMMENT	RUSSIAN	FRENCH	GERMAN
417	Closed	phr.	-- circuit	Замкнутая adj. цепь f.	Circuit fermé	Geschlossener Kreis, m.
418	Closing	n.	-- of operations	Завершение n. операции	Clôture, f. d'opération	Schließen, n. (des Strompfades)
419	Clutch	n.	-- of a vehicle, machine	Сцепление n. (автомобильное)	Embrayage, m.	Kupplung, f.
420	CMEA	phr.	Council for Mutual Economic Aid (CMEA); also COMECON	СЭВ (Совет m. Экономической Взаимопомощи)	Conseil d'assistance économique mutuelle (CAEM)	Rat für gegenseitige Wirtschaftshilfe
421	Coal	n.	Fuel	Уголь m.	Charbon, m.	Steinkohle, f.
422	Coalition	n.	Combination; affiliation	Коалиция f.	Coalition, f.	Koalition, f.
423	COD	phr.	Cash on Delivery	Наложенный adj. платёж m.	Paiement, m. à la livraison	Zahlung, f. bei Lieferung
424	Code	n.	Rule	Код m.	Code, m.	Gesetzbuch, n.
425	Codification	n.	Legalization; classification	Кодирование n.	Codification, f.	Kodifizierung, f.
426	Coin	n.	Money	Монета f.	Pièce, f. (monnaie)	Münze, f.
427	Coincide (to)	v.	To synchronize	Совпадать v.	Coïncider, v.	Zusammentreffen, v.; übereinstimmen, v.
428	Collaborate (to)	v.	To cooperate	Сотрудничать v.	Collaborer, v.	Mitarbeiten, v.; zusammenarbeiten, v.
429	Collate (to)	v.	To sort	Сопоставлять v.	Collationner, v.	Kollationieren, v.
430	Collateral	phr.	-- security	Дополнительное adj. обеспечение n.	Nantissement, m.	Zusätzliche Sicherheit, f.
431	Colleague	n.	Associate	Коллега m./f.	Collègue, m./f.	Kollege, m.
432	Collection	n.	Gathering	Коллекция f.	Collection, f.	Sammlung, f.
433	Collective	adj.	Joint; common	Коллективный adj.	Collectif, adj.	Kollektiv, adj.
434	Color	n.	Hue; coloring matter	Цвет m.	Couleur, f.	Farbe, f.
435	Combination	n.	Mixture	Сочетание n.	Combinaison, f.	Verbindung, f.
436	Combustion	n.	Burning	Воспламенение n.	Combustion, f.	Verbrennung, f.
437	COMECON	phr.	Council for Mutual Economic Aid (CMEA)	Совет m. Экономической Взаимопомощи (СЭВ)	Conseil d'assistance économique mutuelle (CAEM)	Rat für gegenseitige Wirtschaftshilfe
438	Command	n.	Direction; order	Команда f.	Ordre, m.	Anweisung, f.
439	Commerce	n.	Trade	Коммерция f.; торговля f.	Commerce, m.	Handel, m.
440	Commercial	phr.	-- matter	Коммерческий adj. вопрос m.	Aspects, m.pl. commerciaux	Handelssache, f.
441	Commercial	adj.	Business	Торговый adj.; коммерческий adj.	Commercial	Kaufmännisch, adj.; geschäftlich, adj.
442	Commercialize (to)	v.	To market	Выпускать v. на рынок m.	Commercialiser	Kommerzialisieren
443	Commission	n.	Committee	Комиссия f.	Commission, f.; comité, m.	Ausschuß, m.
444	Commission	phr.	To sell goods on --	Продавать v. товары за комиссионное adj. вознаграждение n.	Vente, f.pl. à la commission	Kommissionsgut, n.; Verkauf, m., auf Provisionsbasis
445	Commitment	n.	Promise	Обязательство n.	Engagement, m.	Finanzielle Verpflichtung, f.
446	Commodity/ (-ies)	n.	Goods	Товар m.	Denrées, f.pl.; marchandises, f pl.	Ware, f.; Handelsware, f.
447	Common	phr.	-- Market; European Economic Community (EEC, also EC)	Общий рынок m.; Европейское Экономическое Сообщество n. (ЕЭС)	Marché, m. Commun; Communauté f. Économique Européenne (CEE)	Gemeinsamer Markt, m. (EG)
448	*Common	n.	-- stock	Обыкновенные adj. акции f.pl.	Actions, f.pl. ordinaires	Stammaktien, f.pl.
449	Communications	phr.	Data --	Передача f. данных	Transmission, f. de données	Datenaustausch, m.

16

No	ENGLISH	USE	COMMENT	RUSSIAN	FRENCH	GERMAN
450	Communicate (to)	v.	To be in touch with; converse	Общаться v.; связываться v.	Communiquer, v.	jdm. etw. mitteilen, v.
451	Communication	n.	Information	Общение n.; связь f.	Communication, f.	Benachrichtung, f.
452	Company	n.	Commercial firm	Фирма f.; предприятие n.	Société, f.	Gesellschaft, f.
453	Company	phr.	Limited liability --; Also PLC in UK	Компания f. с ограниченной adj. ответственностью	Société, f. à responsabilité limitée(Sarl)	Gesellschaft, f. mit beschränkter Haftung (GmbH)
454	Comparable	adj.	Analogous	Сравнимый adj.	Comparable, adj.	Mit etw. vergleichbar sein
455	Compare (to)	v.	To liken	Сравнивать v.	Comparer, v.	Vergleichen, v.
456	Compatibility	n.	Accord	Совместимость f.	Compatibilité, f.	Kompatibilität, f.
457	Compatible	adj.	In accord	Совместимый adj.	Compatible	Kompatibel, adj.
458	Compensation	n.	Reward	Компенсация f.	Compensation, f.	Ausgleich, m.; Vergütung, f.
459	Competence	n.	Ability	Умение n.; компетентность f.	Compétence, f.	Befähigung, f.; Zuständigkeit, f.
460	Competition	n.	Rivalry	Конкуренция f.	Concurrence, f.	Wettbewerb, m.
461	Competitive	phr.	-- price	Конкурентоспособная adj. цена f.	Prix, m. compétitif	Konkurrenzfähiger Preis, m.
462	Competitor	n.	Opponent	Конкурент m.	Concurrent, m.	Konkurrent, m.; Mitbewerber, m.
463	Compile (to)	v.	To amass	Собирать v.	Compiler, v.	Zusammenstellen
464	Compiler	n.	Computer software	Компилятор m.; транслятор m.	Compilateur, n.	Compiler, m.
465	Complaint	n.	Grievance	Жалоба f.	Plainte, f.	Beschwerde, f.
466	Complement	n.	Adjunct	Дополнение n.	Effectif, m. complet	Besatzung, f.
467	Complete	phr.	To -- a form	Заполнять v. бланк m.	Remplir, v. un formulaire	Ein Formular ausfüllen
468	Completion	n.	fulfillment	Завершение n.	Achèvement, m.	Fertigstellung, f.
469	Component	n.	a part	Деталь f.	Composant, m. (électronique)	Element, n.
470	Composition	n.	Makeup	Состав m.	Composition, f.	Zusammensetzung, f.
471	Compound	n.	Mixture	Смесь f.	Composé, m.	Präparat, n.; Zusammensetzung, f.
472	Compound	phr.	-- Interest	Сложные проценты m.pl.	Intérêts, m.pl. composés	Zinseszinsen, m.pl.
473	Comprehensive	adj.	Of wide scope	Всеобъемлющий adj.	Exhaustif,..adj.	Umfassend, adj.
474	Compromise	n.	Reconciliation	Компромисс m.	Compromis, m.	Vergleich, m.
475	Computation	n.	Calculation	Вычисление n.	Calcul, m.	Berechnung, f.
476	Compute (to)	v.	Calculate	Вычислять v.	Calculer, v.	Berechnen
477	Computer	phr.	-- hardware; (equipment)	Аппаратные adj. средства n.pl.	Ordinateur, m. (matériel)	EDV; Hardware, f.
478	Computer	phr.	-- input	Вход, m.; ввод m.	Entrée, f.; saisie, f. d'information	Computereingabe, f.
479	Computer	phr.	-- program	Программа f. вычислительной машины	Programme, f. informatique; Logiciel, m.	Rechenprogramm, n.
480	Computer	phr.	-- software; (programs)	Математическое adj. обеспечение n.	Logiciel, m.; Progiciel, m.	Programmausrüstung, f.
481	Computer	phr.	-- output	Выход m.; вывод m.	Résultat, m. de traitement	Computerergebnis, n.
482	Computer	phr.	-- storage capacity	Запоминающее adj. устройство n. (память f.) компьютера	Capacité, f. de mémoire	Speichergröße, f.; Kapazität, f.
483	Computer	n.	Device	Компьютер m.	Ordinateur, m.	Computer, m.
484	Computer	phr.	Personal --	Персональный adj. компьютер m. (ПК)	Ordinateur, m. personnel	PC-Gerät, n.
485	Computer	phr.	-- downtime; time it is stopped	Простой m.	Temps, m. d'immobilisation	Rechnerausfallzeit, f.

17

No	ENGLISH	USE	COMMENT	RUSSIAN	FRENCH	GERMAN
486	Computerize (to)	v.	To cause to be run by computer	Компьютеризировать v.; использовать v. компьютер m.	Informatiser	Auf einen Computer übertragen
487	Computing	n.	Data processing	Вычисление n.	Calcul, m. Informatique, f.	Verarbeiten, v.
488	Conceal (to)	v.	To hide	Скрывать v.	Dissimuler, v.	Verschweigen, v.
489	Concede (to)	v.		Уступать v.	Concéder, v.	Bewilligen, v.; einräumen, v.
490	Concentration	n.	Agglomeration	Накапливание n.	Agglomération, f.	Anhäufung, f.
491	Concentration	n.	-- of a solution	Концентрация f.	Concentration, f.	Konzentration, f.
492	Concept	n.	Idea; belief	Концепция f.; понятие n.	Concept, m.; Idée, f.	Begriff, m.; Vorstellung, f.
493	Concern	n.	A going --	Действующее предприятие n.	Affaire, f. qui marche	Gutgehendes Geschäft, n.
494	Concern	n.	Business --	Концерн m.	Affaire, f.	Angelegenheit, f.
495	Concession	n.	Yielding	Уступка f.	Concession, f.	Konzession, f.; Verleihung, f.
496	Conclude	phr.	To -- an agreement; (contract)	Заключать v. контракт m. (доровор m.)	Conclure un accord	Einen Vertrag abschließen
497	Conclude (to)	v.	To terminate	Заканчивать v.	Terminer	Abschließen, v.
498	Conclusion	phr.	-- of a contract	Заключение n. договора	Signature, f. d'un contrat	Vertragsabschluß, m.
499	Conclusion	phr.	-- of a business deal	Заключение n. сделки	Conclusion d'une affaire	Einen Handel abschließen
500	Conclusion	n.	End	Заключение n.	Conclusion, f.	Beschluß, m.
501	Concrete	n.	Material	Бетон m.	Béton, m.	Beton, m.
502	Concur (to)	v.	To agree	Совпадать v.	S'entendre	Übereinstimmen, v.
503	Concurrent	adj.	Simultaneous	Совпадающий adj.	Simultané	Gleichzeltig, adj.
504	Condition	n.	Stipulation	Условие n.	Condition, f.	Bedingung, f.
505	Conditional	adj.	Provisional	Условный adj.	Conditionnel	Bedingt, adj.; abhängig von, adj.
506	Conference	n.	Meeting	Конференция f.	Réunion, f.	Zusammenkunft, f.; Tagung, f.; Besprechung, f.
507	Confide (to)	v.	To entrust	Поручать v.	Confier	Jdm. die Sorge für etwas anvertrauen
508	Confidence	n.	Assurance	Уверенность f.	Confiance, f.	Vertrauen, n.
509	Confidential	adj.	Private	Конфиденциальный adj.	Confidentiel	Vertraulich, adj.
510	Confirmation	n.	Making certain	Подтверждение n.	Confirmation, f.	Bestätigung, f.
511	Confiscate (to)	v.	To impound	Конфисковать v.	Confisquer	Einziehen, v.; konfiszieren, v.; beschlagnahmen, v.
512	Confrontation	n.	Meeting	Конфронтация f.	Confrontation, f.	Gegenüberstellung, f.; Konfrontation, f.
513	Confusion	n.	Mix-up	Смущение n.	Confusion, f.	Vermischung, f.; Verwirrung, f.
514	Conglomerate	n.	Large company	Конгломерат m.	Conglomérat, m.	Mischkonzern, n.
515	Connect (to)	v.	To join	Соединять v.	Relier, v.; Joindre, v.	Verbinden, v.
516	Connection	n.	Electrical --	Присоединение n.	Connexion, f.	Anschluß, f.
517	Conscientious	adj.	Conscientious	Сознательный adj.	Consciencieux	Gewissenhaft, adj.
518	Consent	n.	Agreement	Согласие n.	Assentiment, m.	Zustimmung, f.
519	Consequence	n.	Result	Следствие n.	Conséquence, f.	Folge, f.
520	Consideration	n.	Accounting term	Вознаграждение n.	Paiement, m.; Rémunération, f.	Gegenleistung, f.; Vergütung, f.
521	Consignee	n.	Agent	Грузополучатель m.	Destinataire, m./f.	Empfänger, m.; Auftragnehmer, m.
522	Consignment	phr.	Goods sent	Груз m.; партия f. товара	Envoi de Marchandises	Konsignation, f.; Übertragung, f.
523	Consistency	adj.	Adherence to a logic	Последовательность f.	Cohérence, f.	Folgerichtigkeit, f.; Beständigkeit, f.
524	Consolidation	n.	Combination	Консолидация f.; укрепление n.	Consolidation, f.	Konsolidierung, f.

No	ENGLISH	USE	COMMENT	RUSSIAN	FRENCH	GERMAN
525	Constraint	n.	Restraint	Ограничение *n.*	Contrainte, *f.*	Zwang, *m.*; Nötigung, *f.*
526	Construction	n.	Building	Строительство *n.*; построение *n.*	Construction, *f.*	Bau, *m.*
527	Consulate	n.	Diplomatic office	Консульство *n.*	Consulat, *m.*	Konsulat, *n.*
528	Consultant	n.	Advisor	Консультант *m.*	Consultant, *m.*	Berater, *m.*
529	Consumer	n.	Buyer; user	Потребитель *m.*	Consommateur, *m.*	Verbraucher, *m.*; Abnehmer, *m.*
530	Consumer	phr.	-- goods	Потребительские *adj.* товары *m.pl.*	Biens, *m.pl.* de consommation	Verbrauchsgüter, *n.pl.*
531	Consumer	phr.	-- durables (goods)	Товары *m.pl.* длительного пользования	Biens, *m.pl.* de consommation durables	Langlebige Verbrauchsgüter, *n.pl.*
532	Consumer	phr.	-- behavior	Поведение *n.* потребителей	Comportement, *m.* des consommateurs	Verbraucher-verhalten, *n.*
533	Consumption	n.	Using up	Потребление *n.*	Consommation, *f.*	Verbrauch, *m.*; Konsum, *m.*
534	Contact	n.	Communication; touch	Контакт *m.*; соприкосновение *n.*	Contact, *m.*	Verbindung, *f.*
535	Container	n.	Of glass, metal etc.	Контейнер *m.*	Récipient, *m.*; Emballage, *m.*	Behälter, *m.*
536	Container	n.	Cargo for a ship	Контейнер *m.* для судна	Cargaison, *f.*	Container, *m.*; Versandbehälter, *m.*
537	Content	n.	Capacity	Содержание *n.*	Contenu, *m.*	Inhalt, *m.*
538	Contest	n.	Game; match	Конкурс *m.*	Concours, *m.*	Wettbewerb, *m.*
539	Contingency	n.	Possibility	Случайность *f.*	Évènement, *m.*	Eventualfall, *m.*; ungewisses Ereignis, *n.*
540	Contract	phr.	-- of sale	Договор *m.* купли-продажи	Contrat, *m.* de vente	Kaufvertrag, *m.*
541	Contract	phr.	A draft --	Проект *m.* договора	Projet, *m.* de contrat	Vertragsentwurf, *m.*
542	Contract	n.	Compact	Договор *m.*; контракт *m.*	Contrat, *m.*	Vertrag, *m.*
543	Contract	v.	To sign a --	Подписать *v.* контракт *m.*	Signer, *v.* un contrat	Einen Vertrag abschließen
544	Contract	phr.	A breach of --	Нарушение *n.* договора	Rupture, *f.* d'un contrat	Vertragsbruch, *m.*
545	Contract	phr.	Turnkey --	Контракт *m.* на строительство под ключ	Projet, *m.* clefs en main	Auftrag, *m.* für eine schlüsselfertige Anlage
546	Contractor	m.	Builder; entrepreneur	Подрядчик *m.*	Entrepreneur, *m.*; maître d'œuvre, *m.*	Unternehmer, *m.*; Lieferant, *m.*
547	Contribution	n.	Giving; participation	Взнос *m.*; пай *m.*	Contribution, *f.*	Beitrag, *m.*; Anteil, *m.*
548	Control	n.	-- equipment	Контрольная *adj.* установка *f.*	Équipement, *m.* de contrôle	Regeleinrichtung, *f.*
549	Control	phr.	-- system	Система *f.* управления	Système, *m.* de contrôle	Steuerungssystem, *n.*
550	Control	n.	Management --	Контроль *m.*	Contrôle, *m.* de gestion	Überwachung, *f.*; Kontrolle, *f.*
551	Control (to)	v.	To manage, direct	Контролировать *v.*	Contrôler, *v.*	Kontrollieren, *v.*; beaufsichtigen, *v.*
552	Control	phr.	Cost --	Контроль *m.* за уровнем издержек	Contrôle, *m.* des coûts	Kostenkontrolle, *f.*
553	Controller	n.	Device	Контроллер *m.*	Contrôleur, *m.*	Steuergerät, *n.*
554	Controller	n.	Financial --	Контролёр *m.*; финансовый *adj.* инспектор *m.*	Directeur, *m.* Administratif et Financier (DAF)	Leiter, *m.* des Rechnungswesens, *n.*
555	Convention	n.	Mutual understanding	Конвенция *f.*	Convention, *f.*	Abmachung, *f.*
556	Converter	n.	Device	Конвертер *m.*	Convertisseur, *m.*	Konverter, *m.*
557	Convertibility	n.	Currency --	Обратимость *f.*; конвертируемость *f.*	Convertibilité, *f.*	Konvertibilität, *f.*

No	ENGLISH	USE	COMMENT	RUSSIAN	FRENCH	GERMAN
558	Convertible	phr.	-- currency	Конвертируемая валюта f.	Monnaie, f. convertible	Konvertierbare Währung, f.
559	Conveyor	phr.	-- belt	Конвейерная лента f.	Tapis, m. roulant	Förderband, n.
560	Cooperation	n.	Collaboration; agreement	Кооперация f.	Coopération, f.	Mitwirkung, f.; Zusammenarbeit, f.
561	Cooperative	n.	Helpful	Кооператив m.	Coopérative, f.	Genossenschaft, f.
562	Coordinate (to)	v.	To organize	Согласовывать f.	Coordonner, v.	Gleichordnen, v.; koordinieren, v.
563	Coordination	n.	Organization	Координация f.	Coordination, f.	Koordination, f.
564	Copper	n.	Metal	Медь f.	Cuivre, m.	Kupfer, n.
565	Copy	n.	Text	Текст m.; рукопись f.	Exemplaire, m.	Anzeigentext, m.
566	Copy	n.	Duplicate	Дубликат m.	Copie, f.; double, m.	Duplikat, n.; Kopie, f.
567	Copy (to)	v.	To reproduce	Переписывать v.	Copier, v.	Nachbilden, v.
568	Copyright	n.	Right; restriction	Авторское adj. право n.	Droits, m.pl. d'auteur	Urheberrecht, n.
569	Corporation	n.	Company	Акционерное adj. общество n.; корпорация f.	Société, f. enregistrée	Gesellschaft, f.
570	Corporation	phr.	-- tax	Налог m. с доходов	Impôt, m. sur les sociétés	Körperschaftssteuer, f.
571	Correction	n.	Repair	Исправление n.	Correction, f.	Verbesserung, f.; Korrektur, f.
572	Correspondence	n.	Communication	Корреспонденция f.	Correspondance, f.	Schriftwechsel, m.; brieflicher Verkehr, m.
573	Corruption	n.	State of being corrupt	Коррупция f.	Corruption, f.	Bestechlichkeit, f.; Bestechung, f.
574	Cost	phr.	-- of living	Прожиточный adj. минимум m.	Coût, m. de la vie	Lebens- haltungskosten, f.
575	Cost	n.	-- price	Себестоимость f.	Prix, m. de revient	Kostenpreis, m.
576	Cost	phr.	-- accounting	Производствен- ная adj. бухгалтерия f.	Comptabilité, f. analytique	Kostenbuchhaltung, f.
577	Cost	adj.	-- effective	Рентабельный adj.	Rentable, adj.	Kostenintensiv, adj.
578	Cost	phr.	To sell at --	Продавать v. по себестоимости	À prix coûtant	Zum Kostenpreis
579	Cost	phr.	Unit --	Себестоимость f. единицы продукции	Prix, m. unitaire	Stückkosten, f.pl.
580	Cost (to)	v.	To sell for	Стоить v.; назначать v. цену	Coûter, v.	kosten, v.
581	Cost	n.	Price; expenses	Стоимость f.	Coût, m.	Kosten, pl.
582	Cost	phr.	-- center	Учётно- калькуляционное adj. подразделение n.	Centre, m. de coût	Kostenstelle, f.
583	Cost	phr.	-- control	Контроль m. за уровнем издержек	Contrôle, m. des coûts	Kostenkontrolle, f.
584	Cost	phr.	Direct --	Прямые издержки f.pl.	Coût, m. direct	Direkte Kosten, f.pl.
585	Cost-benefit	phr.	--Analysis	Анализ m. затрат и результатов	Analyse, f. coût- rendement	Kosten-Nutzen- Analyse, f.
586	Costs	n. pl.	Expenses	Расходы m.pl.	Coûts, m.pl.; frais, m.pl.	Kosten, pl.
587	Costs	phr.	Operating --	Эксплуатацион- ные adj. расходы m.pl	Coûts, f. de fonctionnement	Betriebskosten, pl.
588	Costs	phr.	Production --	Издержки f.pl. производства	Coût, m. de production	Herstellungskosten, pl.; Baukosten, pl.
589	Costs	phr.	Marginal --	Предельные adj. издержки f.pl.	Coûts, m.pl. annexes	Grenz- kostenrechnung, f.

No	ENGLISH	USE	COMMENT	RUSSIAN	FRENCH	GERMAN
590	Council	phr.	-- for Mutual Economic Assistance; CMEA; also COMECON	Совет Экономической Взаимопомощи (СЭВ)	Conseil d'Assistance Économique Mutuelle (CAEM)	Rat für gegenseitige Wirtschaftshilfe
591	Counsel	n.	Advice	Совет *m.*	Conseil, *m.*; consultation, *f.*	Rat, *m.*
592	Count (to)	v.	To include in	Считать *v.*; подсчитывать *v.*	Compter, *v.*	Zählen, *v.*
593	Counter	n.	Device	Счётчик *m.*	Compteur, *m.*	Zähler, *m.*
594	Counterfeit (to)	v.	To fake	Подделывать *v.*	Contrefaire	Nachmachen, *v.*; fälschen, *v.*
595	Counterpart	n.	Equal	Дубликат *m.*; эквивалент *m.*	Contre-partie, *f.*	Gegenstück, *n.*
596	Country	n.	Nation	Страна *f.*	Pays, *m.*	Land, *n.*
597	Court	n.	A place of legal activities	Суд *m.*	Cour,*f.*;Tribunal, *m.*	Gerichtshof, *m.*
598	Court	phr.	To take to --	Вызывать *v.* в суд	Poursuivre en justice	Etw. dem Gericht vorlegen
599	Coverage	phr.	Insurance --	Страхование *n.*	Couverture, *f.* par une assurance	Versicherungsschutz, *m.*
600	CPU	phr.	Central Processing Unit (of a computer)	Центральный *adj.* процессор *m.* (ЦП)	Unité, *f.* centrale (d'un ordinateur)	Zentraleinheit, *f.*
601	Craftsmanship	n.	Skill	Мастерство *n.*	Expérience, *f.* professionnelle	Kunstfertigkeit, *f.*
602	Crane	n.	Construction equipment	Кран *m.*	Grue, *f.*	Kran, *m.*
603	Crankshaft	n.	Car part	Коленчатый *adj.* вал *m.*	Vilebrequin, *m.*	Kurbelwelle, *f.*
604	Create (to)	v.	To form; cause	Создавать *v.*	Créer, *v.*	Schaffen *v.*; gründen, *v.*
605	Credit	phr.	-- card	Кредитная *adj.* карточка *f.*	Carte, *f.* de crédit	Kreditkarte, *f.*
606	Credit	n.	Financial credit	Кредит *m.*	Crédit, *m.*	Guthaben, *n.*; Habensaldo, *m.*
607	Credit	n.	-- rating	Кредитоспособность *f.*; платежеспособность *f.*	Degré, *m.* de solvabilité	Beurteilung der Kreditfähigkeit, *f.*
608	Credit	phr.	to-- an account	Кредитовать *v.* счёт *m.*	Créditer un compte	Ein Konto erkennen; gutschreiben, *v.*
609	Credit	phr.	To buy on --	Покупать *v.* в кредит	Acheter à crédit	Auf Kredit kaufen
610	Credit	phr.	Letter of --	Аккредитив *m.*	Lettre, *f.* de crédit	Akkreditiv, *n.*
611	Creditor	n.	Debt holder	Кредитор *m.*	Créancier, *m.*	Gläubiger, *m.*
612	Crisis	n.	Danger	Кризис *m.*	Crise, *f.*	Krise, *f.*
613	Criterion	n.	Measure	Критерий *m.*	Critère, *n.*	Kriterium, *n.*
614	Critical	adj.	Decisive	Критический *adj.*	Crucial, *adj.*	Entscheidend, *adj.*
615	Critical	phr.	-- path scheduling method	Календарное *adj.* планирование *n.* методом критического пути	Méthode, *f.* du chemin critique	CPM-Methode, *f.*
616	Crucible	n.	Industrial equipment	Тигель *m.*	Creuset, *m.*	Schmelztiegel, *m.*
617	Crystallization	n.	Form; clarity	Кристаллизация *f.*	Cristallisation, *f.*	Kristallisierung, *f.*
618	Cumulative	adj.	Additive	Кумулятивный *adj.*	Cumulatif, *adj.*	Kumulativ, *adj.*
619	Currency	phr.	Convertible --	Конвертируемая *adj.* валюта *f.*	Monnaie, *f.* convertible	Konvertible Währung, *f.*
620	Currency	phr.	Foreign --	Иностранная *adj.* валюта *f.*	Devises, *f.pl.* étrangères	Ausländische Währung, *f.*
621	Currency	phr.	Hard --; (strong)	Твёрдая *adj.* (конвертируемая) валюта *f.*	Monnaie, *f.* forte	Harte (starke) Währung, *f.*

No	ENGLISH	USE	COMMENT	RUSSIAN	FRENCH	GERMAN
622	Currency	n.	Money	Валюта *f.*	Monnaie, *f.*; devise, *f.*	Währung, *f.*
623	Currency	phr.	Soft --: (weak)	Неконвертируемая валюта *f.*	Monnaie, *f.* faible	Schwache Währung, *f.*
624	Current	n.	-- account	Текущий *adj.* счёт *m.*	Compte, *n.* courant	Kontokorrent, *n.*
625	Current	adj.	In general use	Текущий *adj.*	Courant, *adj.*	Umlaufend, *adj.*
626	Current	n.	Electrical	Ток *m.*	Courant, *m.* (électrique)	Strom, *m.*
627	Curriculum	n.	-- vitae; also CV or resume	Резюме *n.*	Curriculum vitae, *m.*; CV.	Lebenslauf, *m.*
628	Curve	phr.	Learning --	Кривая *f.* обучения	Courbe, *f.* d'expérience	Lernkurve, *f.*
629	Customer	n.	Client	Покупатель *m.*	Client, *m.*	Abnehmer, *m.*
630	Customs	phr.	-- duties (import)	Таможенные *adj.* пошлины *f.pl.*	Droits, *m.pl.* de douane	Zollgebühren, *f.pl.*
631	Customs	phr.	-- examination	Таможенный *adj.* досмотр *m.*	Formalités, *f.pl.* de douane	Zollrevision, *f.*
632	Customs	n.	-- union	Таможенный *adj.* союз *m.*	Union, *f.* douanière	Zollunion, *f.*; Zollverein, *m.*
633	Cutting	phr.	-- edge	Режущая *adj.* кромка *f.*	À la pointe du progrès	Spitzenprodukt, *n.*
634	Cycle	phr.	Life --	Жизненный *adj.* цикл *m.*; цикл *m.* развития	Cycle, *m.* de vie	Lebensdauer, *f.*
635	Cycle	n.	Circuit; circle	Цикл *m.*	Cycle, *f.*	Zyklus, *m.*
636	Cylinder	n.	Tube; barrel	Цилиндр *m.*	Cylindre, *m.*	Zylinder, *m.*

No	ENGLISH	USE	COMMENT	RUSSIAN	FRENCH	GERMAN

D

No	ENGLISH	USE	COMMENT	RUSSIAN	FRENCH	GERMAN
637	D-mark	n.	Deutsche Mark	Немецкая adj. марка f.	Mark, m. allemand	Mark, f. DM
638	Daily	adv.	Each day	Ежедневный adj.	Quotidien	Täglich, adj.
639	Dam	n.	Barrier	Плотина f.	Barrage, m.	Damm, m.
640	Damage	n.	Harm	Убыток m.; вред m.	Dommage, m.	Schaden, m.
641	Data	n.	Information	Данные pl.	Données, f.pl.	Angaben, f.pl.
642	Data	phr.	Computer -- base	База f. данных	Base, f. de données	Angabengrundlage, f.
643	Data	phr.	-- communications	Передача f. данных	Transmission, f. de données	Datenaustausch, m.
644	Data	phr.	Electronic -- processing ; EDP	Электронная adj. обработка f. данных	Informatique, f.	Elektronische Datenverarbeitung, f.; EDV
645	Data	phr.	processing	Обработка f. информации	Traitement, m. des données	Auswertung, f. von Ang Daten
646	Database	n.	-- management	Управление n. базой данных	Gestion, f. de base de données	Datenbankverwaltung, f.
647	Database	phr.	-- administrator	Администратор m. базы данных	Administrateur, m. de base de données	Datenbankverwalter, m.
648	Date	phr.	Delivery --	Срок m. поставки	Date, f. de livraison	Lieferdatum, n.
649	Date	n.	Time	Дата f.; число n.	Date, f.	Datum, n.
650	Day	n.	Date	День m.	Jour, m.	Tag, m.
651	DBMS	phr.	Database management system	Система f. управления базой данных	Système, m. de gestion, f. de base de données(SGBD)	Datenbankverwaltung, f.
652	Deadline	n.	Crucial moment	Предельный adj. срок m.	Date, f. limite	Termin, m.; Fristablauf, m.
653	Deadlock	n.	Impasse	Застой m.	Impasse, f.	Völliger Stillstand, m.
654	Deal	n.	Business agreement	Сделка f.	Transaction, f.; Marché, m.	Handel, m.; Geschäft, n.
655	Dealer	n.	Merchant	Торговец m.; дилер m.	Négociant, m.	Händler, m.
656	Dear	adj.	Expensive (UK)	Дорогой adj.	Cher, adj.	Teuer, adj.; hoch im Preis
657	Debenture	n.	Bond (unsecured)	Долговое adj. обязательство n.; облигация f.	Obligation, n. (non garantie)	Schuldverschreibung, f.
658	Debit	n.	Account entry	Дебет m.	Débit, m.	Debit, n.; Soll, n.
659	Debit	v.	To -- (an account)	Дебетовать v.	Débiter, v. un compte	Belasten
660	Debt	phr.	Bad --	Безнадёжный adj. долг m.	Mauvaise créance, f.	Schlechte (zweifelhafte) Forderung, f.
661	Debt	n.	Borrowing	Долг m.	Dette, f.	Schuld, f.
662	Debt	phr.	To run into --	Влезать v. в долги	S'endetter	Schulden machen
663	Debtor	n.	Borrower	Дебитор m.; должник m.	Débiteur, m.	Schuldner, m.
664	Debug	v.	To -- software	Выявлять v. и устранять v. ошибки (в программе)	Déboguer, v.; mettre, v. au point	Einen Fehler beseitigen
665	Decade	n.	Ten-year period	Десятилетие n.	Décennie, f.	Zeitraum, m. von zehn Jahren
666	Decentralization	n.	To focus away from the center	Децентрализация f.	Décentralisation, f.	Dezentralisierung, f.
667	Decibel	n.	Sound unit (dB)	Децибел m. (дБ)	Décibel (dB), m.	Dezibel (dB), n.
668	Decide (to)	v.	To resolve; make sure	Решать v.	Décider, v.	Entscheiden, v.

23

No	ENGLISH	USE	COMMENT	RUSSIAN	FRENCH	GERMAN
669	Decision	n.	Choice; judgment	Решение n.	Décision, f.	Entscheidung, f.
670	Decision-making	n.	Choice; administration	Принятие n. решения	Prise, f. de décision	Fällen, n. von Entscheidungen
671	Decisive	adj.	Resolute	Решающий adj.	Décisif	Entscheidend, adj.
672	Decline	n.	Fall; deterioration	Падение n.; спад m.	Déclin, m.	Rückgang, m.; Absinken, n.
673	Decoding	n.	Explanation	Декодирование n.	Décodage, m.	Dekodierung, f.
674	Decrease (to)	v.	To reduce	Уменьшать v.	Décroître, v.	Abnehmen, v.
675	Deduct (to)	v.	To reduce	Удерживать v.; вычитать v.	Déduire, v.	Abziehen, v.
676	Deduction	n.	To subtract; reduce	Удержание n.; вычет m.	Déduction, f.	Abzug, m.
677	Deed	n.	Act	Акт m.	Acte, m.	Handlung, f.
678	Default	n.	Non-payment	Недостаток m.; невыполнение n. обязательств; неуплата f.	Défaut, m. de paiement	Zahlungsunfähig werden
679	Default (to)	v.	To fail to perform duty	Не выполнять v. обязательства	Manquer à ses engagements	Seine Verpflichtungen nicht einhalten
680	Defeat	n.	Failure	Поражение n.	Échec, m.	Mißerfolg, m.
681	Defective	adj.	Imperfect; faulty	Дефектный adj.	Défectueux, adj.	Mangelhaft, adj.; fehlerhaft, adj.
682	Defer (to)	v.	To postpone	Отсрочивать v.	Différer, v.	Verschieben, v.
683	Deficit	n.	Debt; shortcoming	Дефицит m.	Déficit, m.	Defizit, n.; Verlust, m.
684	Deflation	n.	Decrease	Дефляция f.; снижение n. цен	Déflation, f.	Deflation, f.
685	Defraud (to)	v.	To cheat; steal	Обманывать v.	Frauder, v.	Betrügen, v.; unterschlagen, v.
686	Degree	n.	Measure	Градус m.	Degré, m.	Grad, m.
687	Delay	n.	Stoppage; slowing	Задержка f.; отсрочка f.	Retard, m.	Aufschub, m.; Zeitverlust, m.
688	Delay (to)	v.	To postpone	Откладывать v.; задерживать v.	Retarder, v.	Verzögern, v.; hinausschieben, v.
689	Delay	phr.	-- in payment	Задержка f. платежей	Retard, m. de paiement	Zahlungsaufschub, m.
690	Deliver (to)	v.	To transfer goods	Поставлять v.	Livrer, v.	Liefern, v.; zustellen, v.
691	Delivery	phr.	-- date	Срок m. поставки	Date, f. de livraison	Lieferdatum, n.
692	Delivery	phr.	Cash on --; COD	Наложенный adj. платеж m.	Payable à la livraison	Zahlung, f. bei Lieferung
693	Delivery	n.	Transference	Доставка f.; поставка f.	Livraison, f.	Nachfrage, f.; Bedarf, m.
694	Delivery	phr.	To take delivery	Получать v. выполненный adj. заказ m.	Prendre livraison	Die Lieferung von etw. annehmen
695	Demand	n.	Request; claim	Спрос m.	Réclamation, f.	Forderung, f.
696	Density	phr.	Population --	Плотность f. населения	Densité, f. de population	Bevölkerungsdichte, f.
697	Depart (to)	v.	To go away	Отправлять v.	Partir, v.	Abreisen, v.
698	Department	n.	-- of a company	Ведомство n.; отдел m.	Département, m.; Service, m.	Betriebsabteilung, f.; Abteilung, f.
699	Department	phr.	-- store	Универсальный adj. магазин m.	Grand magasin, m.	Kaufhaus, n.; Kaufhalle, f.
700	Deployment	n.	Assignment of tasks	Применение n.	Répartition, f. des tâches	Einsatz, m.; Aufstellung, f. einer Mannschaft
701	Deposit	n.	-- at a bank	Депозит;вклад m.	Dépôt, m.	Einzahlung, f.
702	Depreciation	n.	Decline in value	Обесценение.; амортизация f.	Dépréciation, f.; amortissement, m.	Wertminderung, f Abwertung, f.
703	Depression	n.	Sharp decline in an economy	Депрессия f.	Dépression, f.; crise, f.	Konjunkturrückgang m.; Schrumpfung, f.
704	Derivative	n.	Resulting	Производная f.	Dérivé, m.	Derivat, n.

24

No	ENGLISH	USE	COMMENT	RUSSIAN	FRENCH	GERMAN
705	Design	n.	Layout	Проект *m.*; дизайн *m.*	Plan, *m.*; dessin, *m.*; modèle, *m.*	Entwurf, *m.*; Plan, *m.*
706	Design	n.	Plan	План *m.*	Plan, *m.*; conception, *f.*	Schema, *n.*; Plan, *m.*
707	Design (to)	v.	To make designs for	Проектировать *v.*	Concevoir, *v.* un plan	Planen, *v.*; entwerfen, *v.*
708	Designation	n.	Name	Назначение *n*	Désignation, *f.*	Bestimmung, *f.*
709	Desk	n.		Бюро *n.*; рабочее.место *n.*	Bureau, *m.*	Schreibtisch, *m.*; Arbeitstisch, *m.*
710	Desktop	phr.	-- publishing; (DTP)	Настольная *adj.* типография *f.*	Publication Assistée par Ordinateur (PAO)	Desktop-Publishing, *m.*
711	Detail	n.	Component	Подробность *f.*; деталь *f.*	Détail, *m.*	Einzelheit, *f.*
712	Deutsche Mark	n.	Currency	Немецкая марка *f.*	Mark, *m.* allemand	Mark, *f.*; DM
713	Devaluation	n.	Financial --	Девальвация *f.*	Dévaluation, *f.*	Devaluation, *f.*
714	Devalue (to)	v.	To decrease the value	Девальвировать *v.*	Dévaluer, *v.*	Abwerten, *v.*
715	Develop (to)	v.	To create; grow	Разрабатывать *v.*; развивать *v.*	Développer, *v.*	Entwickeln, *v.*
716	Development	phr.	-- time	Период *m.*	Durée, *f.* d'élaboration	Entwicklungszeit, *f.*
717	Development	n.	Evolution; growth	Разработка *f.*; развитие *n.*	Développement, *m.*	Entwicklung, *f.*
718	Development	phr.	Research and -- ; (R&D)	(Научные) *adj.* исследования *n.pl.* и опытные разработки *f.pl.*	Recherche et développement	Forschung und Entwicklung
719	Deviation	n.	Divergence	Отклонение *n.*; отход *m.*	Déviation, *f.*	Abweichung, *f.*
720	Device	n.	Instrument	Привод *m.*; механизм *m.*	Appareil, *m.*; dispositif, *m.*	Apparat, *m.*; Vorrichtung, *f.*
721	Diagnostics	n.	Test of equipment	Диагностика *f.*	Diagnostic, *m.*	Fehlersuchroutinen,*f.pl.*; Prüfprogramme, *n.pl.*;
722	Diagram	n.	Plan	Диаграмма *f.*	Diagramme, *f.*	Diagramm, *n.*
723	Dial	n.	-- of a phone	Диск *m.*; лимб *m.*	Cadran, *m.*	Wählscheibe, *f.*
724	Dial	v.	To -- a number	Набирать *v.* номер *m.*	Composer, *v.* un numéro	Wählen, *v.*
725	Diameter	n.		Диаметр *m.*	Diamètre, *m.*	Durchmesser, *m.*
726	Diamond	n.	Gem	Бриллиант *m.*	Diamant, *m.*	Diamant, *m.*
727	Diesel	n.	-- engine	Дизель *m.*	Diesel, *m.* (moteur)	Dieselmotor, *m.*
728	Difference	n.	Dissimilarity	Разница *f.*	Différence, *f.*	Differenz, *f.*
729	Differential	n.	Difference	Дифференциал *m.*	Différentielle, *f.*	Differential, *n.*
730	Difficulty	n.	Obstacle	Трудность *f.*	Difficulté, *f.*	Schwierigkeit, *f.*
731	Diffusion	n.	Spreading	Диффузия *f.*	Diffusion, *f.*	Diffusion, *f.*
732	Digit	n.	Number	Цифра *f.*	Chiffre, *m.*	Ziffer, *f.*
733	Digital	adj.		цифровой *adj.*	Digital, *adj.*	Digital, *adj.*
734	Dining	phr.	Train -- car	Вагон-ресторан *m.*	Wagon restaurant, *m.*	Speisewagen, *m.*
735	Direct	phr.	-- current, (DC)	Постоянный ток *m.*	Courant, *m.* continu (CC)	Gleichstrom, *m.*
736	Direct	phr.	-- cost	Переменные издержки *f.pl.*	Coûts, *m.* directs	Direkte Kosten, *f.pl.*
737	Directory	n.	Computer tables	Директория *f.*; каталог *m.*	Répertoire, *m.*	Adressentabelle, *f.*; Verzeichnis, *n.*
738	Directory	phr.	Trade --	Указатель *m.* фирм	Annuaire, *m.*	Handelsadressbuch, *n.*
739	Disadvantage	n.	Penalty; impediment	Убыток *m.*	Désavantage, *m.*	Nachteil, *m.*
740	Discipline	n.	Orderliness	Дисциплина *f.*	Discipline, *f.*	Disziplin, *f.*
741	Discount	phr.	-- for cash	Скидка *f.* при расчете наличными	Escompte, *m.* pour paiement comptant	Rabatt *m.* bei Barzahlung
742	Discount	n.	Price reduction	Скидка *f.*	Remise, *f.*	Rabatt, *m.*; Skonto, *m. ou n.*

No	ENGLISH	USE	COMMENT	RUSSIAN	FRENCH	GERMAN
743	Discount (to)	v.	To cut price	Делать v. скидку	Escompter, v.	Diskontieren, v.
744	Discrepancy	n.	Difference	Расхождение n.	Écart, m.	Nichtübereinstimmung, f.; Widerspruch, m.
745	Discussion(s)	n.	Talk(s)	Обсуждение n.; дискуссия f.	Discussion, f.	Besprechung, f.
746	Disk	phr.	Floppy --; (Computer diskette)	Гибкий adj. (магнитный) диск m.; дискета f.	Disquette, f.	Diskette, f.; Floppy Disk, f.
747	Disk	phr.	Hard -- (disk drive unit; EDP peripheral)	Жёсткий adj. (магнитный) диск m.	Disque, m. dur	Festplatte, f.
748	Disk	phr.	-- drive; Computer peripheral	Дисковод m.	Unité, f. de disques	Festplattenspeicher, m.
749	Dismiss (to)	v.	To remove from employment	Увольнять v.	Congédier, v.	Entlassen, v.
750	Dispatch	n.	Message	Депеша f.; отправка f.	Envoi, m.	Versand, m.; Erledizung, f.
751	Display	n.	Console	Дисплей m.	Console, f. de visualisation	Auslage, f.; Bildschirm, m.
752	Display (to)	v.	Publication; show	Показывать v.; выставлять v.	Afficher, v.	Ausstellen, v.
753	Dispute	n.	Quarrel	Спор m.; разногласие v.	Différend, m.	Streit, m.
754	Dispute (to)	v.	To argue	Оспаривать v.	Débattre; contester, v.	Streiten, v.
755	Dispute	phr.	Labor --	Производственный конфликт m.	Conflit, m. de travail	Arbeitsrechtliche Streitfrage, f.
756	Distance	n.	Length; remoteness	Расстояние n.	Distance, f.	Entfernung, f.
757	Distillation	n.	Refinement	Дистилляция f.	Distillation, f.	Destillierung, f.
758	Distortion	n.	Contortion	Искажение n.	Distorsion, f.	Entstellung, f.; Verdrehung, f.
759	Distribute (to)	v.	To disperse	Распределять v.	Distribuer, v.	Vertreiben, v.; absetzen, v.
760	Distribution	n.	Marketing --	Распределение n.	Distribution, f.	Absatz, m.; Vertrieb, m.
761	Distributor	n.	Intermediary	Распределительная организация f.; оптовый торговец m.	Distributeur, m.	Verteiler, m.; Auslieferer, m.
762	Diverge (to)	v.	Deviate from	Отступать v.; уклоняться v.	Diverger, v. s'écarter v.	Divergieren, v.; abweichen, v.
763	Dividend	n.	Payment	Дивиденд m.	Dividende, m.	Dividende, f.
764	Division	n.	Group	Отдел m.	Division, f.	Abteilung, f.; Fachgruppe, f.
765	Dock	n.	Harbor	Док m.	Dock, m.	Dock, n.
766	Document	n.	Written record	Документ m.	Document, m.	Urkunde, f.
767	Documentation	n.	Record; explanation	Документация f.	Documentation, f.	Dokumentation, f.
768	Documents	phr.	Cash against --	Наличными против(грузовых) документов m.pl.	Comptant contre documents	Kasse gegen Versandpapiere
769	Dollar	n.	Currency ($)	Доллар m.	Dollar, m.	Dollar, m.
770	Domestic	adj.	Not foreign	Отечественный adj.; внутренний adj.	Intérieur, adj.	Inländisch, adj.
771	Dominate (to)	v.	To govern	Доминировать v.	Dominer, v.	Beherrschen, v.
772	Domination	n.	Control	Доминирование n.; господство n.	Domination, f.	Beherrschung, f.
773	Door	n.	Entrance; opening	Дверь f.	Porte, f.	Tür, f.
774	Dose	n.	Amount	Доза f.	Dose, f.	Dosis, f.
775	Doubt	n.	Apprehension	Сомнение n.	Doute, f.	Zweifel, m.
776	Downstream	n.	-- from production	Спад m. производства	En aval de la production	Nachgeordnete Produktion, f.
777	Downtime	phr.	Computer --	Простой m.	Durée, f. d'immobilisation	Rechnerausfallzeit, f.

26

No	ENGLISH	USE	COMMENT	RUSSIAN	FRENCH	GERMAN
778	Downturn	n.	Movement lower	Падение n.; спад m. активности	Recul, m.	Baissebewegung, f.
779	Downward	adj.	Descending	Пониженный adj.	Tendance, f. à la baisse	Abwärtstrend, m.
780	Dozen	n.	Twelve of a kind	Дюжина	Douzaine, f.	Dutzend, n.
781	Draft	n.	-- of a contract	Проект m. договора	Projet de contrat	Vertragsentwurf, m.
782	Draftя	n.	Outline	Набросок m.; черновик m.; проек m.	Brouillon, m.	Entwurf, m.
783	Drive	n.	Organized effort	Кампания f.	Campagne, f. de promotion	Kampagne, f.
784	Driver	n.	Chauffeur	Шофёр m.	Chauffeur, m.	Fahrer, m.
785	Driver	n.	Software program	Управляющая программа f.; драйвер m.	Pilote, m.; programme, f. pilote	Treiber, m.
786	Dual	adj.	Double	Двойственный adj.	Double, adj.	Doppelt, adj.
787	Due	adj.	Owing, payable	Причитающийся adj. налог m.	Dû	Schuldig, adj.; fällig, adj.
788	Duplicate	n.	Copy	Дубликат m.; копия f.	Copie, f.; duplicata, m.	Doppel, n.; zweite Ausfertigung, f.
789	Duplicate (to)	v.	To copy	Дублировать v.; копировать v.	Copier, v.	Etw. doppelt ausfertigen, v.
790	Durability	n.	Endurroektance; permanence	Прочность f. (длительная) долговечность f.	Solidité, f.	Dauerhaftigkeit, f.; Lebensdauer, f.
791	Durables	phr.	Consumer -- (goods)	Товары m.pl. длительного пользования	Biens, m.pl. de consommation durables	Langlebige Verbrauchsgüter, n.pl.
792	Duration	n.	Term	Продолжитель- ность f.	Durée, f.	Laufzeit, f.; Dauer, f.
793	Duties	phr.	Import --	Импортная пошлина f.	Droit(s), m.pl. d'entrée	Einfuhrzoll, m.
794	Duties	n.	Customs --	Пошлины f.pl.	Droit(s), m.pl. de douane	Zollgebühren, f.pl.
795	Duty	adv.	-- paid	Оплаченный adj. пошлиной	Dédouané	Verzollt, adj.
796	Duty	phr.	Export --	Экспортная пошлина f.	Droits, m.pl.; dexportation;droits, m.pl. de sortie	Exportzoll, m.
797	Duty	n.	Tax; fee	Пошлина f.; налог m.	Droit(s), m.pl.	Gebühr, f.
798	Duty	n.	Moral obligation	Обязательство n.	Devoir, m.	Pflicht, f.
799	Duty-free	adv.	Without duty (to be) paid	Беспошлинный adj.	En franchise douanière; hors taxe	Zollfrei
800	Dwelling	n.	Dwelling	Жильё n.; жилище n.	Habitation, f.	Wohngebäude, n.
801	Dynamic	adj.	Energetic	Динамичный adj.	Dynamique, adj.	Dynamisch
802	Dynamics	n.	Forces	Динамика f.	Dynamique, f.	Dynamik, f.

27

No	ENGLISH	USE	COMMENT	RUSSIAN	FRENCH	GERMAN

E

No	ENGLISH	USE	COMMENT	RUSSIAN	FRENCH	GERMAN
803	Earn (to)	v.	To be productive	Зарабатывать v.	Rapporter, v.	Verdienen, v.; gewinnen, v.
804	Earned	phr.	-- income	Производственный доход m.	Revenus, m.pl. salariaux	Einkommen, n. aus Arbeit
805	Earned income	phr.	Income from work (not dividends etc.)	Трудовой доход m.	Revenus du travail	Erwerbseinkommen, n.; Arbeitseinkommen, n.
806	Earning	phr.	-- power	Способность f. приносить доход	Capacité, f. bénéficiaire	Ertragsfähigkeit, f.
807	Earnings	n.	Profits	Заработок m.	Bénéfices, m.pl.	Gewinn, m.; Einkünfte, f.pl.
808	Econometrics	n.	Academic/ business discipline	Эконометрия f.	Économétrie, f.	Ökonometrie, f.
809	Economic	adj.	Profitable	Экономический adj.	Économique, adj.	Wirtschaftlich
810	Economics	n.	Economic science	Экономика f.	Économie, f.	Wirtschaft, f.
811	Economist	n.		Экономист m.	Économiste, m.	Volkswirt, m.; Volkswirtschaftler, m.
812	Economy	n.	-- of scale	Экономика f.; обусловленная масштабом производства	Économie, f. d'échelle	Kosteneinsparung, f.
813	Economy	n.	Economic system	Экономика f.; хозяйство n.	Économie, f.	Wirtschaft, f.
814	Economy	phr.	-- class (air travel)	Экономический adj. класс m. (на авиалиниях)	Classe, f. économique	Touristenklasse, f.
815	Edifice	n.	Structure; plant	Здание n.; сооружение n.	Édifice, m.	Gebäude, n.
816	EDP	phr.	Electronic Data Processing	Электронная обработка f. данных	Informatique, f.	Elektronische Datenverarbeitung, f.; EDV
817	Effective	adj.	Effectual	Эффективный adj.	Efficace, adj.	Wirksam, adj.
818	Effectiveness	n.	Utility	Эффективность f.	Efficacité, f.	Wirksamkeit, f.
819	Efficiency	n.	Ability; skill	Экономичность f.	Rendement, m.; capacité, f.; performance, f.	Leistungsfähigkeit, f.
820	Effort	n.	Attempt; endeavor	Усилие n.	Effort, m.	Bemühung, f.; Anstrengung, f.
821	Elasticity	n.	Resilience	Эластичность f.	Élasticité, f.	Elastizität, f.
822	Election	n.	Accession to power	Выборы m.pl.	Élection, f.	Wahl, f.
823	Electricity	n.		Электричество n.	Électricité, f.	Elektrizität, f.
824	Electrification	n.	To connect by electricity	Электризация ; электрификация	Électrification, f.	Elektrifizierung, f.
825	Electrolysis	n.		Электролиз m.	Électrolyse, f.	Elektrolyse, f.
826	Electronic	adj.		Электронный adj.	Électronique, adj.	Elektronisch, adj.
827	Electronic	phr.	-- data processing; EDP	Электронная обработка данных	Informatique, f.	Elektronische Datenverarbeitung, f.
828	Electronic	phr.	-- mail	Электронная почта f.	Messagerie, f. électronique	Elektronische Post, f.
829	Electronics	n.		Электроника f.	Électronique, f.	Elektronik, f.
830	Element	n.	Component	Элемент m.	Élément, m.	Grundbestandteil, n.
831	Embargo	n.	Exclusion	Эмбарго n.	Embargo, m.	Blockade, f.; Handelssperre, f.
832	Embezzlement	n.	Misuse; theft	Растрата f.; присвоение n.	Détournement, m. de fonds	Unterschlagung, f.; Veruntreuung, f.
833	Emergency	phr.	-- lighting	Аварийное освещение n.	Éclairage, m. de secours	Notbeleuchtung, f.
834	Emergency	phr.	-- power supply	Аварийное электропитание n.	Alimentation, f. de secours	Notstromanlage, f.

28

No	ENGLISH	USE	COMMENT	RUSSIAN	FRENCH	GERMAN
835	Emergency	n.	Crisis	Крайняя необходимость f.; авария f.	Urgence, f.	Notfall, m.
836	Emission	n.	Broadcast	Эмиссия f.; выпуск m.	Émission, f.	Emission, f.; Ausgabe, f.
837	Employ (to)	v.	To make use of	Применять v.	Employer, v.	Beschäftigen, v.
838	Employ (to)	v.	To give employment to	Нанимать v.	Employer, v.	Anwenden, v.; verwenden, v.; gebrauchen, v.
839	Employee	n.	Working person	Служащий m.	Employé(e)	Angestellter, m.; Angestellte, f.
840	Employer	n.	Person who hires	Наниматель m.; работодатель m.	Employeur, m.; chef, m. d'entreprise	Arbeitgeber, m.; Auftraggeber, m.
841	Employment	n.	Work	Занятие n.	Emploi, m.	Beschäftigung, f.; Verwendung, f.
842	Empty	adj.	Vacant	Пустой adj	Vide, adj.	Leer, adj.
843	Enclose (to)	v.	To confine	Вкладывать v. (в конверт); прилагать v.	Joindre (lettre)	Beifügen, v.; beilegen, v.
844	Enclosure	n.	Surrounding	Приложение n.; вложение n.	Pièce, f. jointe	Anlage, f.
845	End-user	n.	-- of a product	Конечный пользователь m.	Utilisateur, m. final	Endbenutzer, m.; Endverbraucher, m.
846	Energy	n.	Power	Энергия f.	Énergie, f.	Energie, f.
847	Engaged	adj.	Telephone busy (UK)	Занятый adj.	occupé, adj.	besetzt, adj.
848	Engine	n.	Machine	Двигатель m.	Moteur, m.	Motor, m.; Maschine, f.
849	Engineer	n.		Инженер m.	Ingénieur, m.	Ingenieur, m.
850	Engineer	phr.	Electrical --	Инженер-электротехник m.	Ingénieur, m. électricien	Elektroingenieur, m.
851	Engineer	phr.	Mechanical --	Инженер-механик m.	Ingénieur, m. mécanicien	Maschinenbauingenieur, m.
852	Engineer	phr.	Industrial --	(инженер-технолог)	Ingénieur, m. industriel	Fertigungsingenieur, m.
853	Engineering	phr.	Civil --	Гражданское строительство n.	Génie, m. civil; travaux, m.pl. publics	Zivilingenieur, m.
854	Engineering	n.	Science	Техника f.	Engénierie, f.	Technik, f.
855	Enterprise	n.	Undertaking	Предприятие n.	Entreprise, f.	Unternehmen, n.
856	Enterprise	Phr.	Private --	Частное предприятие n.	Entreprise, f. privée	Privatunternehmen, n.
857	Entrepreneur	n.	Business person	Предприниматель m.	Entrepreneur, m.	Unternehmer, m.
858	Envelope	n.	for letter etc.	Конверт m.	Enveloppe, f.	Briefumschlag, m.
859	Environment	n.	General surroundings	Окружающая среда f.	Environnement, m.	Umgebung, f.
860	Environment	n.	Specific milieu	Окружение n.; окружающая среда f.	Milieu, m.	Umgebung, f.; Umwelt, f.
861	Environmental	phr.	-- pollution	Загрязнение n. окружающей среды	Pollution, f. de l'environnement	Umweltverschmutzung, f.
862	Environmental	adj.	Environal	Связанный adj. с окружающей средой	De l'environnement	Umwelt-
863	Environmental	phr.	-- protection	Охрана f. окружающей среды	Protection, f. de l'environnement	Umweltschutz, m.
864	Environmentalist	n.		Person dealing with the protecting the environment	Сторонник m. защиты окружающей среды	Écologiste, m.	Umweltschützer, m.
865	Enzyme	n.		Энзим m.; фермент m.	Enzyme, f.	Enzym, n.

No	ENGLISH	USE	COMMENT	RUSSIAN	FRENCH	GERMAN
866	Equalization	n.	Equalizing	Выравнивание n.; уравнивание n.	Régularisation, f.	Ausgleich, m.; Gleichstellung, f.
867	Equation	n.	Equality	Уравнение n.	Équation, f.	Ausgleich, m.
868	Equilibrium	n.	Balance	Равновесие n.	Équilibre, m.	Gleichgewicht, n.
869	Equip (to)	v.	To furnish; outfit	Снабжать v.	Équiper, v.	Ausrüsten, v.; ausstatten, v.
870	Equipment	n.	Materiel	Оборудование n.	Matériel, m.; équipement, m.	Geräte, n.pl.; Einrichtung, f.
871	Equipment	phr.	Original Equipment Manufacturer; also OEM	Изготовитель m. комплектного оборудования	Fabricant, m. constructeur de système	Originalgerätehersteller, m.
872	Equitable	adj.	Just	Справедливый adj.	Équitable	Gerecht, adj.; billig
873	Equity	n.	Stock; ownership	Собственный капитал m.	Capitaux, m.pl. propres	Eigenkapital, n.; Wert, m. des Grundkapitals
874	Ergonomics	n.	Work sciences	Эргономика f.	Ergonomie, f.	Ergonomie, f.
875	Error	n.	Mistake	Ошибка f.	Erreur, f.; faute, f.	Irrtum, m.
876	Establish (to)	v.	To found	Учреждать v.; устанавливать v.	Fonder, v.	Einrichten, v.; errichten, v.; gründen, v.
877	Establishment	phr.	Setting up s.t.	Установка f.; установление n.; учреждение n.	Établissement, m.; fondation, f.	Gründung, f.; Geschäftsunternehmung, f.
878	Estimate	n.	to judge; measure	Смета f.; оценка f.	Devis, m.	Schätzung, f.; Kostenvoranschlag, m.
879	Estimate (to)	v.	To assess	Оценивать v.; составлять v. смету	Estimer, v.	Etw. schätzen, v.
880	European	phr.	-- Econonomic Community (EEC)	Общий рынок m.; Европейское экономическое сообщество n. (ЕЭС)	Communauté Économique Européenne(CEE)	Europäische Wirtschaftgemeinschaft, f.(EG)
881	Evaluate (to)	v.	To judge; measure	Оценивать v.	Évaluer, v.	Bewerten, v.
882	Evaluation	n.	Judgment; measurement	Оценка f.	Évaluation, f.	Bewertung, f.; Wertbestimmung, f.
883	Evaporation	n.	Disappearance; dispersion	Испарение n.	vaporation, f.	Verdampfung, f.
884	Event	n.	Occurrence	Событие n.	Évènement, m.	Ereignis, n.
885	Evolve (to)	v.	To become	Развивать v.	Développer, v.; évoluer, v.	Entwickeln, v.; entfalten, v.
886	Ex dividend	phr.	Shares --	Акции f.pl. без дивиденда	Actions, f.pl. coupon détaché	Ohne Dividende; ausschließliche Dividende
887	Ex warehouse	phr.	(Goods)	Товары m.pl. со склада	Départ, m. entrepôt	Ab Lager
888	Exact	adj.	Precise	Точный adj.	Exact; précis, adj.	Genau, adj.; richtig, adj.
889	Exaggeration	n.	Overestimation	Преувеличение n.	Exagération, f.	Übertreibung, f.
890	Examination	phr.	Customs --	Таможенный досмотр m.	Visite, f. de douane	Zollbeschau, f.
891	Examination	n.	Academic test	Экзамен m.	Examen, m.	Prüfung, f.; Einsicht, f.
892	Examine (to)	v.	To inspect	Осматривать v.	Inspecter, v.	Etw. besichtigen, v.; prüfen, v.; untersuchen, v.
893	Exceed (to)	v.	To surpass	Превышать v.	Dépasser, v.	Übertreffen, v.
894	Excellent	adj.	Superior	Отличный adj.	Excellent, adj.	Ausgezeichnet, adj.
895	Exception	n.	Exclusion	Исключение n.	Exception, f.	Ausnahme, f.
896	Excess	n.	Surplus	Излишек m.; избыток m.	Excédent, m.; surplus, m.	Überschuß, m.; Übermaß, n.
897	Exchange	phr.	-- rate	Курс m. обмена	Taux, m. de change	Börsenkurs, m.

No	ENGLISH	USE	COMMENT	RUSSIAN	FRENCH	GERMAN
898	Exchange	phr.	-- value	Меновая стоимость f.	Valeur, f. d'échange	Tauschwert, m., Marktwert, m.
899	Exclude (to)	v.	To bar	Исключать v.	Exclure; écarter, v.	Ausschließen, v.
900	Exclusive	adj.	Limiting	Исключительный adj.; единственный adj.	Exclusif; seul	Ausschließlich, adj.
901	Executive	phr.	Chief -- officer of a company (CEO)	Президент m.	Directeur, m. général (DG)	Hauptgeschäftsführer, m.
902	Exemption	n.	Immunity	Освобождение n.	Exemption, f.	Befreiung, f.
903	Exhaust	n.	Outflow	Выхлоп m.; выпуск m.	Échappement, m.	Auspuff, m.
904	Exhibit (to)	v.	To display	Выставлять v.; экспонировать v.	Exposer; présenter, v.	Ausstellen, v.
905	Exhibition	n.	Display	Выставка f.	Exposition, f.; présentation, f.	Ausstellung, f.
906	Expectation	n.	Anticipation	Ожидание n.	Attente, f.	Erwartung, f.
907	Expenditure	n.	Spending	Расходы m.pl.; затраты f.pl.	Dépenses, f.pl.	Ausgaben, f.pl.; Aufwand, m.
908	Expense	n.	Cost(s)	Расход m.	Frais, m.pl.	Kosten, f.pl.; Ausgaben, f.pl.; Spesen, f.pl.
909	Expense	phr.	-- account	Отчёт m. о понесённых расходах	Notes, f.pl. de frais	Spesenkonto, n.
910	Expensive	adj.	Costly	Дорогой adj.	Cher, adj.	Teuer, adj.
911	Experiment	n.	Test	Эксперимент m.	Expérience, f.	Versuch, m.
912	Expert	n.	Advisor; specialist	Эксперт m.; знаток m.; специалист m.	Expert, m.; spécialité, f.	Sachverständiger, m.; Fachmann, m.
913	Expertise	n.	Skill; knowledge	Компетентность f.; квалификация f.; опыт m.	Expertise, f.	Gutachten, n. eines Sachverständigen
914	Expiration	n.	Expiry	Истечение n. (срока контракта)	Expiration, f.	Ablauf, m.; Verfall, m.
915	Expire (to)	v.	To lapse	Истекать v.	Échoir v.; venir v. à échéance	Ablaufen, v.; verfallen, v.; Gültigkeit, f. verlieren
916	Explain (to)	v.	To make clear	Объяснять v.	Expliquer, v.	Erläutern, v.; erklären, v.
917	Explanation	n.	Justification	Объяснение n.	Explication, f.	Erläuterung, f.
918	Exploration	n.	Reconnaissance	Исследование n.	Exploration, f.	Untersuchung, f.; Erforschung, f.
919	Export	phr.	-- duty	Экспортная пошлина f.	Droit, m. de sortie	Exportzoll, m.
920	Export (to)	v.	To send abroad	Экспортировать v.; вывозить v.	Exporter, v.	Exportieren, v.; Ausführen, v.
921	Exportation	n.	Sending abroad	Экспортирование n.	Exportation, f.	Export, m.; Ausfuhr, f.
922	Exporter	n.	Firm/person which exports	Экспортёр m.	Exportateur, m.	Exporteur, m.
923	Exports	n.	Things exported	Экспорт m.; вывоз m.	Les exportations, f.pl.	Ausfuhren, f.pl.
924	Express	phr.	-- letter	Срочное письмо n.	Lettre, f. en exprès	Eilbrief, m.
925	Express	phr.	-- mail	Экстренная почта f.	Courrier, m. en exprès	Eilpost, f.
926	Expropriate (to)	v.	To appropriate	Экспроприировать v.; лишать v.	Exproprier, v.	Enteignen---, v.
927	Expropriation	n.	Appropriation	Экспроприация f.	Expropriation, f.	Enteignung, f.
928	Extension	phr.	-- of time	Отсрочка f.; продление n. срока ; пролонгация f.	Prolongation, f.	Prolongation, f.; Verlängerung, f.

No	ENGLISH	USE	COMMENT	RUSSIAN	FRENCH	GERMAN
929	External	phr.	-- trade	Внешняя торговля f.	Commerce, m. extérieur	Außenhandel, m.
930	External	adj.	Foreign	Внешний adj.; наружный adj.	Extérieur Étranger, adj.	Auswärtig, adj.; Außenwirtschaftlich
931	Extra	adj.	Additional	Добавочный adj; дополнительный adj.	Supplémentaire, adj.	Extra, adj.; zusätzlich, adj.
932	Extraordinary	adj.	Special	Чрезвычайный. adj.	Extraordinaire, adj.	Außerordentlich
933	Extreme	n.	End	Крайность f.	Extrême, m.	Äußerstes, n.

No	ENGLISH	USE	COMMENT	RUSSIAN	FRENCH	GERMAN

F

934	Fabricate (to)	v.	To make; create	Производить v.	Fabriquer, v.	Verfertigen, v.; fabrizieren, v.; herstellen, v.
935	Facilities	n.	Industrial installations	Производственные помещения n.pl.	Installations, f.pl.	Betriebsanlagen, f.pl.
936	Facsimile	n.	Fax	Факсимиле n.	Télécopie, f.	Faksimile, n.
937	Factor	n.	Component	Фактор m.; обстоятельство n.; коэффициент m	Facteur, m.	Faktor, m.
938	Factory	n.	Plant	Фабрика f.; завод m.	Usine, f.	Fabrik, f.
939	Fail (to)	v.	Fall short; decline	Ухудшаться; недоставать	Échouer, v.	Fehlschlagen, v.
940	Failure	n.	Business --	Несостоятельность f.; банкротство n.	Échec, m.	Mißerfolg, m.; Fehlschlag, m.; Konkurs, m.
941	Fair	n.	Large exposition	Выставка f.; ярмарка f.	Foire, f.	Ausstellung, f.; Messe, f.
942	Farm	n.		Ферма f.	Ferme, f.	Bauernhof, m.
943	Fashion	n.	Style; custom	Мода f.	Mode, f.	Mode, f.; Form, f.; Art, f.
944	Faultless	adj.	Flawless	Безукоризненный adj.; бездефектный adj.	Irréprochable, adj.	Ohne Fehler; fehlerfrei, adj.
945	Feasibility	n.	Practicality; probability	Осуществимост f.; выполнимость f.	Faisabilité, f.	Durchführbarkeit, f.
946	Feasible	adj.	Workable	Осуществимый adj.; выполнимый adj.	Réalisable, adj.	Durchführbar, adj.
947	Fee	n.	Professional charge	Гонорар m.	Honoraires, m.pl.	Honorar, n.; Vergütung, f.; Gebühr, f.
948	Feedback	n.	Reaction	Обратная связь	Retour, m. d'information; réaction, f.	Rückfluß, m.; Rückwirkung, f.
949	Fiberglass	n.	Material	Стекловолокно n.	Fibre, f. de verre	Glaswolle, f.
950	Fibres	n.pl.	Filaments	Волокна n.pl.	Fibres, f.pl.	Fasern, f.pl.
951	Fiduciary	n.	Trustee	Доверенное лицо n.	Fiduciaire, m.	Treuhänder, m.
952	Field	n.	Sphere of knowledge	Отрасль f.	Champ, m.; /domaine, m. d'activité	Tätigkeitsfeld, n.; Gebiet, n.; Bereich, m.
953	File	n.	Records	Папка f.; дело n.	Fichier, m.	Akten, f.pl.
954	Filter	n.	Refining equipment	Фильтр m.	Filtre, m.	Filter, m.
955	Final	adj.	Resulting; last	Последний adj.; заключительный adj.	Final, adj.	Endgültig, adj.
956	Finance	n.	Management of finances	Финансы pl.	Finance, f.	Geldwesen, n.; Finanzwirtschaft, f.
957	Finance (to)	v.	To fund; pay	Финансировать v.	Financer, v.	Finanzieren, v.
958	Financial	adj.		Финансовый adj.	Financier, adj.	Finanziell, adj.
959	Financier	n.	Business person; banker	Финансист m.	Financier, m.	Finanzmann, m.; Geldgeber, m.
960	Firm	n.	Company; organization	Фирма f.	Société, f. commerciale	Firma, f.
961	Fiscal	phr.	-- year	Финансовый год	Année, f. fiscale; exercice, m. fiscal	Rechnungsjahr, n.; Geschäftsjahr, n.
962	Fiscal	adj.	Of taxes	Финансовый adj.	Fiscal, adj.	Fiskalisch; adj. steuerlich, adj.
963	Flexibility	n.	Versatility	Гибкость f.; переналаживаемость f.	Flexibilité, f.	Anpassungsfähigkeit, f.

33

No	ENGLISH	USE	COMMENT	RUSSIAN	FRENCH	GERMAN
964	Flexible	phr.	-- disk; floppy disk; diskette	Гибкий (магнитный) диск *m.*; дискета *f.*	Disquette, *f.*	Diskette, *f.*
965	Flexible	adj.	Versatile	Гибкий *adj.*	Flexible; souple	Flexibel, *adj.*
966	Floppy	phr.	-- disk; diskette	Гибкий (магнитный) диск *m.*; дискета *f.*	Disquette, *f.*	Diskette, *f.*; Floppy Disk, *f.*
967	Flow	phr.	-- chart	Технологическая схема *f.*	Diagramme, *m.* de production	Flußdiagramm, *n.*; Schaubild, *n.*
968	Fluctuation	n.	Irregularity; oscillation	Флуктуация *f.*; колебание *n.*	Fluctuation, *f.*	Fluktuation, *f.*
969	Follow (to)	v.	To -- up; check up	Доводить *v.* (до конца)	Suivre, *v.*; Vérifier, *v.*	Verfolgen, *v.*; nachfassen, *v.*
970	Font	n.	Printing characters	Комплект *m.* шрифта	Fonte, *f.*; police, *f.* de caractères	Schrift, *f.*
971	Foodstuffs	n.	Food	Пищевые продукты *m.pl.*	Nourriture, *f.*; Aliments, *m.pl.*	Lebensmittel, *f.pl.*; Nahrungsmittel, *n.*
972	Forecast	n.	Plan; prediction	Предсказание *n.*; прогноз *m.*	Prévision, *f.*	Geschäftsprognose, *f.*
973	Foreclose (to)	v.	To expropriate	Лишать *v.* права выкупа	Saisir, *v.* un bien hypothéqué	Aus einer Hypothek die Zwangsvollstreckung betreiben
974	Foreign	n.	-- currency	Иностранная валюта *f.*	Devise, *f.* étrangère	Ausländische Währung, *f.*
975	Foreign	phr.	-- exchange	Обмен *m.* валюты	Change, *m.*	Geldwechsel, *m.*
976	Foreign	phr.	-- trade	Внешняя торговля *f.*	Commerce, *m.* extérieur	Außenhandel, *m.*
977	Foreign	adj.	External; alien; foreign	Внешний *adj.*; иностранный *adj.*	Étranger, *adj.*	Ausländisch, *adj.*; fremd, *adj.*
978	Foreman	n.	Work supervisor	Мастер *m.*; прораб *m.*	Contremaître, *m.*	Werkmeister, *m.*
979	Forfeit (to)	v.	To lose	Терять *v.* право	Perdre, *v.* par confiscation, *f.*	Verfallen, *v.*; Verlieren, *v.*; Verwirken, *v.*
980	Forgery	n.	Counterfeit	Подделка *f.*; подлог *m.*	Contrefaçon, *f.*	Fälschung, *f.*
981	Form	n.	Shape	Форма *f.*	Forme, *f.*; genre, *m.*; espèce, *f.*	Form, *f.*; Formular, *n.*
982	Formal	adj.	Orderly	Формальный *adj.*; официальный *adj.*	Formel, *adj.*	Formell, *adj.*
983	Formation	n.	Position; order	Составление *n.*; формирование *n.*	Formation, *f.*	Errichtung, *f.*; Bildung, *f.*; Zusammenstellung, *f.*
984	Formula	n.	Axiom; law	Формула *f.*	Formule, *f.*	Formel, *f.*
985	Forward (to)	v.	To send on	Пересылать *v.*	Faire, *v.* suivre, *v.*	Nachsenden, *v.*
986	Forwarder	n.	Freight --	Экспедитор *m.*; фрахтовщик *m.*	Expéditeur, *m.*	Spediteur, *m.*
987	Foundry	n.	Steel plant	Литейный завод *m.*	Fonderie, *f.*	Gießerei, *f.*
988	Fraction	n.	Mathematical--	Дробь *f.*	Fraction, *f.*	Bruchteil, *m.*
989	Framework	n.	Frame of reference	Основа *f.*; каркас *m.*	Cadre, *m.* structure, *f.*	Bereich, *m.*; System, *n.*
990	Franc	n.	French monetary unit	Франк *m.*	Franc, *m.*	Franc, *m.*; Franken, *m.*
991	Franchise	n.	Licence to represent	Привилегия *f.*; право *n.*	Concession, *f.*; Franchise, *f.*	Konzession, *f.*; Vorrecht, *n.*
992	Fraud	n.	Dishonesty; deception	Обман *n.*	Fraude, *f.*	Betrug, *m.*
993	Free	phr.	-- on board; FOB	Свободно на борту *m.*; франко-борт; фоб	Franco à bord ; FAB	Frei an Bord; FOB
994	Free on board	phr.	-- destination	Поставка *f.* фоб	Franco destination	Freibestimmungsort, *m.*

3 4

No	ENGLISH	USE	COMMENT	RUSSIAN	FRENCH	GERMAN
995	Freehold	n.	Ownership of property	Безусловное право n. собственности на недвижимость; фригольд m.	Pleine propriété, f.	Freies Grundeigentum, n.
996	Freelance	n.	Freelance	Лицо n. свободной профессии	Collaborateur, m. indépendant	Freiberufler, m.
997	Freight	n.	Cargo	Фрахт m.; груз m.	Fret, m.; cargaison, f.	Fracht, f.
998	Freight forwarder	phr.	Firm	Фрахтовщик m.; экспедитор m.	Expéditeur, m.	Güterspediteur, m.
999	Fringe	phr.	-- benefits	Дополнительные льготы f.pl.	Avantages, m.pl. en nature	Zusatzleistungen, f.pl.
1000	Frontier	n.	Border; boundary	Предел m.; граница f.	Frontière, f.	Grenze, f.
1001	Fuel	n.	Propellant	Топливо n.	Combustible, m.; carburant, m.	Brennstoff, m.; Treibstoff, m.
1002	Fulfill (to)	v.	To accomplish	Выполнять v.	Accomplir, v.; réaliser, v.	Erfüllen, v.; ausführen, v.
1003	Fulfillment	n.	Accomplishment	Выполнение n.	Accomplissement, n.; réalisation, f.	Erfüllung, f.; Vollzug, m.
1004	Full	adv.	Complete; replete	Полно adv.	Plein, adj.	Voll, adj.
1005	Full-time	phr.	-- labor	Полная занятость f.	Temps-plein, m.; plein emploi, m.	Vollzeitbeschäftigung, f.
1006	Function	n.	Action	Функция f.	Fonction, f.	Funktion, f.
1007	Fund	n.	Capital	Фонд m.	Fonds, m.	Boden, m.; Grund, m.
1008	Fundamental	adj.	Essential	Основной adj.	Fondamental, adj.	Grundlegend, adj.
1009	Fundamentals	n. pl.	Essential points	Основы f.pl.	Principes, m.pl. essentiels	Grundprinzip, n. von etw.
1010	Funds	n.	Capital; money	Фонды m.pl.; капитал m.	Fonds, m.pl.	Gelder, n.pl.
1011	Furnace	n.	Steel --	Домна f.	Fourneau, m.	Hochofen, m.
1012	Furniture	n.	Furnishings	Мебель f.	Meubles, m.pl.	Möbel, m.pl.
1013	Fuse	n.	Safety equipment	Предохранитель m.	Fusible, m.	Sicherung, f.
1014	Future	phr.	-- contracts	Будущие контракты m.pl.	Transactions, f. à terme	Termingeschäfte, n.pl.
1015	Future	adj.	Time	Будущий adj.	Future, adj.	Zukünftig, adj.
1016	Future	n.	Time to come	Будущее время n.	Avenir, m.	Zukunft, f.

35

No	ENGLISH	USE	COMMENT	RUSSIAN	FRENCH	GERMAN

G

No	ENGLISH	USE	COMMENT	RUSSIAN	FRENCH	GERMAN
1019	Gain	n.	Profit; increase	Прибыль *f.*; выигрыш *m.*	Bénéfice, *m.*; profit, *m.*	Gewinn, *m.*; Zuwachs, *m.*
1020	Galvanization	n.	Process	Гальванизация *f.*	Galvanisation, *f.*	Galvanisierung, *f.*
1021	Gamble	n.	Risky undertaking	Азартная игра *f.*; рискованное предприятие *n.*	Jeu, *m.* de hasard; pari, *m.* risqué	Glücksspiel, *n.*; Spekulation, *f.*
1022	Game	n.	Contest	Игра *f.*	Jeu, *m.*	Spiel, *n.*
1023	Gas	n.	Vapor; petroleum	Газ *m.*	Gaz, *m.*	Benzin, *n.*; Gas, *n.*
1024	Gas	phr.	Natural --	Природный газ *m.*	Gaz, *m.* naturel	Erdgas, *n.*
1025	Gasoline	n.	Fuel; Petrol (UK)	Бензин *m.*	Essence, *f.*	Benzin, *n.*
1026	GATT	phr.	General Agreement on Tariffs and Trade	Генеральное соглашение *n.* по таможенным тарифам и торговле	Accord, *n.* général sur les tarifs douaniers et le commerce	Allgemeines Zoll- und Handelsabkommen, *n.*
1027	Gauge	n.	Standard of measure	Мера *f.*; датчик *m.*	Jauge, *f.*	Maß, *n.*; Normalspur, *f.*
1028	Gearshift	n.	Mechanism	Переключение *n.* передач	Changement, *m.* de vitesse	Gangschaltung, *f.*
1029	Gem	n.	Stone	Драгоценный камень *m.*	Pierre, *f.* précieuse	Edelstein, *m.*
1030	General	phr.	-- Agreement on Tariffs and Trade (GATT)	Генеральное соглашение по таможенным тарифам и торговле	Accord général sur les tarifs douaniers et le commerce	Allgemeines Zoll- und Handelsabkommen, *n.* GATT
1031	General	adj.	Nonspecific	Общий *adj.*	Général, *adj.*	Allgemein, *adj.*
1032	Generalize (to)	v.	To universalize	Обобщать *v.*	Généraliser, *v.*	Verallgemeinern, *v.*
1033	Generate (to)	v.	To produce	Генерировать *v.*; порождать *v.*	Générer, *v.*	Erzeugen, *v.*; entwickeln, *v.*; verursachen, *v.*
1034	Generation	n.	Production	Генерация *f.*	Génération, *f.*	Erzeugung, *f.*
1035	Generator	n.	Electrical device	Генератор *m.*	Générateur, *m.*	Generator, *m.*; Stromerzeuger, *m.*
1036	Genuine	adj.	Authentic	Настоящий *adj.*; подлинный *adj.*	Véritable, *adj.*	Authentisch, *adj.*; echt, *adj.*; wahr, *adj.*
1037	Gift	n.	Present	Подарок *m.*	Cadeau, *m.*	Geschenk, *n.*
1038	Give (to)	phr.	-- back s.t.; return	Возвращать *v.*	Rendre, *v.* qch.	Etw. zurückgeben, *v.*
1039	Give (to)	v.	To provide; transfer	Давать *v.*	Donner	Geben, *v.*
1040	Glasnost	n.	"Openness"	Гласность *f.*	Glasnost, *f.*	Glasnost, *f.*
1041	Glut	n.	Satiety	Избыток *m.*; затоваривание *n.*	Excès, *m.*	Überangebot, *n.*
1042	GNP	phr.	Gross National Product	Валовой национальный продукт *m.*(ВНП)	Produit, *n.* National Brut (PNB)	Bruttosozialprodukt, *n.* (BSP)
1043	Goal	n.	Objective	Цель *f.*	But, *m.*	Ziel, *n.*; Endpunkt, *m.*
1044	Gold	n.	Metal	Золото *n.*	Or, *m.*	Gold, *n.*
1045	Goods	phr.	-- and services	Товары *m.pl.* и услуги *f.pl.*	Biens, *m.pl.* et services	Güter, *n.pl.* und Dienste, *m.pl.*
1046	Goods	phr.	Circulation of --	Обращение *n.* товаров	Circulation, *f.* des marchandises	Güterverkehr, *m.*; Warentransport, *m.*
1047	Goods	phr.	Consumer --	Товары *m.pl.* широкого потребления	Biens, *m.pl.* de consommation	Konsumgüter, *n.pl.*
1048	Goods	n.	Merchandise	Товар(ы) *m.pl.*	Marchandises, *f.pl.*	Waren, *f.pl.*

No	ENGLISH	USE	COMMENT	RUSSIAN	FRENCH	GERMAN
1049	Goodwill	n.	Reputation of a business	Репутация f. (фирмы); стоимость f. деловых связей (фирмы)	Goodwill, m.; survaloir, m.; Fonds, m. de commerce	Ansehen, n. einer Firma; Firmenwert, m.
1050	Government	phr.	-- securities	Государственные ценные бумаги f.pl.	Fonds, m.pl. ou titres, m.pl. d'État	Staatspapiere, n.pl.; Staatsanleihen, f.pl.
1051	Government	n.	National --	Правительство n.	Gouvernement, m.	Regierung, f.; Staat, m.
1052	Government	phr.	Central --	Центральное правительство n.	Administration, f. centrale	Zentralregierung, f.
1053	Government	phr.	Local -- (GB)	Местная администрация f.	Administration, f. locale	Dezentralisierte Verwaltung, f.; Örtliche Selbstverwaltung, f.
1054	Government	n.	System	Форма f. правления	Forme, f. de gouvernement	Regierungsform, f.; Regierung, f.
1055	Grade	n.	-- of quality	Сорт m.	Qualité, f.	Güteklasse, f.
1056	Graft	n.	Corruption	Подкуп m.; коррупция f.	Corruption, f.	Bestechung, f.; Bestechungsgeld, n.
1057	Grain	n.	Food	Зерно n.	Grain, m.	Getreide, n.
1058	Gram	n.	Weight measure	Грамм m.	Gramme, m.	Gramm, n.
1059	Grant (to)	v.	To bestow; confer	Даровать v.; давать v. дотацию	Accorder, v.	Gewähren, v.; verleihen, v.
1060	Graph	n.	Diagram	График m.	Graphique, m.	Graph, m.; Schaubild, n.
1061	Greenwich	phr.	-- Mean Time, (GMT)	Время n. по Гринвичу	Heure, f. de Greenwich (GMT)	Greenwich Zeit, f.
1062	Grid	n.	Network; net	Сеть f.	Grille, f.	Gitter, n.
1063	Gross	phr.	-- National Product; (GNP)	Валовой национальный продукт m.(ВНП)	Produit, n. National Brut (PNB)	Bruttosozialprodukt, n. (BSP)
1064	Gross	phr.	-- weight	Вес m. брутто	Poids, m. brut	Bruttogewicht, n.
1065	Gross	adj.	Opposite of net	Брутто	Brut, adj.	Gesamt, adj.; brutto, adj.
1066	Groundwork	n.	Preparation	Основа f.; фундамент m.	Préparation, f.	Grundlegende Vorarbeit, f.
1067	Grow (to)	v.	To become; develop	Расти v.; развиваться v.	Développer, se développer, v.	Anbauen, v.; wachsen, v.
1068	Growth	n.	Development	Рост m.; развитие n.	Développement, m.; croissance, f.	Anbau, m.; Zuwachs, m.
1069	Guarantee	n.	Promise	Гарантия f.	Garantie, f.	Garantie, f.
1070	Guarantor	n.	Warrantor; endorser	Гарант m.; поручитель m.	Garant, m.	Bürge, m.
1071	Guess	n.	Supposition	Предположение n.	Supposition, f.	Vermutung, f.
1072	Guess (to)	v.	To estimate	Предполагать v.	Supposer, v.	Vermuten, v.; schätzen, v.
1073	Guidance	n.	Advice	Руководство n.	Conseils, m.pl.	Führung, f.; Leitung, f.
1074	Guideline	n.	Plan	Руководящая линия f.	Ligne, f. directrice	Richtlinie, f.
1075	Gut reaction	phr.	Instinct	Интуиция f. внутреннее чутьё n.	Intuition, f.	Instinktive Reaktion, f.

No	ENGLISH	USE	COMMENT	RUSSIAN	FRENCH	GERMAN

H

No	ENGLISH	USE	COMMENT	RUSSIAN	FRENCH	GERMAN
1076	Half	n.	Part; middle	Половина *f.*	Moitié, *f.*	Hälfte, *f.*
1077	Handicraft	n.	Craft	Ремесло *n.*; ручная работа *f.*	Artisanat, *m.*	Handwerk, *n.*
1078	Handmade	adj.	Made by hand	Ручной работы	Fait à la main	Von Hand gemacht
1079	Hard	phr.	-- cash	Наличные деньги *pl.*	Argent, *m.* liquide	Barbestand, *m.*
1080	Hard	phr.	-- currency	Конвертируемая (твёрдая) валюта *f.*	Monnaie, *f.* forte	Harte Währung, *f.*
1081	Hardware	n.	Computer equipment	Аппаратные средства *n.pl.*	Matériel, *m.*	EDV-Geräteausstattung, *f.*; Hardware, *f.*
1082	Hazard	n.	Danger	Риск *m.*	Risque, *m.*	Risiko, *n.*; Gefahr, *f.*
1083	Headquarters	n.	Center of operations	Штаб-квартира *f.*; ставка *f.*	Siège, *m.* social	Hauptsitz, *m.*
1084	Heavy	phr.	-- industry	Тяжёлая промышленность *f.*	Industrie, *f.* lourde	Schwerindustrie, *f.*
1085	Heavy-duty	adj.	Very strong	Тяжёлый *adj.*; для тяжёлой работы; сверхпрочный *adj.*	Très résistant	Schwer, *adj.*; Hochleistungs-
1086	Hedge (to)	v.	To equivocate; evade	Вилять *v.*; увиливать *v.*	Éviter de répondre, *v.*	Ausweichen, *v.*
1087	Height	n.	Size; elevation	Отметка *f.*; высота *f.*	Taille, *f.*; hauteur, *f.*	Höhe, *f.*
1088	Hierarchy	n.	Order	Иерархия *f.*	Hiérachie, *f.*	Hierarchie, *f.*; Rangordnung, *f.*
1089	High	phr.	-- performance	Высокоэффективный *adj.*	Haute performance, *f.*	Erstklassige Leistung, *f.*
1090	High	phr.	-- quality	Высококачественный *adj.*; дорогой *adj.*	Première qualité, *f.*	Von erstklassiger Qualität, *f.*
1091	High	phr.	-- price	Дорогостоящий *adj.*; дорогой *adj.*	Prix, *m.* élevé	Hoher Preis, *m.*
1092	High-technology	phr.	Also High-tech; hitec	Высокий технический уровень *m.*	Technologie, *f.* de pointe	Hochtechnologie
1093	Highway	n.	Freeway; superhighway	Автострада *f.*	Autoroute, *f.*	Autobahn, *f.*
1094	Hinder (to)	v.	To obstruct	Мешать *v.*	Gêner, *v.*; entraver, *v.*	Hindern, *v.*; hemmen, *v.*
1095	Hire (to)	v.	To employ	Нанимать *v.*	Louer, *v.*; engager, *v.*	Mieten, *v.*; anstellen, *v.*
1096	Hoard (to)	v.	To store up	Запасать *v*; копить *v.*	Thésauriser, *v.*	Vorräte sparen; ansammeln, *v.*
1097	Holding	phr.	-- company	Компания-держатель *f.*; холдинг-компания *f.*	Société, *f.* holding	Holdinggesellschaft, *f.*
1098	Holding	n.	-- of land	Владение *n.* землёй	Possession, *f.*; participation	Besitz, *m.*; Beteiligung, *f.*
1099	Holiday	phr.	Legal day of vacation	Нерабочий день *m.*	Jour, *m.* de congé	Feiertag, *m.*
1100	Holiday	phr.	Tax --	Период *m.* действия налоговых льгот	Période, *f.* d'exonération d'impôts	Steuerbefreiung, *f.*
1101	Homogeneity	n.	Uniformity	Однородность *f.*	Homogénéité, *f.*	Homogenität, *f.*
1102	Horsepower	n.	Propulsion (MP)	Лошадиная сила *f.* (ЛС)	Cheval-vapeur, *f.* (CV), *m.*	Pferdestärke (PS), *f.*
1103	Hotel	n.	Lodging	Отель *m.*; гостиница *f.*	Hôtel, *m.*	Hotel, *n.*
1104	Hour	phr.	By the --	Почасовой *adj.*	À l'heure, *f.*	Stundenweise, *adj.*
1105	Hourly	adv.	Each hour	Ежечасный *adj.*	Horaire, *adj.*	Stündlich, *adv.*

No	ENGLISH	USE	COMMENT	RUSSIAN	FRENCH	GERMAN
1106	Hourly	phr.	-- wage	Почасовая заработная плата *m.pl.*	Salaire, *m.* horaire	Stundenlohn, *m.*
1107	Hours	phr.	Business --	Часы *m.pl* работы преприятия	Heures, *f.pl* d'ouverture	Geschäftsstunden, *f.pl.*
1108	House	phr.	Dwelling	Дом *m.*	Maison, *f.*	Haus, *n.*
1109	Household	n.	Family	Семья *f.*	Foyer, *m.*; ménage, *m.*	Haushalt, *m.*
1110	Housing	n.	Lodgings	Жильё *n.*	Logement, *m.*	Wohnen, *n.*
1111	Hundred	n.	Number	Сто	Cent, *m.*	Hundert
1112	Hydraulics	adj.	Hydromechanics	Гидравлика *f.*	Hydraulique, *adj.*	Hydraulik, *f.*
1113	Hydrocarbon	n.	Fuel	Углеводород *m.*	Hydrocarbure, *m.*	Kohlenwasserstoff, *m.*
1114	Hydroelectric	adj.		Гидро-электрический *adj.*	Hydroélectrique, *adj.*	Wasserkraft-
1115	Hyphenate (to)	v.	To use a hyphen	Писать *v.* через дефис	Césurer, *v.*	Mit Bindestrich schreiben
1116	Hypothesis	n.	Premise	Гипотеза *f.*	Hypothèse, *f.*	Hypothese, *f.*
1117	Hypothetical	adj.	Theoretical	Гипотетический *adj.*	Hypothétique, *adj.*	angenommen *adj.*; hypothetisch, *adj.*

No	ENGLISH	USE	COMMENT	RUSSIAN	FRENCH	GERMAN

I

1118	Identification	n.	Act of --	Идентификация f.	Identification, f.	Feststellung, f. der Identität
1119	Identification	n.	Papers; documents	Удостоверение n. личности	Carte, f. d'identité	Ausweispapiere, n.pl.; Personalausweis, m.
1120	Identity	n.	Particularity	Идентичность f.	Identité, f.	Identität, f.
1121	Idle	adj.	-- Factory	Бездействующий завод m.	Usine arrêtée; inoccupée; inutilisée	Stillegen (einer Fabrik)
1122	Ignition	n.	Mechanism	Зажигание n.	Allumage, m.	Zündung, f.
1123	Illumination	n.	Lighting	Иллюминация f.; освещение n.	Éclairage, m.	Beleuchtung, f.
1124	Image	n.	Likeness; picture	Образ m.; репутация f.	Image, f.	Bild, n.
1125	Imitation	n.	Copy	Имитация f.	Imitation, f.	Nachahmung, f.
1126	Immediately	adv.	Instantly	Срочно adv.; мгновенно adv.	Immédiatement	Sofort, adv.; unverzüglich, adv.
1127	Impact	n.	Effect; contact	Воздействие n.; влияние n.	Impact, m.	Auswirkung, f.
1128	Implement (to)	v.	To bring about; execute	Выполнять v.; приводить v. в исполнение	Exécuter, v.	Ausführen, v.; durchführen, v.
1129	Implementation	n.	Accomplishment	Выполнение n; осуществление n.	Exécution, f.	Praktische Durchführung, f.
1130	Implication	n.	Meaning	Причастность f.; вовлечение n.	Implication, f.	Implikation, f.; Verwicklung, f.
1131	Import	phr.	-- duty	Ввозная пошлина f.	Droits, m.pl. d'entrée	Einfuhrabgabe, f.; Einfuhrzoll, m.
1132	Import (to)	v.	To bring in	Ввозить v.; импортировать v.	Importer, v.	Importieren, v.; einführen, v.
1133	Important	adj.	Momentous	Значительный adj.; важный adj.	Important, adj.	Wichtig, adj.
1134	Importation	n.	Bringing in	Ввоз m.; импорт m.	Importation, f.	Einfuhr, f.
1135	Imports	n.	Goods brought in	Импортные товары m.pl.	Importations, f.pl.	Die eingeführten Waren, f.pl.
1136	Impossibility	n.	Inconceivability	Невозможность f.	Impossibilité, f.	Unmöglichkeit, f.
1137	Improbable	adj.	Unlikely	Неправдоподобный adj.; невероятный adj.	Improbable, adj.	Unwahrscheinlich
1138	Improve (to)	v.	To get/make better	Улучшать v.	Améliorer, v.	Verbessern, v.
1139	Improvement	n.	Betterment	Улучшение n.	Amélioration, f.	Verbesserung, f.
1140	Improvise (to)	v.	Arrange in a makeshift way	Импровизировать v.	Improviser, v.	Improvisieren, v.
1141	Impurity	n.	Imperfection	Нечистота f.; грязь f.	Impureté, f.	Unreinheit, f.
1142	In house	phr.	Within a firm	Собственный adj.	Interne, adj.	Firmenintern, adj.
1143	Inability	n.	Incapability	Неспособность f.	Incapacité, f.	Unfähigkeit, f.
1144	Inadequate	adj.	Insufficient	Неадекватный adj.	Inadéquat, adj.	Unzulänglich, adj.; unangemessen, adj.
1145	Incapable	adj.	Unable	Неспособный adj.	Incapable, adj.	Unfähig, adj.; ungeeignet, adj.
1146	Incentive	n.	Inducement	Стимул m.	Incitation, f.	Anreiz, m.; Antrieb, m.
1147	Include (to)	v.	To comprise	Включать v.	Comprendre, v.	Einschließen, v.
1148	Inclusive	adj.	All --	Включающий adj.; всё; содержащий adj.	Tout compris	Alles inbegriffen
1149	Income	phr.	-- tax	Подоходный налог m.	Impôt, m. sur le revenu	Einkommensteuer, f.
1150	Income	n.	Revenues	Доход m.	Revenu, m.	Einkommen, n.

40

No	ENGLISH	USE	COMMENT	RUSSIAN	FRENCH	GERMAN
1151	Income	phr.	-- statement (US); Profit and loss statement; P&L; (UK)	Отчёт m. о прибыли и убытках	Compte, m. de résultat; Compte, m. de résultat	Gewinn- und Verlustrechnung, f.
1152	Income	phr.	Earned --	Производственный доход m.	Revenus, m.pl. salariaux	Einkommen, n. aus Arbeit
1153	Incompatible	adj.	Disagreeing; inconsistent	Несовместимый adj.	Incompatible, adj.	Unvereinbar, adj. mit
1154	Incompetent	adj.	Unable	Неспособный adj.; некомпетентный	Incompétent, adj.	Unfähig, adj.; nicht zuständig, adj.
1155	Incomplete	adj.	Unfinished	Незавершённый adj.	Incomplet, adj.	Unvollendet, adj.
1156	Incorporate (to)	v.	To form a corporation	Регистрировать v. как корпорацию	Constituer, v. une société	Inkorporieren, v.; gesellschaftlich organisieren, v.
1157	Incorrect	adj.	Inaccurate	Неточный adj.; неправильный adj.	Erroné, adj.	Unrichtig, adj.
1158	Incoterms	Abr.	International Commercial Terms	Принятые в международной практике определения международных n.pl.коммерческих терминов; "Инкотермы" pl.	Incoterms	Incoterms
1159	Increase (to)	v.	To augment	Увеличить v.	Augmenter, v.	Erhöhen, v.; steigern, v.
1160	Increase	n.	Addition; gain	Увеличение n.	Augmentation, f.	Erhöhung, f.; Steigerung, f.
1161	Increment	n.	Increase	Прибавка f.; прирост m.	Accroissement, m.	Zuwachswert, m.; Zunahme, f.
1162	Indecision	n.	Uncertainty	Нерешительность f.	Indécision, f.	Unentschlossenheit, f.
1163	Identification	phr.	-- papers (personal)	Документы m.pl удостоверяющие личность	Pièces, f.pl. d'identité	Ausweispapiere, n.pl.
1164	Independence	n.	Freedom	Независимость f.	Indépendance, f.	Unabhängigkeit, f.
1165	Independent	adj.	Free	Независимый adj.	Indépendant, adj.	Unabhängig, adj.
1166	Index	n.	Index figures	Индекс m.	Indice, m.	Index, m.
1167	Individual	adj.	Single, particular	Индивидуальный adj.; отдельный adj.;	Individuel, adj.	Individuell, adj.; einzeln, adj.
1168	Inducement	n.	Motive	Стимул m.	Incitation, f.	Antrieb, m.; Beweggrund, m.
1169	Industrial	phr.	-- dispute	Производственный конфликт m.	Conflit, m.social	Arbeitstreitigkeit, f.
1170	Industrial	adj.	Manufacturing	Промышленный adj.	Industriel, adj.	Industriell, adj.
1171	Industrialization	n.	Mass production	Индустриализация f.	Industrialisation, f.	Industrialisierung, f.
1172	Industry	n.	Entrerprise	Индустрия f.; промышленность f.	Industrie, f.	Industrie, f.
1173	Industry	phr.	manufacturing --	Обрабатывающая промышленность	Industrie, f. manufacturière	Verarbeitende Industrie, f.
1174	Industry	phr.	Heavy --	Тяжёлая промышленность	Industrie, f. lourde	Schwerindustrie, f.
1175	Industry	phr.	Light --	Лёгкая промышленность	Industrie, f. légère	Leichtindustrie, f.
1176	Industry-wide	adj.	Across an industry	Широкораспространённый adj. в промышленности	Comprenant toute la branche de l'industrie	Den gesamten Industriezweig umfassend
1177	Ineffectual	adj.	Incompetent	Безрезультатный adj.	Inefficace, adj.	Untauglich, adj.; unwirksam, adj.
1178	Ineligible	adj.	Barred from entry	Неподходящий adj.	Inéligible, adj.	Nicht wählbar, adj.; ungeeignet, adj.
1179	Inexperienced	adj.	Unpracticed	Неопытный adj.	Inexpérimenté, adj.	Unerfahren
1180	Inference	n.	Conclusion	Вывод m.; заключение n.	Déduction, f.	Schlußfolgerung, f.; Annahme, f.

No	ENGLISH	USE	COMMENT	RUSSIAN	FRENCH	GERMAN
1181	Infinite	adj.	Boundless; perpetual	Бесконечный adj	Infini, adj.	Unendlich, adj.
1182	Inflammable	adj.	Combustible	Горючий adj.; воспламеняющийся adj.	Inflammable, adj.	Feuergefährlich, adj.
1183	Inflation	n.	Rising prices	Инфляция f.	Inflation, f.	Inflation, f.
1184	Influence	n.	Power to affect change	Влияние n.	Influence, f.	Einfluß, m.
1185	Influential	adj.	Powerful	Влиятельный adj.	Influent, adj.	Einflußreich
1186	Information	phr.	Management -- Systems; MIS	Информационная система f. управления	Système, m. de gestion informatisé	Management Informationssystem, n.
1187	Information	n.	Data; facts	Информация f.	Information, f.	Auskunft, f.
1188	Information	phr.	To give --	Дать v. справку; информировать v.	Donner, v. des renseignements	Auskunft geben
1189	Information	phr.	To obtain --	Наводить v. справки	Prendre, v. des renseignements	Auskunft einholen
1190	Information	phr.	To receive --	Получать v. справки	Recevoir, v. des renseignements	Sich über etw. unterrichten
1191	Information	phr.	-- processing	Обработка f. информации	Traitement, m. de l'information	Datenverarbeitung, f.
1192	Infrastructure	n.	Structure	Инфраструктура f.	Infrastructure, f.	Infrastruktur, f.
1193	Ingot	n.	Metal	Слиток m.	Lingot, m.	Barren, m.
1194	Initial	adj.	Beginning	Начальный adj.	Initial, adj.	Anfänglich, adj.
1195	Initiative	n.	Enterprise	Инициатива f.	Initiative, f.	Initiative, f.
1196	Ink	n.	Writing material	Чернила pl.	Encre, f.	Tinte, f.
1197	Innovate (to)	v.	To invent; originate	Вводить v. новшества	Innover, v.	Neuerung, f. einführen
1198	Innovation	n.	Originality	Новшество n.	Innovation, f.	Neuerung, f.
1199	Inorganic	phr.	Chemistry	Неорганическая adj. (химия)	Inorganique, adj. (chimie)	anorganisch, adj.; Unorganisch, adj.
1200	Input	n.	Information entry	Ввод m.; вход m.	Entrée, f.	Eingabe, f.; Erkundigung, f.
1201	Inquiry	n.	Question; investigation	Наведение n. справок; запрос m.	Demande, f. de renseignement	Anfrage, f.; Erkundigung, f.; Nachforschung, f.
1202	Insert (to)	v.	To enter	Вставлять v.	Insérer, v.	Einfügen, v.
1203	Insolvent	adv.	Bankrupt	Неплатежеспособный adj.; несостоятельный adj.	Insolvable, adj. en faillite, f.	Insolvent adj.; zahlungsunfähig, adj.
1204	Insolvent	phr.	to become --	Банкрот m.; несостоятельный должник m.	Faire faillite	Zahlungsunfähig werden
1205	Inspect (to)	v.	To examine	Осматривать v.	Inspecter, v.	Besichtigen, v.; untersuchen, v.; prüfen, v.
1206	Inspection	n.	Examination	Инспекция f.; осмотр m.	Inspection, f.	Aufsicht, f.; Untersuchung, f.; Prüfung, v.
1207	Inspector	n.	Examiner	Инспектор m.	Inspecteur, m.	Inspektor, m.
1208	Instability	n.	Weakness	Нестабильность f.; неустойчивость f.	Instabilité, f.	Unbeständigkeit, f.; Veränderlichkeit, f.
1209	Installation	n.	Equipment	Установка f.	Installation, f.	Einrichtung, f.; Installierung, f.
1210	Installment	n.	Partial payment	Очередной взнос m.; частичный платеж m.	Acompte, m.	Teilzahlung, f.
1211	Instantaneous	adj.	Instantly	Мгновенный adj.	Instantané, adj.	Augenblicklich, adj.; sofortiz, adj.
1212	Instruction	n.	Direction	Инструкция f.	Instruction, f.	Instruktion, f.; Anweisung, f.; Anleitung, f.
1213	Instrument	n.	Implement	Инструмент m.	Instrument, m.	Werkzeug, n.; Apparat, m.

No	ENGLISH	USE	COMMENT	RUSSIAN	FRENCH	GERMAN
1214	Insurance	phr.	-- policy	Страховой полис m.	Police, f. d'assurance	Versicherungsschein, m.
1215	Insurance	n.	Protection; security	Страхование n.	Assurance, f.	Versicherung, f.
1216	Insurance	phr.	-- coverage	Страховая защита f.	Couverture, f.; garantie, f.	Versicherungsschutz, m.; Versicherungsdeckung, f.
1217	Insure (to)	v.	To protect; secure	Страховать v.	Assurer, v.	Versichern, v.
1218	Intangible	phr.	-- assets	Нематериальные активы m.pl.; "неосязаемые ценности" f.pl.	Actifs, m.pl. incorporels	Immaterielle Werte m.pl.
1219	Intangible	adj.	Nonmaterial	Нематериальный adj.;.неосязаемый adj.	Intangible, adj.	Nicht greifbar, adj.; immateriell, adj.
1220	Integral	adj.	Essential	Неотъемлемый adj.; существенный adj.	Intégral, adj.	Vollständig, adj.; integriert, adj.
1221	Integrated	phr.	-- circuit	Интегральная схема f.	Circuit, m. intégré	Integrierter Schaltkreis, m.
1222	Integration	n.	Combining into a whole	Объединение n.;. интегрирование n.	Intégration, f.	Zusammenschluß, m.
1223	Integrity	n.	Uprightness; honesty	Честность f.; цельность f.	Intégrité, f.	Redlichkeit, f.; Ehrlichkeit, f.
1224	Intellectual	phr.	-- property	Интеллектуальная собственность f.	Propriété, f. intellectuelle	Geistiges Eigentum, n.
1225	Intelligence	phr.	Market --	Коммерческо-информационное обслуживание информации	Renseignements. m.pl. commerciaux	Nachrichtendienst, m.
1226	Intelligent	adj.	Knowing; intellectual	Разумный adj.; интеллектульный adj.	Intelligent, adj.	Intelligent, adj.
1227	Intensive	phr.	Capital --	Капиталоёмкий adj.	À haute intensité de capital	Kapitalintensif, adj.
1228	Intensive	phr.	Labor --	Трудоёмкий adj.	À haute intensité de main d'œuvre	Arbeitsintensiv, adj.
1229	Intention	n.	Plan; purpose	Намерение n.	Intention, f.	Absicht, f.
1230	Interdependence	n.	Mutual dependence	Взаимозависимость f.	Interdépendance, f.	Gegenseitige Abhängigkeit, f.
1231	Interdependent	adj.	Interlinked	Взаимозависимый adj.	Interdépendant, adj.	Voneinander abhängig, adj.
1232	Interactive	adj.	Interworking	Интерактивный adj.; взаимодействующий adj.	Interactif, adj.	Interaktiv, adj.
1233	Interchangeability	n.	Exchangeable; transferable	Взаимозаменяемость f.	Interchangeabilité, f.	Austauschbarkeit, f.
1234	Interest	phr.	-- rate	Процентная ставка f.	Taux, m. d'intérêt	Zinssatz, m.
1235	Interest	n.	Concern	Интерес m.	Intérêt(s), m.pl.	Interesse, n.pl.
1236	Interest	n.	Premium paid for use of money	Процентный доход m.	Intérêt(s), m.pl.	Zinsen, m.pl.
1237	Interest	phr.	Simple --	Простые проценты m.pl.	Intérêts, m.pl. simples	Einfache Zinsen, m.pl.
1238	Interest	phr.	Compound --	Сложные проценты m.pl.	Intérêts, m.pl. composés	Zinseszinsen, m.pl.
1239	Interest-bearing	adj.	Providing interest	Приносящий adj. процент	Porteur d'intérêt(s)	Zinstragend, adj.
1240	Interface	n.	Boundary; link	Интерфейс m.	Interface, f.	Zusammenspiel, n.; Wechselbeziehung, f.
1241	Interfere (to)	v.	Meddle	Вмешиваться v.	S'immiscer, v.	Sich einmischen
1242	Interim	n.	Pause	Промежуток m. времени	Intérim, m.	Interim, n.; Zwischenzeit, f.

No	ENGLISH	USE	COMMENT	RUSSIAN	FRENCH	GERMAN
1243	Intermediary	n.	Go-between	Посредник *m.*	Intermédiaire, *m.*	Mittelsperson, *f.*
1244	Intermediate	adj.	Intervening; intermediary	Промежуточный *adj.*	Intermédiaire, *adj.*	Verbindend, *adj.*; vermittelnd, *adj.*
1245	Internal	adj.	Interior	Внутренний *adj.*	Intérieur; interne, *adj.*	Inner-; inländisch, *adj.*
1246	Internal trade	phr.	Domestic	Внутренняя торговля *f.*	Commerce, *m.* intérieur	Inländischer Handel, *m.*
1247	International	adj.	Among nations; universal	Международный *adj.*	International, *adj.*	International, *adj.*; zwischenstaatlich, *adj.*
1248	Interpret (to)	v.	To explain meaning	Интерпретировать *v.*	Interpréter, *v.*; expliquer, *v.*	Auslegen, *v.*; erklären, *v.*
1249	Interpret	v.	To translate	Переводить *v.*	Interpréter, *v.*; traduire, *v.*	Dolmetschen, *v.*; übersetzen, *v.*
1250	Interpretation	n.	Explanation	Интерпретация *f.*; толкование *n.*	Interprétation, *f.* explication, *f.*	Auslegung, *f.*; Erklärung, *f.*
1251	Interpreter	n.	Translator	Переводчик *m.*	Interprète, *m.*	Dolmetscher, *m.*
1252	Interrupt (to)	v.	To intrude; hinder	Прерывать *v.*	Interrompre, *v.*	Unterbrechen, *v.*
1253	Interval	n.	Gap; space	Интервал *m.*; промежуток *m.*	Intervalle, *m.*	Intervall, *n.*
1254	Intervention	n.	Intrusion	Интервенция *f.* вмешательство *n.*	Intervention, *f.*	Einmischung, *f.*; Intervention, *f.*
1255	Interview	n.	Press --	Интервью *n.*	Entretien, *m.*	Interview, *n.*
1256	Interview (to)	v.	Appointment	Интервьюировать *v.*	Faire passer un entretien	Mit jdm. ein Interview führen
1257	Introduce (to)	v.	Present	Представлять *v.*	Présenter, *v.*	Jdn. jdm. vorstellen, *v.*; einführen, *v.*
1258	Introduction	n.	Bringing goods into a country	Ввоз *m.* товаров	Lancement, *m.* de produits dans un pays	Wareneinfuhr, *f.*
1259	Invalid	adj.	Bad; repealed	Недействительный *adj.*	Non valable, *adj.*	Ungültig, *adj.*
1260	Invalidate (to)	v.	To nullify	Аннулировать *v.*	Invalider, *v.*	Ungültig erklären
1261	Invention	n.	Creation; innovation	Изобретние *n.*	Invention, *f.*	Erfindung, *f.*
1262	Inventory	n.	Stock of goods on hand	Инвентаризация *f.*; опись *f.*	Inventaire, *m.*; stock, *m.*	Inventar, *n.*; Bestandsliste, *f.*
1263	Inventory	phr.	Take --; take stock of	Проводить *v.* инвентаризацию; делать *v.* опись	Inventorier; dresser, *v.* l'inventaire	Bestandsaufnahme, *f.*
1264	Invest (to)	v.	To make an investment	Инвестировать *v.*; вкладывать *v.*	Investir, *v.*	Anlegen, *v.*; investieren, *v.*
1265	Investigation	n.	Research	Расследование *n.*	Enquête, *f.*	Untersuchung, *f.*; Ermittlung, *f.*
1266	Investment	phr.	-- bank	Инвестиционный банк *m.*	Banque, *f.* d'affaires	Handelsbank, *f.*; Investmentbank, *f.*
1267	Investment	n.	Venture; endowment	Инвестирование *n.*; капиталовложение *n.*	Investissement, *m.*	Kapitalanlage, *f.*; Investment, *n.*
1268	Investor	n.	Shareholder	Вкладчик *m.*; инвестор *m.*	Actionnaire, *m.*; investisseur, *m.*	Investor, *m.*; Kapitalanleger, *m.*
1269	Invoice	n.	Bill	Счёт-фактура *m.*; накладная *f.*	Facture, *f.*	Faktura, *f.*; Rechnung, *f.*
1270	Invoice	phr.	Pro forma --	Примерная фактура *f.*	Facture, *f.* pro forma	Proformarechnung, *f.*
1271	Iron	phr.	-- ore	Железнаяруда *f.*	Minerai de fer, *m.*	Eisenerz, *n.*
1272	Iron	n.	Metal	Железо *n.*	Fer, *m.*	Eisen, *n.*
1273	Irrecoverable	adj.	Unable to be regained	Невозместимый *adj.*	Irrécouvrable	Uneintreibbar, *adj.*
1274	Isolation	n.	Seclusion; separation	Изоляция *f.*	Isolement, *f.*	Isolierung, *f.*
1275	Issue	n.	Question	Вопрос *m.*	Sujet, *m.*; problème, *m.*	Frage, *f.*; Streitfrage, *f.*
1276	Issue (to)	v.	To bring out; to be made public	Издавать *v.*; выпускать *v.*	Émettre, *v.*	Emittieren, *v.*; ausgeben, *v.*

No	ENGLISH	USE	COMMENT	RUSSIAN	FRENCH	GERMAN
1277	Item	n.	Entry; record; point	Пункт *m.*; статья *f*; запись *f.*	Point, *m.*; article, *m.*	Posten, *m.*
1278	Itemize	v.	To -- an account	Перечислять *v.* по пунктам	Détailler, *v.* un compte	Eine Rechnung, *f./* Konto, *n.* detaillieren (spezifizieren)
1279	Iteration	n.	Duplication; repetition	Итерация *f.*; повторение *n.*	Itération, *f.*; répétition, *f.*	Iteration, *f.*; Wiederholung, *f.*

No	ENGLISH	USE	COMMENT	RUSSIAN	FRENCH	GERMAN

J

1280	Jeopardize (to)	v.	To endanger	Подвергать v. опасности; рисковать v.	Mettre, v. en péril, m./danger, m.	Etw. gefährden, v.
1281	Jeopardy	n.	Risk	Риск m.	Péril, m.; danger, m.	Gefahr, f.
1282	Jet	n.	-- lag	Нарушение n. суточного ритма	(fatigue, f. due au) décalage, m. horaire	Erschöpfung, f. durch Zeitphasen- verschiebung, f.; Jet-lag, m.
1283	Job	n.	Employment	Работа f.; место n. работы	Emploi, m. travail, m.	Arbeitsverhältnis, n.; Beruf, m.; Beschäftigung, f.
1284	Job	phr.	Rush --	Срочная работа f.	Travail, m. de première urgence	Eiliger Auftrag, m.
1285	Joint	n.	-- efforts	Совместные усилия n.pl.	Efforts, m.pl. conjoints	Gemeinsame Anstrengungen
1286	Joint	n.	-- venture	Совместное предприятие n.	Joint venture, f.; Affaire, f. en participation	Gemeinschafts- unternehmung, f.
1287	Joint	adj.	Combined, shared	Совместный adj.	Conjoint	Gemeinschaftlich, adj.
1288	Journey	n.	Trip	Путешествие n.	Voyage, m.	Reise, f.
1289	Judge	n.	Arbitrator	Судья m.	Juge, m.	Richter, m.
1290	Judge (to)	v.	Decide	Судить v.	Juger, v.	Urteilen, v.
1291	Judgment	n.	Decision;	Суждение n.; мнение n.	Jugement, m.	Urteil, n.
1292	Jurisdiction	n.	Legal authority	Юрисдикция f.	Juridiction, f.	Gerichtsbarkeit, f.; Rechtsprechung, f.
1293	Jury	n.	Panel	Жюри pl.	Jury, m.	Schöffen, m.pl.; Geschworene, m.
1294	Just	adj.	Equitable	Справедливый adj.	Juste, adj.	Gerecht, adj.
1295	Justice	n.	Honesty; justness	Справедливость f.	Justice, f.	Gerechtigkeit, f.; Rechtmäßigkeit, f.
1296	Justification	n.	Vindication; justice	Оправдание n.	Justification, f.	Rechtfertigung, f.
1297	Justify (to)	v.	Vindicate	Оправдывать v.	Justifier, v.	Rechtfertigen, v.
1298	Juxtapose (to)	v.	To bring/be near	Помещать v. бок о бок; сопоставлять v.	Juxtaposer, v.	Neben- einanderstellen, v.
1299	Juxtaposition	n.	Apposition; proximity	Расположение n. рядом; сопоставление	Juxtaposition, f.	Nebeneinander- stellung, f.

No	ENGLISH	USE	COMMENT	RUSSIAN	FRENCH	GERMAN

K

No	ENGLISH	USE	COMMENT	RUSSIAN	FRENCH	GERMAN
1300	Keyboard	n.	(of a computer)	Клавиатура f.	Clavier, m.	Tastatur, f.
1301	Keystroke	n.	Computer --	Нажатие n. клавиши	Frappe, f.	Tastenanschlag, m.
1302	Kilogram	n.	Weigth measure	Килограмм m.	Kilogramme, m.	Kilogramm, n.
1303	Kilometer	n.	Distance measure	Километр m.	Kilomètre, m.	Kilometer, m.
1304	Kilowatt	n.	Electricity measure	Киловатт m.	Kilowatt, m.	Kilowatt, n.
1305	Kiosk, n.	n.	Booth	Киоск m.; палатка f.	Kiosque, m. cabine, f.	Kiosk, n.
1306	Know-how	n.	Knowledge	Ноу-хау n.; техническая информация f.	Savoir-faire, m.	Gewerbliche Produktionserfahrung, f.; Know-how
1307	Knowledge	n.	Acquaintance with fact	Знание n.	Connaissance, f.	Kenntnis, f.

No	ENGLISH	USE	COMMENT	RUSSIAN	FRENCH	GERMAN

L

No	ENGLISH	USE	COMMENT	RUSSIAN	FRENCH	GERMAN
1308	Label	n.	Name; kind	Ярлык m.; этикетка f.; наклейка f.	Étiquette, f.	Etikette, f.; Paketadresse, f.
1309	Labor (US)	phr.	-- union labour (GB)	Профсоюз m.	Syndicat, m. ouvrier	Gewerkschaft, f.
1310	Labor	phr.	-- dispute	Производственный конфликт m.	Conflit, m. social	Arbeitsrechtliche Streitigkeiten, f.pl.
1311	Labor	phr.	-- relations	Производственные отношения n.pl.	Relations, f.pl. sociales	Beziehungen, f.pl. zw. Sozialpartnern f.pl. (Arbeitgeber-Arbeitnehmer)
1312	Labor	n.	Work	Труд m.	Travail, m.	Arbeit, f.
1313	Labor	phr.	Skilled --	Квалифицированный труд m.	Main-d'œuvre, f. qualifiée	Fachkräfte, f.pl.; Facharbeiterschaft, f.
1314	Labor	phr.	-- intensive	Трудоёмкий adj.	À haute intensité de main d'œuvre	Arbeitsintensiv, adj.
1315	Laboratory	n.	Research area	Лаборатория f.	Laboratoire, m.	Laboratorium, n.
1316	Lack	n.	Deficiency	Недостаток m.; нехватка f.	Manque, m.	Mangel, m.
1317	Lack	phr.	of money	Нехватка f. денег	Manque, m. d'argent	Geldmangel, m.
1318	LAN	phr.	Local area network	Локальная сеть f.	Réseau, m. local	Lokales Netz, n.
1319	Land	n.	Real estate; ground	Земля f.	Terre, f.; terrain, m.	Land, n.
1320	Land	n.	Country	Страна f.	Pays, m.	Land, n.
1321	Language	f.	Tongue	Язык m.	Langage, m.	Sprache, f.
1322	Large	adj.	Sizable; big	Большой adj.	Grand, adj.	Groß, adj.; beträchtlich, adj.
1323	Large-scale	adj.	On a --	Крупномасштабный	À une grande échelle, f.	In großem Maßstab
1324	Laser	n.	Technology	Лазер m.	Laser, m.	Laser, m.
1325	Last	phr.	At the -- minute	В последнюю минуту; в последний момент m.	À la dernière minute, f.	Im letzten Augenblick, m.
1326	Late	adj.	Delayed; belated	Поздний adj.	En retard	Spät, adj.
1327	Laundry	n.	Clothes washing service	Прачечная f.	Blanchisserie, f.	Wäscherei, f.
1328	Law	phr.	To break the --	Нарушать v. закон	Enfreindre la loi	Das Gesetz brechen
1329	Law	n.	Statue; rule	Закон m.	Droit, m.	Recht, n.
1330	Lawful	adj.	Legal	Законный adj.	Légal, adj.	Gesetzmäßig, adj.
1331	Lawsuit	n.	Legal action	Судебный процесс m.	Procès, m.	Prozeß, m.
1332	Lawyer	n.	Attorney	Юрист m.; адвокат m.	Avocat, m.	Jurist, m.; Anwalt, m.
1333	Layer	n.	Stratum	Слой m.	Couche, f.	Schicht, f.
1334	Layoff	n.	Discharge from work	Сокращение n. кадров; период m. временного увольнения	Licenciement, m.	Entlassung, f.
1335	Layout	n.	Plan; design	Размещение n.; монтаж m.	Dessin, m.	Lageplan, m.; Anordnung, f.
1336	Leader	n.	Chief; director	Лидер m. руководитель m.	Leader, m.; chef, m. dirigeant, m.	Leiter, m.; führende Persönlichkeit, f.
1337	Leadership *	n.	Directorship	Руководство n.	Direction, f.	Leitung, f.
1338	Leakage	n.	Loss	Утечка f.	Fuite, f.; perte, f.	Abnahme, f.; Leckage, f.

48

No	ENGLISH	USE	COMMENT	RUSSIAN	FRENCH	GERMAN
1339	Learning	phr.	-- curve	Кривая f. обучения	Courbe, f. d'expérience	Lernkurve, f.
1340	Lease	phr.	Long --	Долгосрочная аренда f.	Bail à long terme	Langfristiger Pachtvertrag, m.
1341	Lease	n.	Hire	Аренда f.	Bail, m.	Mietsverhältnis, n.
1342	Lease (to)	v.	To hire out; rent	Арендовать v.	Prendre à bail; louer, v.	Mieten, v.
1343	Leave	phr.	-- of absence	Отпуск m.	Congé, m. exceptionnnel	Urlaub, m.
1344	Legal	adj.	Permissible; just; valid	Юридический adj.; правовой adj.	Légal, adj.	Rechtmäßig, adj.; gesetzmäßig, adj.
1345	Legal	phr.	-- proceedings	Подавать v. в суд	Poursuites, f.pl. judiciaires	Verfahren, n.; Vorgehen, n.
1346	Legality	n.	Legitimacy; permissibility	Легальность f.; законность f.	Légalité, f.	Gesetzmäßigkeit, f.
1347	Legalization	n.	Validation; authorization	Легализация f.	Légalisation, f.	Beglaubigung, f.
1348	Legalize (to)	v.	To authorize; legitimize	Легализовать v.; узаконивать v.	Légaliser, v.	Beglaubigen, v.
1349	Legislation	n.	Law	Законодательство n.	Législation, f. loi, f.	Gesetzgebung, f.
1350	Legitimate	adj.	Rightful	Законный adj.	Légitime, adj.	gesetzlich, adj.
1351	Lend (to)	v.	To loan	Одалжить v.	Prêter, v.	Jdm. etw. leihen
1352	Lender	n.	Loaner	Ссудодатель m.; кредитор m.	Prêteur, m.	Verleiher, m.; Kreditgeber, m.
1353	Lending.	n.	Loaning	Предоставление n. займов; кредитование n. ссуда f.	Prêt, m.	Ausleihe, f.
1354	Length	n.	Distance; size	Длина f.	Longueur, f.	Länge, f.
1355	Less	adj.	Fewer; inferior	Меньший adj.	Moins, adj.	Weniger
1356	Lessee	n.	Tenant	Арендатор m.; съёмщик m.	Locataire, m.	Mieter, m.
1357	Lessor	n.	S. who rents another	Арендодатель m.	Bailleur, m.	Vermieter, m.
1358	Letter	phr.	-- of credit	Аккредитив m.	Lettre, f. de crédit	Akkreditiv, n.
1359	Letter	n.	Correspondence	Письмо n.	Lettre, f.; missive, f.	Brief, m.
1360	Letter	n.	Written/printed character	Буква f.	Lettre, f.; caractère, m.	Buchstabe, m.
1361	Level	n.	Layer; degree	Уровень m.	Niveau, m.	Stand, m.; Rang, m.
1362	Levy	n.	Tax	Сбор m.; налог m.	Taxation, f.; imposition, f.	Abgabe, f.; (Steuer-)Erhebung, f.
1363	Levy (to)	v.	To tax	Взимать v. налог m.	Prélever	Erheben, v.
1364	Liabilities	n.	Debts collectively	Пассив m.; задолженность f.	Passif, m.; dettes, f.pl.	Gesamtheit, f.; Verbindlichkeiten, f.pl.
1365	Liabilities	n.	Obligations	Обязательства n.pl.	Engagements, m.pl.	Verbindlichkeiten, f.pl.
1366	Liability	phr.	Limited --	Ограниченная ответственность f.	Responsabilité, f. limitée	Beschränkte Haftung, f.
1367	Liable	adj.	Responsible	Ответственный adj.	Responsable, adj.	Verantwortlich, adj.; haftbar, adj.
1368	Library	n.	Collection	Библиотека f.	Bibliothèque, f.	Bibliothek, f.
1369	Licence	n.	-- for trade	Лицензия f. на торговлю	Licence, f. de commerce	Kommerzlizenz, f.
1370	License	n.	permit	Разрешение n.	Permis, m.; autorisation, f.	Erlaubnis, f.; Lizenz, f.
1371	Licensing	n.	Authorization	Лицензирование n.	Octroi, m de licence autorisation de permis	Lizensierung, f.
1372	Lien	n.	Security	Право n. удержания	Privilège, m.	Pfandrecht, n.
1373	Life	phr.	-- cycle	Жизненный цикл m.; цикл развития	Cycle, m. de vie	Lebensdauer, f.

No	ENGLISH	USE	COMMENT	RUSSIAN	FRENCH	GERMAN
1374	Life	phr.	Storage --	Срок m. хранения ; срок годности при хранении	Durée, f. de conservation	Lagerfähigkeit, f.
1375	Lifetime	n.	Duration	Жизнь f.	Durée, f. de vie	Lebensdauer, f.
1376	Light	n.	Illumination	Свет m.	Lumière, f.	Licht, n.
1377	Light	phr.	--industry	Лёгкая промышленность f.	Industrie, f. légère	Leichtindustrie, f.
1378	Likelihood	n.	Probability	Вероятность f.	Probabilité, f.	Wahrscheinlichkeit, f.
1379	Limit	n.	Capacity; limitation	Предел m.	Limite, f.	Grenze, f.; Limit, n.
1380	Limit	phr.	Time --	Предельный срок m.	Délai, m.	Dauer, f.
1381	Limit (to)	v.	To restrict; restrain	Ограничивать v.	Limiter, v.	Begrenzen, v.
1382	Limitation	n.	Restraint; boundary	Ограничение n.	Limitation, f.	Einschränkung, f.; Begrenzung, f.
1383	Limited	phr.	--liability	Ограниченная ответственность f.	Responsabilité, f. limitée	Beschränkte Haftung, f.
1384	Limited	phr.	-- liability company (PLC-UK)	Компания f. с ограниченной ответственностью	Société, f. à responsabilité limitée; Sarl	Gesellschaft, f. mit beschränkter Haftung (GmbH)
1385	Line	phr.	-- of communication	Канал m. связи	Ligne, f. de communication	Nachrichtenverbindung, f.
1386	Line	phr.	Assembly --	Сборочный конвейер m.	Chaîne, f. de montage	Montagefließband, n.
1387	Line	n.	Telephone; telegraph line	Линия f. связи	Ligne, f. de communication	Telefonleitung, f.
1388	Line	phr.	-- of goods	Ассортимент m. товаров	Ligne, f. produits	Artikelserie, f.
1389	Linear	adj.		Линейный adj.	Linéaire, adj.	Gradlinig, adj.; linear, adj.
1390	Link (to)	v.	unite	Соединять v.	Relier, v.	Verbinden, v.
1391	Liquid	phr.	-- assets	Текущие активы m.pl.	Disponibilités, f.pl.; liquidités.	Flüssige Mittel, n.
1392	Liquid	adj.		Жидкий adj.	Liquide, adj.	Flüssig, adj.
1393	Liquidation	n.	Ceasing operations	Ликвидация f.	Liquidation, f.; remboursement	Liquidation, f.
1394	Liquidity	n.	Ability to convert to cash	Ликвидность f.; превращаемость в наличные деньги	Liquidité, f.	Liquidität, f.
1395	List	n.	Record; inventory	Список m.	Liste, f.	Liste, f.
1396	List (to)	v.	To enumerate	Перечислять v.	Dresser la liste; inscrire	In eine Liste eintragen; auflisten, v.
1397	Load	phr.	-- factor	Коэффициент m. нагрузки	Coefficient, m. d'utilisation	Auslastungsfaktor, m.
1398	Load	n.	Contents	Нагрузка f.	Charge, f.	Belastung, f.
1399	Loan	n.	Lending	Заём m.	Prêt, m.; avancée, f.	Darlehen, n.; Kredit, m.
1400	Local	adj.	Of a nearby area; regional	Местный adj.	Local, adj.	Örtlich, adj.
1401	Local area network	phr.	LAN	Локальная сеть f.	Réseau, m. local	Lokales Netz, n.
1402	Locate (to)	v.	To search for and discover	Размещать v.	Localiser, v.	Feststellen, v.; ausfindig machen
1403	Location	n.	Place; placement	Местоположение n.; место n.	Emplacement, m.	Lage, f.; Standort, m.
1404	Lock	n.	Close; fasten	Замок m.	Serrure, f.	Schloß, n.; Verschluß, m.
1405	Lockout	n.		Массовое увольнение n.; локаут m.	Lock-out, m.; fermeture, f.	Aussperrung, f.
1406	Logarithm	n.	Mathematics	Логарифм m.	Logarithme, m.	Logarithmus, m.
1407	Logarithmic	adj	--scale	Логарифмическая линейка f.	Échelle, f. logarithmique	Logarithmischer Maßstab, m.
1408	Logic	n.	Reasoning; procedure	Логика f.	Logique, f.	Logik, f.

No	ENGLISH	USE	COMMENT	RUSSIAN	FRENCH	GERMAN
1409	Logistics	n.	Provision	Материально-технические обеспечение n.	Logistique, f.	Logistik, f.
1410	Logo	n.	Emblem	Эмблема f.; логотип m.	Logo, m.	Firmensymbol, n.
1411	Long-range	adj.	Distance; remote; long time period	Перспективный adj.	À long rayon d'action	Pläne auf lange Sicht
1412	Long-term	adj.	Durable; long-standing	Долгосрочный adj.	À long terme	Langfristig, adj.; auf lange Sicht
1413	Loop	n.	Circle; circuit	Петля f.	Boucle, f.	Iteration, f.
1414	Lorry (GB)	n.	Truck (US)	Грузовик m.	Camion, m.	Lore, f.; Lastwagen, m.
1415	Lose (to)	v.	Mislay; fail	Терять v.	Perdre, v.	Verlieren, v.
1416	Loss	phr.	Opposite of profit	Убыток m.; потеря f.	Perte, f.	Verlust, m.
1417	Loss	phr.	Total --	Общий убыток m.; суммарные потери f.m.pl.	Perte, f. totale	Gesamtverlust, m.
1418	Losses	n. pl.	Losings; decreases	Потери f.pl.	Pertes, f.pl.	Verluste, m.pl.
1419	Lot	n.	Auction --	Партия f.	Lot, m.; en bloc	Partie, f.; Anteil, m.
1420	Low	adj.	Unelevated; small	Низкий adj.	Bas	Niedrig, adj.; gering, adj.
1421	Low-cost	phr.	-- producer; lowest cost producer	Производитель m. с низкими издержками производства	Producteurs, m. à faible coûts	Billighersteller, m.; Hersteller, m. mit den niedrigsten Selbstkosten
1422	Low-grade	phr.	Inferior quality	Низкосортный adj.	Bas, m. de gamme	Von minderwertiger Qualität
1423	Low-speed	adj.	Slow; slower	Малый ход m.; малая скорость f.	Vitesse, f. réduite	Niedriger Geschwindigkeit, f.
1424	Lowercase	adj.	--(letters)	Строчная буква f.	Minuscules (Lettres, f.pl.)	Kleinbuchstaben, m.pl.
1425	Loyalty	n.	Fidelity	Верность f.; лояльность f.	Loyauté, f.	Treue, f.; Loyalität, f.
1426	Lubrication	n.	Lubrification	Смазка f.; смазывание n.	Lubrification, f.; Graissage, m.	Schmierung, f.; Einölung, f.
1427	Lucrative	adj.	Profitable	Доходный adj.; прибыльный adj.	Lucratif, adj.	Lohnend, adj.
1428	Luggage	n.	Baggage	Багаж m.	Bagages, m.pl.	Gepäck, n.
1429	Lump	phr.	-- sum	Паушальная сумма f.	Somme, f. globale, forfaitaire	Pauschalbetrag, m.
1430	Luxury	phr.	-- goods	Предметы m.pl. роскоши	Produits, pl. de luxe	Luxusartikel, m.pl.
1431	Luxury	n.	Prosperity; grandeur	Роскошь f.	Luxe, m.	Luxus, m.

No	ENGLISH	USE	COMMENT	RUSSIAN	FRENCH	GERMAN

M

No	ENGLISH	USE	COMMENT	RUSSIAN	FRENCH	GERMAN
1432	Machine		Machinery	Машина *f.*; станок *m.*	Machines, *f.pl.*, mécanisme, *m.*	Maschine, *f.*
1433	Machinery	n.	Equipment	Машины *f.pl.*; техника *f.*	Appareils, *m.pl.*	Maschinelle Anlagen, *f.pl.*
1434	Macro-economics	n.		Макроэкономика *f.*	Macro économie, *f.*	Makroökonomie, *f.*
1435	Magazine	n.	Periodical	Журнал *m.*	Magazine, *m.*	Magazin, *n.*
1436	Magnet	n.	Attractor	Магнит *m.*	Aimant, *m.*	Magnet, *m.*
1437	Magnitude	n.	Greatness; quantity	Величина *f.*; важность *f.*	Ampleur, *f.*	Größe, *f.*; Wichtigkeit, *f.*
1438	Mail	phr.	Electronic --	Электронная почта *f.*	Messagerie, *f.* électronique	Elektronische Post, *f.*
1439	Mail	n.	Postal system	Почта *f.*	Poste, *f.*	Post, *f.*
1440	Mail	phr	The --	Почта *f.*	Courrier, *m.*	Postsachen
1441	Main	adj.	Principal	Главный *adj.*	Principal	Hauptsächlich, *adj.*
1442	Mainframe	phr.	-- computer	Большая электронно-вычислительная машина *f.*; БВМ	Gros ordinateur, *m.*; gros système	Hauptrechner, *m.*
1443	Maintain (to)	v.	To keep up	Содержать *v.*; обслуживать *v.*	Maintenir, *v.*	Unterhalten, *v.*; instandhalten, *v.*; weiterführen, *v.*
1444	Maintenance	phr.	-- of machines	Техническое обслуживание *n.*	Entretien, *m.*; maintenance, *f.*	Instandhaltung, *f.*
1445	Maintenance	phr.	-- costs	Стоимость *f.* обслуживания	Frais, *n.* d'entretien	Unterhaltungskosten, *f.pl.*; Instandhaltungskosten, *f.pl.*
1446	Maintenance	phr.	-- period	Периодичность *f.* технического обслуживания	Programme, *m.* d'entretien	Garantiefrist, *f.*
1447	Maintenance	phr.	-- routine	Текущий уход *m.*	Planning d'entretien, *m.*	Wartung, *f.*
1448	Majority	n.	Major part	Большинство *n.*	Majorité, *f.*	Mehrheit, *f.*; Majorität, *f.*
1450	Make (to)	v.	To manufacture; produce	Делать *v.*; изготовлять *v.*	Fabriquer, *v.*; produire, *v.*	Fabrizieren, *v.*; produzieren, *v.*; herstellen, *v.*
1451	Maker	n.	Producer	Производитель *m.*	Fabricant, *m.*	Hersteller, *m.*
1452	Malfunction	n.	Failure to work properly	Сбой *m.*	Mauvais fonctionnement	Ausfall, *m.*;
1453	Man	n.	Individual	Человек *m.*	Homme, *m.*	Mann, *m.*
1454	Man-hour	phr.	One hour of work	Человеко-час *m.*	Heure, *f.* de main d'œuvre	Arbeitsstunde, *f.*
1455	Manage (to)	phr.	-- a business	Руководить *v.* предприятием	Gérer, *v.* une entreprise	Ein Geschäft führen
1456	Manage (to)	v.	Control	Управлять *v.*	Diriger, *v.* gérer, *v.*	Führen, *v.*
1457	Management	phr.	-- Information Systems; MIS	Информационная система *f.* управления	Système, *m.* de gestion informatisé	Management-Informationssysteme, *n.pl.*
1458	Management	phr.	Database -- system (DBMS)	Система *f.* управления базой данных	Système, *m.* de gestion, *f.* de bases de données (SGBD)	Datenbankverwaltung, *f.*
1459	Management	n.	Direction	Администрация *f.*; правление *n.*; руководство *n.*	Direction, *f.*; gestion, *f.*	Leitung, *f.*
1460	Management	phr.	-- by objectives	Управление *n.* методом оценки эффективности	Direction, *f.* par objectifs	Geschäftsführung, *f.* durch Zielsetzungen

52

No	ENGLISH	USE	COMMENT	RUSSIAN	FRENCH	GERMAN
1461	Manager	n.	Administrator; director	Руководитель m.; управляющий m.; заведующий m.	Directeur, m.; gérant, m.	Direktor, m.; Leiter, m.
1462	Mandatory	adj.	Compulsory	Обязательный adj.	Obligatoire, adj.	Obligatorisch, adj.; zwangsläufig, adj.
1463	Manganese	n.	Metal	Марганец m.	Manganèse, m.	Mangan, n.
1464	Manifest	n.	Cargo/freight list	Погрузочная ведомость f.	Bordereau, m. de chargement	Ladungsverzeichnis, n.
1465	Manipulation	n.	Utilization	Манипуляция f.	Manipulation, f.	Manipulation, f.; Handhabung, f.
1466	Manual	phr.	-- operation	Ручное управление n.	Fonctionnement, m. manuel	Manuelle Arbeit, f.
1467	Manufacture	n.	Production	Изготовление n. (продукции)	Fabrication, f.; production, f.	Fabrikation, f.; Herstellung, f.
1468	Manufacture (to)	v.	To make or produce	Изготавливать v.; производить v.	Fabriquer, v.; produire, v.	Herstellen, v.; fabrizieren, v.; produzieren, v.
1469	Manufacturer	n.	Maker	Производитель m.; фабрикант m.	Fabricant, m.; industriel, m.	Hersteller, m.; Produzent, m.
1470	Manufacturer	phr.	Original equipment --; OEM	(Фирма-) изготовитель m. комплектного оборудования	Constructeur, m. d'équipements	Originalgerätehersteller, m.
1471	Manufacturing	phr.	-- industry	Обрабатывающая промышленность f.	Industrie, f. manufacturière	Fertigungsindustrie, f.
1472	Margin	n.	Profit	Прибыль f.	Marge, f.	Handelsspanne, f.
1473	Marginal	adj.	Additional	Маргинальный adj.; предельный adj.	Marginal, adj.	Gerade noch rentabel
1474	Marginal	phr.	-- costs	Предельные издержки f.pl.	Coûts, m.pl. marginaux	Grenzkosten, f.pl.
1475	Mark	phr.	To -- down, Reduce prices	Снижать v. цены	Baisser, v. le prix	Den Preis ermäßigen, zurücknehmen
1476	Mark	phr.	To -- up, Raise prices	Повышать v. цены	Augmenter, v. le prix	Den Preis erhöhen
1477	Market	phr.	-- research	Изучение n. коньюнктуры; изучение n. возможностей рынка	Étude, f. de marché	Marktforschung, f.
1478	Market	phr.	-- value	Рыночная стоимость f.	Valeur, f. marchande	Marktwert, m.
1479	Market	phr.	-- economy	Рыночная экономика f.	Économie, f. de marché	Freie Marktwirtschaft, f.
1480	Market	phr.	To be in the -- for	Выходить v. на рынок	Être acheteur	Käufer von etw. sein
1481	Market	phr.	Common --; European Economic Community (EEC)	Общий рынок m.; Европейское экономическое сообщество n. (ЕЭС)	Marché Commun; Communauté Économique Européenne (CEE)	Europäische Wirtschaftgemeinschaft, f. (EG)
1482	Market	phr.	Down --	Продукция f. низшей категории	Bas, m. de gamme	Low cost, n.
1483	Market	n.	Outlet for goods	Рынок m.	Débouché, m.	Absatzmarkt, m.
1484	Market	n.	Marketplace	Рынок m.	Marché, m.	Markt, m.
1485	Market	n.	Stock market prices	Биржа f.	Bourse, f. des valeurs	Börse, f.
1486	Market	phr.	To -- a product	Сбывать v.; продавать v.	Introduire un produit sur le marché	Ein Erzeugnis auf den Markt bringen
1487	Market	phr.	Up --	Продукция f. высшей категории	Haut de gamme	Sligh end, n.
1488	Market	phr.	World --	Мировой рынок m.	Marché mondial	Weltmarkt, m.

No	ENGLISH	USE	COMMENT	RUSSIAN	FRENCH	GERMAN
1489	Market	phr.	Bear --	Рынок *m.*; на котором наблюдается тенденция к снижению курсов	Marché, *m.* à la baisse	Baissemarkt, *m.*
1490	Market	phr.	Bull --	Рынок *m.*; на котором наблюдается тенденция к повышению курсов	Marché, *m.* à la hausse	Haussemarkt, *m.*
1491	Market	phr.	Futures --	Рынок *m.* срочных сделок	Marché, *m.* à terme	Terminmarkt, *m.*; Terminbörse, *m.*
1492	Market	phr.	Options --	Рынки *m.pl.* по сделкам на срок	Marché, *m.* d'options	Optionsmarkt, *m.*
1493	Marketable	adj.	Saleable	Годный *adj* .для продржи; ходкий *adj.*	Vendable, *adj.*; commercialisable, *adj.*	Marktgängig, *adj.*
1494	Marketing	phr.	-- of goods	Маркетинг *m.*	Commercialisation, *f.* de produits	Absatz, *m.* von Waren
1495	Marketplace	n.	Market	Место *n.* расположения рынка	Marché, *m.*	Markt, *m.*
1496	Material	n.	Matter	Материал *m.*	Matériel, *m.*; matière, *f.*	Material, *n.*
1497	Materials	phr.	Raw --	Сырьё *n.*	Matières premières	Rohmaterialien, *n.pl.*
1498	Matrix	n.	Model	Матрица *f.*	Matrice, *f.*	Matrix, *f.*
1499	Matter	n.	Affair	Дело *n.*	Question, *f.*; affaire, *f.*	Angelegenheit, *f.*; Sache, *f.*
1500	Maturity	phr.	To reach --; become due	Достигать *v.* зрелости	Arriver à échéance, *f.*; maturité, *f.*	Fällig werden
1501	Maximize (to)	v.	Augment; increase	Максимизовать *f.*	Maximiser, *v.*	Aufs Höchstmaß bringen; steigern, *v.*
1502	Maximum.	n.	Supremacy	Максимум *m.*	Maximum, *m.*	Höchstbetrag, *m.*
1503	Mean	n.	Average	Средний *adj.*	Milieu, *m.*	Durchschnitt, *m.*; Mitte, *f.*
1504	Means	n.pl.	Methods; resources	Средства *n.pl.*	Moyens, *m.pl.*	Mittel, *n.pl.*; Kapital, *n.*; Vermögen, *n.*
1505	Measure	n.	Metrics	Показатель *m.*; степень *f.*	Mesure, *f.*	Maß, *n.*
1506	Measure (to)	v.	Compare; quantify	Учитывать *v.*; измерять *v.*	Mesurer, *v.*	Messen, *v.*
1507	Measurement	n.	Size; quantity	Измерение *n.*; размер *m.*	Mesure, *f.*; Dimension, *f.*	Abmessung, *f.*; Tonnengehalt, *n.*
1508	Mechanic	n.	Mender	Механик *m.*	Mécanicien, *m.*	
1509	Mechanical	phr.	-- engineering	Машиностроение *n.*	Construction, *f.* mécanique	Mechaniker, *m.*; Maschinenbau, *m.*
1510	Mechanism	n.	Device	Механизм *m.*	Mécanisme, *m.*	Mechanismus, *m.*
1511	Mechanization	n.	Motorization	Механизация *f.*	Mécanisation, *f.*	Mechanisierung, *f.*
1512	Mechanize	v.	To motorize	Механизировать *v.*	Mécaniser, *v.*	Mechanisieren, *v.*
1513	Media	phr.	communications -- (Press, Radio, Television)	Средства *n.pl.* масовой информации	Les Médias, *m.pl.*	Medien, *n.pl.*
1514	Mediate	v.	To arbitrate	Посредничать *v.*	S'entreposer	Vermitteln
1515	Mediation	n.	Arbitration	Посредничество *n.*	Médiation, *f.*	Vermittlung, *f.*
1516	Mediocre	adj.	Ordinary	Посредственный *adj.*	Médiocre, *adj.*	Mittelmäßig
1517	Medium	adj.	Intermediate	Промежуточный *adj.*	Moyen, *adj.*	Mittel-; Durchschnitts-
1518	Medium	n.	Means/channel of expression	Средство *n.*	Moyen, *m.*	Mittel, *n.*
1519	Meet	v.	To assemble	Встречаться *v.*	Réunir, *v.* se réunir, *v.*	Zusammenkommen; *v.* sich treffen, *v.*

No	ENGLISH	USE	COMMENT	RUSSIAN	FRENCH	GERMAN
1520	Meeting	n.	Conference	Собрание n.	Réunion, f.	Konferenz, f.; Besprechung, f. Sitzung, f.
1521	Memorandum	n.	Memo, written reminder	Меморандум m.; памятная записка f.	Mémorandum, m.; note, f.	Memorandum, n.; Notiz, f.
1522	Memory	phr.	Computer --	Память f.	Mémoire, f.	Speicher, m.
1523	Menu	n.	Food available in a restaurant	Меню n.	Menu, m.; carte, f.	Menü, n.; Speisekarte, f.
1524	Mercantile	adj.	Commercial	Торговый adj.; коммерческий adj.	Commercial; marchand, adj.	Kaufmännisch, adj.
1525	Merchandise	n.	Goods	Товары m.pl.	Marchandise(s), f.pl.	Ware(n), f.(pl.)
1526	Merchant	phr.	-- bank (UK)	Коммерческий банк m.	Banque, f. d'affaires	Handelsbank, f.
1527	Merchant	n.	Commercial seller	Торговец m.	Négociant, m.; commerçant, m.	Kaufmann, m.
1528	Merge (to)	v.	To join	Объединять(ся) v.; сливать(ся) v.	Fusionner, v.	Zusammenschließen, v.; fusionieren, v.
1529	Merger	n.	Combination; joining	Объединение n.; слияние n.	Fusion, f.	Zusammenschluß, m.; Fusionierung, f.
1530	Merit	n.	Importance	Достоинство n.	Mérite, m.; valeur, f.	Verdienst, n.
1531	Message	n.	Official communication	Сообщение n.	Message, m.	Nachricht, f.
1532	Metal	n.	Element	Металл m.	Métal, n.	Metall, n.
1533	Metallic	adj.	Metal	Металлический adj.	Métallique, adj.	Metallisch, adj.
1534	Metals	n.pl.		Металлы m.pl.	Métaux, m.pl.	Metalle, n.pl.
1535	Meter	n.	Apparatus	Счётчик m.; измерительный прибор m.	Compteur, m.	Zähler, m.
1536	Meter	n.	Unit of measure	Метр m.	Mètre, m.	Meter, m.
1537	Method	n.	Plan; means	Метод m.	Méthode, f.	Methode, f.
1538	Metric	adj.	Measuring	Метрический adj.	Métrique, adj.	Metrische, adj.
1539	Microchip	n.	"Computer" chip	Микрокристалл m.	Puce, f.	Mikrochip, m.
1540	Microcomputer	n.	Personal computer; also PC	Микрокомпьютер m.	Micro-ordinateur, m.	Mikrocomputer, m.
1541	Microfiche	n.	Storage medium	Микрофиша f.	Microfiche, f.	Mikrofiche, n.
1542	Microprocessor	n.	Processor chip	Микропроцессор m.	Microprocesseur, m.	Mikroprozessor, m.
1543	Microwave	n.		Микроволна f.	Micro-onde, f.	Mikrowelle, f.
1544	Middle	n.	Center	Середина f.	Milieu, m.	Mitte, f.
1545	Milligram	n.	Measure of weight	Миллиграмм m.	Milligramme, m.	Milligramm, n.
1546	Millimeter	n.	Measure of length	Миллиметр m.	Millimètre, m.	Millimeter, m.
1547	Million	n.	Number	Миллион m.	Million, m.	Million, f.
1548	Mine	n.	Coal; gold etc.	Шахта f.	Mine, f.	Grube, f.
1549	Miniaturization	n.	Reduction	Миниатюризация f.	Miniaturisation, f.	Miniaturisierung, f.
1550	Minicomputer	n.	Mid-size computer	Миникомпьютер m.	Mini-ordinateur, m.	Minicomputer, m.
1551	Minimize (to)	v.	To reduce	Минимизировать v.	Minimiser, v.	Auf das Mindestmaß herabsetzen
1552	Minimum	n.	Least; smallest	Минимум m.	Minimum, m.	Minimum, n.
1553	Ministry	n.	Government entity	Министерство n.	Ministère, m.	Ministerium, n.
1554	Mink	n.	Fur	Норка f.	Vison, m.	Nerz, m.
1555	Minute	adj.	Tiny	Мелкий adj.; детальный adj.	Minuscule, adj.	Genau, adj.; sorfältig, adj.
1556	MIS	phr.	Management Information Systems	Информационная система f. управления	Système, m. informatisé de gestion	Management-Informationssystem, n.
1557	Mis-representation	n.	Falsification	Искажение n. (фактов)	Fausse déclaration, f.	Falsche (unrichtige) Darstellung, f.
1558	Mis-understanding	n.	Mis-interpretation	Неверное истолкование n.	Malentendu, m.	Mißverständnis, n.
1559	Mis information	n.	Deception	Неверная информация f.	Mauvais renseignement(s) m.pl.	Falscher Bericht, m.; Falsche Auskunft, f.

No	ENGLISH	USE	COMMENT	RUSSIAN	FRENCH	GERMAN
1560	Mismanagement	n.	Mishandling; misuse	Плохое управление n. плохое руководство n.	Mauvaise gestion f.	Schlechte Geschäftsführung, f.
1561	Misjudgment	n.	Error of judgment	Неправильное мнение n.; неправильное суждение n.	Fausse estimation, f.	Irrtum, m.; Fehlurteil, n.
1562	Mission	n.	Duty; task	Миссия f.	Mission, f.	Auftrag, m.; Mission, f.
1563	Mistake	n.	Error	Ошибка f.; заблуждение n.	Erreur, f.	Irrtum, m.; Fehler, m.
1564	Misuse	n.	Misapplication	Неправильное употребление n.; злоупотребление n.	Abus, m.	Mißbrauch, m.
1565	Mix	n.	Mixture	Смесь f.; состав m.	Assortiment, m.; mélange, m.	Auswahl, f.; Palette, f.
1566	Mobility	n.	Ability to move	Подвижность f.	Mobilité, f.	Beweglichkeit, f.
1567	Mock-up	n.	Model	Макет m.	Maquette, f.	Lehrmodell, n.
1568	Mode	n.	Fashion	Мода f.	Mode, f.	Mode, f.
1569	Model	n.	Form; pattern	Модель f.	Modèle, m.	Modell, n.
1570	Modem	n.	Data communication device	Модем m.	Modem, m.	Modem, n.
1571	Moderate	adj.	Medium; centrist	Умеренный adj.; скромный adj.	Modéré, adj.	Mäßig, adj.
1572	Modern	adj.	Present; new	Современный adj.	Moderne, adj.	Modern, adj.
1573	Modernization	n.	Modernizing	Модернизация f.	Modernisation, f.	Modernisierung, f.
1574	Modernize (to)	v.	To update	Модернизировать v.	Moderniser, v.	Modernisieren, v.
1575	Modification	n.	Change	Модификация f.; видоизменение n.	Modification, f.	Abänderung, f. Modifikation, f.
1576	Modify (to)	v.	To change	Модифицировать v.	Modifier, v	Abändern, v.
1577	Module	n.	Part; component	Модуль m.	Module, m.	Modul, n.
1578	Molecule	n.	Particle; small amount	Молекула f.	Molécule, f.	Molekül, n.
1579	Molybdenum.	n.	Metal	Молибден m.	Molybdène, m.	Molybdän, n.
1580	Monetary	adj.	Financial	Денежный adj.	Monétaire, adj.	Geld-; währungspolitisch, adj.
1581	Money	phr.	-- Market	Денежный рынок m.	Marché m. monétaire	Geldmarkt, m.
1582	Money	n.	Funds; wealth	Деньги pl.	Argent, m.	Geld, n.
1583	Money	phr.	-- order	Денежный перевод m.	Mandat, m.	Zahlungsanweisung, f.
1584	Money	phr.	Lack of --	Нехватка f. денег	Manque, m. d'argent	Geldmangel, m.
1585	Monitor	n.	Computer --; also VDU; CRT	Экранный монитор m.	Écran, m.; moniteur, m.	Monitor, m.
1586	Monitoring	n.	Observation	Контроль m.; проверка f.	Contrôle, m.	Überwachung, f.
1587	Monopoly	n.	Exclusive possession	Монополия f.	Monopole, m.	Monopol, n.
1588	Monthly	adv.	Each month	Ежемесячно adj.	Mensuellement	Monatlicher
1589	Moonlighting	n.	Holding two jobs	Работа f. по совместительству в вечернюю смену	Travail, n. au noir	zusätzlicher Nebenverdienst, m.
1590	Morale	n.	Mood	Мораль f.	Morale, f.	Arbeitsmoral, f.
1591	Moratorium	n.	Delay; pause	Мораторий m.	Moratoire, m.	Moratorium, n.
1592	Mortgage	phr.	To foreclose --	Терять v. право выкупа заложенного имущества	Saisir l'immeuble hypothéqué	Aus einer Hypothek die Zwangsvollstreckung betreiben

No	ENGLISH	USE	COMMENT	RUSSIAN	FRENCH	GERMAN
1593	Mortgage	n.	Security agreement	Заклад *m.*; ипотека *f.*	Hypothèque, *f.*	Hypothek, *f.*
1594	Mortgage (to)	v.	Hypothecate	Закладывать *v.*; получать *v.* ссуду под недвижимость	Hypothéquer, *v.*	Verpfänden, *v.*
1595	Motion	n.	Movement	Движение *n.*	Mouvement, *m.*	Bewegung, *f.*; Antrag, *m.*
1596	Motor	phr.	Electric --	Электрический мотор *m.*	Moteur, *m.* électrique	Elektrischer Motor, *m.*
1597	Motor	n.	Machinery	Мотор *m.*	Moteur, *m.*	Motor, *m.*
1598	Motorway	n.	Highway	Автострада *f.*	Autoroute, *f.*	Autobahn, *f.*
1599	Mouse	n.	Computer input device	Мышь *f.*	Souris, *f.*	Maus, *f.*
1600	Multilateral	adj.	Many-sided	Многосторонний *adj.*	Multilatéral, *adj.*	Mehrseitig, *adj.*
1601	Multinational	phr.	-- corporation	Международная корпорация *f.*	Entreprise, *f.* (société, *f.*) multinationale	Multinationale Gesellschaft, *f.*
1602	Multiplicity	n.	Abundance	Разнообразие *n.*	Multiplicité, *f.*	Vielfalt, *f.*
1603	Multiply (to)	v.	To increase	Умножать *v.*	Multiplier, *v.*	Vervielfältigen, *v.*
1604	Municipal	adj.	Urban	Муниципальный *adj.*	Municipal, *adj.*	Städtisch, *adj.*
1605	Municipality	n.	City	Муниципалитет *m.*	Municipalité, *f.*	Stadtverwaltung, *f.*
1606	Mutual	adj.	Common; reciprocal	Взаимный *adj.*; общий *adj.*	Mutuel, *adj.*	Gegenseitig, *adj.*

No	ENGLISH	USE	COMMENT	RUSSIAN	FRENCH	GERMAN

N

No	ENGLISH	USE	COMMENT	RUSSIAN	FRENCH	GERMAN
1607	Name	n.	Appellation	Название n.	Nom, m.	Name, m.
1608	Narrow	adj.	Thin	Узкий adj.	Étroit, adj.	In engen Grenzen
1609	Nation	n.	Country	Нация f.; страна f.; государство n.	Nation, f.; Pays, m.	Nation, f.; Volk, n.; Land, n.
1610	National	adj.	Of a nation	Государственный adj.; национальный adj.	National	National, adj.; staatlich, adj.
1611	Nationalism	n.	Nationhood	Национализм m.	Nationalisme, m.	Nationalismus, m.
1612	Nationality	n.	Country	Подданство n.; гражданство n.	Nationalité, f.	Nationalität, f.; Staatsangehörigkeit, f.
1613	Nationalization	n.	Appropriation	Национализация f.	Nationalisation, f.	Verstaatlichung, f.
1614	Nationalize (to)	v.	To appropriate	Национализировать v.	Nationaliser, v.	Verstaatlichen, v.
1615	Natural	phr.	-- gas	Природный газ m.	Gaz, m. naturel	Erdgas, n.
1616	Naturalization	n.	Becoming a citizen	Натурализация f.	Naturalisation, f.	Einbürgerung, f.
1617	Nature	n.	Kind; characteristic	Природа f.	Nature, f.; tempérament, m.	Charakter, m.
1618	Navigate (to)	v.	(ship/aircraft)	Управлять v. кораблём/самолётом	Naviguer (navire/avion)	Navigieren (Schiff/Flugzeug)
1619	Navigation	n.	skill	Навигация f.	Navigation, f.	Navigation, f.
1620	Necessary	adj.	Certain	Обязательный adj.; неизбежный adj.	Nécessaire, adj.	Notwendig, adj.
1621	Necessity	n.	Certainty	Нужда f.; необходимость f.	Nécessité, f.	Notwendigkeit, f.
1622	Need	n.	Necessity	Необходимость f.	besoin, m.	(Dringende) Notwendigkeit, f.
1623	Need (to)	v.	To want/require	Нуждаться v. (в чём-либо)	Demander; exiger, v.	Etw. benötigen, v. (brauchen)
1624	Negative	adj.	Statement, reply	Отрицательный adj.; негативный adj.	Négatif, adj.	Verneinend, adj.; negativ, adj.
1625	Negligence	n.	Carelessness	Небрежность f.	Négligence, f.	Fahrlässigkeit, f.
1626	Negotiate (to)	v.	To discuss; bargain	Вести v. переговоры	Négocier, v.	Verhandeln, v.
1627	Negotiation	n.	Transaction; conference	Переговоры pl.	Négociation, f.	Verhandlung, f.
1628	Net	phr.	-- income	Чистый доход m.	Revenu, m. net	Nettoeinkommen, n.
1629	Net	phr.	-- weight	Чистый вес m.	Poids, m. net	Nettogewicht, n.
1630	Net	adj.	Remaining	Чистый adj.; нетто	Net, adj.	Netto, adj.
1631	Net	phr.	-- asset value	Нетто-капитал m.; чистая стоимость f.	Valeur, f. nette comptable	Nettowert, m.
1632	Net	phr.	-- profit	Чистый доход m.; чистая прибыль f.	Bénéfice, m. net	Reingewinn, m.; Nettogewinn, m.
1633	Network	n.	Connecting grid	Сеть f.	Réseau, m.	Netz, n.
1634	Neutral	adj.	Nonpartisan	Нейтральный adj.	Neutre, adj.	Neutral, adj.
1635	Neutralization	n.	Nullification	Нейтрализация f.	Neutralisation, f.	Neutralisierung, f.
1636	New	adj.	Fresh; original	Новый adj.	Nouveau, adj.	Neu, adj.
1637	News	n.	Information	Новости f.pl.	Nouvelles, f.pl.; actualités, f.pl.	Nachrichten, f.pl.
1638	Newspaper	n.	Daily publication	Газета f.	Quotidien, m.	Zeitung, f.
1639	Niche	n.	Place to fill in the market	Ниша f.	Niche, f.; créneau, m.	Marktnische, f.
1640	Nickel	n.	Metal	Никель m.	Nickel, m.	Nickel, m.
1641	Nitrogen	n.	Gas	Азот m.	Azote, m.	Stickstoff, m.
1642	Noise	n.	Sound	Шум m.	Bruit, m.	Geräusch, n.; Rauschen, n.

No	ENGLISH	USE	COMMENT	RUSSIAN	FRENCH	GERMAN
1643	Nominal	adj.	In name only; cheap	Номинальный adj.	Nominal, adj.	Nominell, adj.
1644	Non-compliance	phr.	-- with regulations	Несоблюдение n. правил	Non- respect, m. de la réglementation	Nichtbeachtung, f. der Formalitäten
1645	Non-disclosure	n.	Restrictions on disclosing content	Неоглашение n.; конфиденциальность f.	Confidentialité, f.	Mangelnde Offenlegung, f.; Nichtoffenbarung, f.
1646	Norm	n.	Average; standard	Норма f.	Norme, f.	Norm, f.
1647	Normal	adj.	Average; standard	Нормальный adj.; обычный adj.	Normal, régulier, adj.	Regelmäßig, adj.; normal, adj.
1648	Normalization	n.	Standardization	Нормализация f.	Normalisation, f.	Normierung, f.; Vereinheitlichung, f.
1649	Normalize (to)	v.	To make uniform	Нормализовать v.	Normaliser, v.	Normalisieren, v.
1650	Notary	n.	Authenticator	Нотариус m.	Notaire, m.	Notar, m.
1651	Note	phr.	Bank --	Банкнота f.; банковский билет m.	Billet, m. de banque	Banknote, f.
1652	Nothing	n.	Zero	Пустое место n.; ничто	Rien, m.	Nichts
1653	Nuisance	n.	Annoyance	Досада f.; неприятность f.	Désagrément, m.	Beeinträchtigung, f.
1654	Null	phr.	-- and void	Недействительный adj.	Nul et non avenu	Null und nichtig
1655	Null	n.	Zero	Нуль m.	Nul, m.; zéro, m.	Nichts
1656	Nullification	n.	Neutralization	Аннулирование n.	Annulation, f.	Nichtigkeitserklärung, f.
1657	Nullify (to)	v.	To neutralize	Аннулировать v.	Annuler, v.	Für nichtig erklären; annullieren, v.
1658	Number	n.	Numeral	Число n.; номер m.	Nombre, m.	Zahl, f.
1659	Numerical	adj.	Mathematical	Числовой adj.; цифровой adj.	Numérique, adj.	Zahlenmäßig, adj.
1660	Numerous	adj.	Many	Многочисленный adj.	Nombreux, adj.	Zahlreich, adj.

No	ENGLISH	USE	COMMENT	RUSSIAN	FRENCH	GERMAN

O

No	ENGLISH	USE	COMMENT	RUSSIAN	FRENCH	GERMAN
1661	Objection	n.	Protest	Возражение *n.*	Objection, *f.*	Einspruch, *m.*
1662	Objective	adj.	Unbiased	Целевой *adj.*	Objectif, *adj.*	Objektiv, *adj.*
1663	Objective	n.	goal	Цель *f.*	But, *m.*; objectif, *m.*	Ziel, *n.*
1664	Objectives	phr.	Management by --	Управление *n.* методом оценки эффективности	Direction, *f.* par objectifs	Geschäftsführung, *f.* durch Zielsetzungen, *f.* Management by objectives, *n.*
1665	Obligation	n.	Debt	Обязательство *n.*	Obligation, *f.*	Verpflichtung, *f.*
1666	Obligatory	adj.	Mandatory	Обязательный *adj.*	Obligatoire, *adj.*	Obligatorisch, *adj.*
1667	Observation	n.	Observing	Наблюдение *n.*	Observation, *f.*	Beobachtung, *f.*
1668	Observe (to)	v.	To examine	Наблюдать *v.*	Observer, *v.*	Beobachten, *v.*
1669	Obsolescence	n.	Disuse	Устаревание *n.*	Obsolescence, *f.*	Überalterung, *n.*
1670	Obsolete	adj.	Out-of-date	Устаревший *adj.*; вышедший *adj.* из употребления	Obsolète, *adj.*; périmé	Veraltet, *adj.*
1671	Obtain (to)	v.	To acquire	Получать *v.*; достигать *v.*	Obtenir, *v.*	Erhalten, *v.*; erlangen, *v.*
1672	Obvious	adj.	Clearly visible	Очевидный *adj.*; ясный *adj.*	Évident, *adj.*	Offensichtlich, *adj.*
1673	Occasion	n.	Event	Случай *m.*	Occasion, *f.*	Gelegenheit, *f.*
1674	Occupant	n.	Inhabitant	Житель *m.*; жилец *m.*	Occupant, *m.* locataire, *m.*	Bewohner, *m.*; Mieter, *m.*
1675	Occupation	n.	Profession	Занятие *n.*; профессия *f.*	Profession, *f.*; métier, *m.*	Beruf, *m.*
1676	Occur (to)	v.	To happen	Случаться *v.*; происходить *v.*	Se présenter, *v.*; survenir, *v.*	Geschehen, *n.*; Sich ereignen
1677	Occurrence	n.	Incident; event	Случай *m.*; происшествие *m.*	Évènement, *m.*; fait, *m.*	Ereignis, *n.*
1678	Odometer	n.	Measurement device	Одометр *m.*	Compteur, *m.* kilométrique	Kilometerzähler, *m.*
1679	OEM	phr.	Original Equipment Manufacturer	(Фирма-) Изготовитель *m.* комплектного оборудования	Constructeur, *m.* d'équipements	Originalgeräte- hersteller, *m.*
1680	Offensive	phr.	To take the --	Переходить *v.* в наступление	Prendre/passer à l'offensive/ l'attaque	Zum Angriff/zur Offensive übergehen
1681	Offer	phr.	Firm --	Твёрдое предложение *n.*	Offre, *f.* ferme	Festes Angebot, *n.*
1682	Offer	n.	Proposal	Предложение *n.*	Proposition, *f.*	Angebot, *n.*
1683	Office	n.	Work place	Контора *f.*; кабинет *m.*; офис *m.*	Bureau, *m.*	Amt, *n.*; Büro, *n.*
1684	Official	adj.	Executive	Служебный *adj.*; официальный *adj.*	Officiel, *adj.*	Amtlich, *adj.*
1685	Offshore	adj.	Away from the shore	За пределами морской границы; заокеанский *adj.*	Off-shore; au large (des côtes)	Off-shore, *adj.*; auf offener See
1686	Oil	phr.	-- tanker	Танкер *m.*	Pétrolier, *m.*	Öltanker, *m.*
1687	Oil	n.	Petroleum	Нефть *f.*	Huile, *f.*; pétrole, *m.*	Öl, *n.*
1688	Old	adj.	Aged	Старый *adj.*	Vieux, *adj.*	Alt, *adj.*
1689	Omit (to)	v.	To exclude	Пропускать *v.*	Omettre, *v.*	Auslassen, *v.*; versäumen, *v.*
1690	One-way	phr.	-- street	Улица *f.* с односторонним движением	Rue, *f.* à sens unique	Einbahnstrasse, *f.*
1691	Open (to)	v.	To spread; unclose	Открывать(ся) *v.*	Ouvrir, *v.*	Eröffnen, *v.*; öffnen, *v.*

No	ENGLISH	USE	COMMENT	RUSSIAN	FRENCH	GERMAN
1692	Operate (to)	v.	To control the work of	Управлять v.	Opérer, v.; fonctionnner, v.	Wirken, v.; funktionieren, v.; handhaben, v.
1693	Operating	phr.	-- costs	Эксплуатационные расходы m.pl.	Frais, m. d'exploitation	Betriebskosten, f.pl.
1694	Operating	phr.	-- efficiency	Производственная мощность f.	Capacité, f. de production	Betriebsleistung, f.; betriebliche Leistungsfähigkeit, f.
1695	Operating	phr.	-- instructions	Инструкция f. по эксплуатации	Notice, f. d'utilisation; Mode, m. d'emploi	Betriebsanweisungen, f.pl.
1696	Operation	n.	Functioning	Действие n. операция f.; управление n.	Fonctionnement, m; opération, f.	Betrieb, m.; Wirkung(sweise), f.
1697	Operation	phr.	Reliability of --	Безопасность f. работы	Fiabilité, f. de fonctionnement	Betriebssicherheit, f.
1698	Operations	phr.	-- research; also (OR)	Исследование n. операций	Recherche, f. opérationelle (RO)	Unternehmungsforschung, f.
1699	Opinion	n.	Judgment	Мнение n.	Opinion, f.	Meinung, f.
1700	Opportunity	n.	Favorable circumstance	Случай m.; возможность f.; оказия f.	Occasion, f.	Gelegenheit, f.
1701	Optic	adj.	Visual	Оптический adj.	Optique, adj.	Optisch, adj.
1702	Optics	phr.	Fiber --	Волоконная оптика f.	Fibre, f. optique	Optische Fasern, f.pl.
1703	Optimal	adj.	Best	Оптимальный adj.	Optimal, adj.	Optimal, adj.
1704	Optimize (to)	v.	To perfect	Оптимизировать v.	Optimiser, v.	Optimisieren, v.
1705	Optimum	adj.	Best	Оптимальный adj.	Optimal, adj.	Optimal, adj.
1706	Optimum	n.	The best	Оптимальность f.; оптимум m.	Optimum, m.	Optimum, n.; günstigster Fall, m.
1707	Option	n.	Alternative; choice	Вариант m.	Option, f.	Option, f.
1708	Option	n.	Choice	Выбор m.	Choix, m.	Wahl, f.
1709	Option	phr.	Choice	Оптация f.; выбор m.	Possibilité, f.	Option, f.
1710	Order	n.	Direction to supply	Заказ m.	Commande, f.	Befehl, m.; Auftrag, m.
1711	Order	phr.	Standing --	Приказ m. о регулярных платежах	Commande, f. permanente; Office, m.	Allgemeine Dauerauftrag, m.
1712	Order (to)	v.	To command	Приказывать v.; командовать v.	Commander, v.	Bestellen, v.
1713	Ordinary	adj.	Common	Ординарный adj.; обычный adj.	Ordinaire, adj.	Gewöhnlich, adj.
1714	Ore	n.	Raw material	Руда f.	Minerai, m.	Erz, n.
1715	Organic	phr.	-- chemistry	Органическая химия f.	Chimie, f. organique	Organische (Chemie), f.
1716	Organization	n.	Association; structure	Организация f.	Organisation, f.	Organisation, f.
1717	Organize (to)	v.	To order	Организовывать v.	Organiser, v.	Organisieren, v.
1718	Origin	n.	Beginning, source	Начало n.	Origine, f.	Ursprung, m.
1719	Original	phr.	-- equipment manufacturer; OEM	(Фирма-) Изготовитель m. комплектного оборудования	Constructeur, m. d'équipements originaux	Originalgerätehersteller, m.
1720	Original	adj.	Genuine	Подлинный adj.	Original, adj.; originel, adj.	Ursprünglich, adj.
1721	Originate (to)	v.	To cause to begin	Порождать v.; давать v. начало	Provenir de; être à l'origine de	Herstammen aus; entstehen, v.; hervorbringen, v.
1722	Out	phr.	-- of date; obsolete	Устарелый adj.	Périmé, adj.	Veraltet, adj.
1723	Out-of-date	phr.	Obsolete	Устарелый adj.	Dépassé, adj.	Überholt, adj.;

No	ENGLISH	USE	COMMENT	RUSSIAN	FRENCH	GERMAN
1724	Outcome	n.	Result	Результат *m.*; последствие *n.*	Issue, *f.*; résultat, *m.*	Ergebnis, *n.*; Ausgang, *m.*
1725	Outdoor	adj.	Exterior	На открытом воздухе; внешний *adj.*	Extérieur, *adj.*	Außerhalb; außer Hause; im Freien
1726	Outlay	n.	Money going out	Издержки *f.pl.*; затраты *f.pl.*	Debours, *m.pl.*; Investissement, *m.*	Geldausgabe, *f.*
1727	Outlet	n.	For sales	Рынок *m.* сбыта	Débouché, *m.*	Absatzmarkt, *m.*
1728	Outlook	n.	Viewpoint	Перспектива *f.*	Perspective, *f.*	Aussicht, *f.*
1729	Output	n.	Result	Выпуск *m.*; выход *m.*	Sortie, *f.*	Ausgang, *m.*; Produktion- (sleistung), *f.*; Ausstoß, *m.*
1730	Overcapacity	n.	Industrial capability	Излишек *m.* производственных мощностей	Surcapacité, *f.*	Überkapazität, *f.*
1731	Overcharge (to)	v.	To charge too much	Завышать *v.* цену	Majorer, *v.*; faire payer un prix excessif	Überlasten, *v.*; Zuviel berechnen
1732	Overdue	adj.	Past due	Просроченный *adj.*	Échu; couru, *adj.*	Überfällig, *adj.*
1733	Overhead	phr.	-- expenses, charges	Накладные расходы *m.pl.*	Frais, *m.pl.* généraux	Allgemeine Geschäftsunkosten,*f.pl.*
1734	Overload	n.	Burden	Перегрузка *f.*	Surcharge, *f.*	Überlastung, *f.*; Übergewicht, *n.*
1735	Overload (to)	v.	To overburden	Перегружать *v.*; завышать *v.* стоимость	Surcharger, *v.*	Überladen, *v.*
1736	Overrate (to)	v.	To exaggerate	Переоценивать *v.*	Surévaluer, *v.*	Übertreiben, *v.*; überschätzen, *v.*
1737	Overtime	n.	Extra work done	Сверхурочное время *n.*; переработка *f.*	Heures, *f.pl.* supplémentaires	Überstunden, *f.pl.*
1738	Overweight	n.	Baggage	Перевес *m.*; излишек *m.* веса	Poids, *m.* en excès	Übergewicht, *n.*
1739	Owe	v.	To -- s.o. s.t.	Быть *v.* должным; задолжать *v.*	Devoir, *v.* qch. à q.	Jdm. etw. schulden, *v.*
1740	Own (to)	v.	To possess	Владеть *v.*	Posséder, *v.*	Etw. (zu Eigentum) besitzen, *v.*
1741	Owner	n.	Possessor	Владелец *m.*	Propriétaire, *m.*	Eigentümer, *m.*; Besitzer, *m.*; Inhaber, *m.*
1742	Ownership	n.	Possession	Собственность *f.*; владение *n.*	Droit, *m.* de propriété	Eigentum, *n.*; Eigentumsrecht, *n.*
1743	Oxygen	n.	Element	Кислород *m.*	Oxygène, *m.*	Sauerstoff, *m.*

No	ENGLISH	USE	COMMENT	RUSSIAN	FRENCH	GERMAN

P

No	ENGLISH	USE	COMMENT	RUSSIAN	FRENCH	GERMAN
1744	Package	n.	Bundle; combination	Посылка *f.*; пакет *m.*	Paquet, *m.*	Packung, *f.*; Versandstück, *n.*
1745	Package	n.	Packet	Посылка *f.*	Colis, *m.*; paquet, *m.*	Versandstück, *n.*; Paket, *n.*
1746	Packing	n.	Packaging	Упаковка *f.*	Empaquetage, *m.* emballage, *m.*	Verpackung, *f.*
1747	Page	n.	Paper	Страница *f.*	Page, *f.*	Seite, *f.*; Blatt, *n.*
1748	Paint	n.	Coating; coloring matter	Краска *f.*	Peinture, *f.*	Farbe, *f.*
1749	Paint (to)	v.	To color	Красить *v.*	Peindre, *v.*	Malen, *v.*
1750	Pamphlet	n.	Brochure	Брошюра *f.*	Brochure, *f.*	Broschüre, *f.*
1751	Paper	n.	Material	Бумага *f.*	Papier, *m.*	Papier, *n.*
1752	Paragraph	n.	Book section	Абзац *m.*; параграф *m.*	Paragraphe, *m.*	Absatz, *m.*; Abschnitt, *m.*
1753	Parallel	adj.	Accompanying	Параллельный *adj.*	Parallèle, *adj.*	Parallel, *adj.*
1754	Parameter	n.	Condition; bounds	Параметр *m.*	Paramètre, *m.*	Parameter, *m.*
1755	Parcel	n.	Package	Пакет *m.*	Colis, *m.*	Paket, *n.*
1756	Parity	n.	Equality	Равенство *n.*	Parité, *f.*	Gleichheit, *f.*; Parität, *f.*
1757	Part-time	adj.	Work	Работа *f.* неполный рабочий день	Travail à mi-temps	Teilzeitarbeit, *f.*
1758	Partial	adj.	Part	Частичный *adj.*	Partiel, *adj.*	Teilweise, *adv.*; Teil-
1759	Participant	n.	Participator	Участник *m.*	Participant, *n.*	Teilnehmer, *m.*
1760	Participate (to)	v.	To take part in	Участвовать *v.*	Prendre, *v.* part à; participer	Sich an etw. beteiligen, *v.*
1761	Participation	n.	Partaking; inclusion	Участие *n.*	Participation, *f.*	Beteiligung, *f.*
1762	Partner	n.	Associate	Партнёр *m.*	Associé, *m.*	Teilhaber, *m.*; Partner, *m.*
1763	Passenger	n.	Plane, train etc.	Пассажир *m.*	Passager, *n.*	Passagier, *m.*
1764	Patent	phr.	-- office	Бюро *n.* патентов	Cabinet, *m.* de brevets	Patentamt, *n.*
1765	Patent	n.	Safeguard	Патент *m.*	Brevet, *f.*	Patent, *n.*
1766	Patent (to)	v.	To protect	(За) Патентовать *v.*	Breveter, *v.*	Patentieren, *v.*
1767	Patented	adj.	Protected	Запатентованный	Breveté, *adj.*	Patentiert, *adj.*
1768	Path	phr.	Critical -- scheduling method	Календарное планирование *n.* методом критического пути	Méthode, *f.* du chemin critique	CPM-Methode, *f.*
1769	Pattern	n.	Model; design	Модель *f.*; образец *m.*	Modèle, *m.* motif, *m.*	Vorlage, *f.*; Muster, *n.*
1770	Pay	n.	Salary	Зарплата *f.*	Salaire, *m.*	Bezahlung, *f.*
1771	Pay (to)	phr.	-- on account	Платить *v.* аванс	Verser, *v.* sur un compte	Eine Anzahlung, *f.* leisten, *v.*
1772	Pay (to)	v.	Remuneration	Платить *v.*	Payer, *v.*; verser, *v.*	Zahlen, *v.*; bezahlen, *v.*
1773	Pay	phr.	-- against documents	Платёж *m.* против документов	Paiement, *m.* contre documents	Zahlung, f. gegen Dokumente
1774	Pay back (to)	v.	To make a return on investment	Возвращать *v.*; отдавать *v.*	Rembourser, *v.*	Zurückzahlen, *v.*
1775	Payable	adj.	Due	Оплачиваемый *adj.*; подлежащий оплате	Payable, *adj.*; dû	Zahlbar, *adj.*
1776	Paycheck	n.	Salary	Чек *m.* на зарплату	Chèque, *m.* de salaire	Gehaltsscheck, *m.*
1777	Payday	n.	Day when salary is paid	День *m.* выплаты зарплаты	Jour, *m.* de paie	Zahltag, *m.*

No	ENGLISH	USE	COMMENT	RUSSIAN	FRENCH	GERMAN
1778	Payee	n.	Person paid	Получатель *m.* платежа	Bénéficiaire, *m.*	Zahlungsempfänger, *m.*
1779	Payload	n.	Load	Полезный груз *m.*	Charge, *f.* utile	Nutzlast, *f.*
1780	Payment	phr.	-- in advance	Авансовый платёж *m.*	Paiement, *m.* anticipé	Vorauszahlung, *f.*
1781	Payment	phr.	-- against documents	Платёж *m.* против документов	Paiement, *m.* contre documents	Zahlung, *f.* gegen Dokumente
1782	Payment	phr.	Down --	Задаток *m.*; первый взнос *m.*	Acompte, *m.*; arrhes, *f.pl.*	Anzahlung, *f.*
1783	Payment	n.	Expenditure	Платёж *m.*	Paiement, *m.*	Zahlung, *f.*
1784	Payoff	n.	Result	Результат *m.*; вознаграждение *n.*	Résultat, *m.*; récompense, *f.*	Abzahlung, *f.*; Tilgung, *f.*
1785	PBX	phr.	Private branch exchange (telephone system)	Частная телефонная станция *f.* с выходом в общую сеть	Commutateur, *m.* privé	Wählnebenstellenanlage, *f.*
1786	Peak	n.	-- load	Пиковая нагрузка *f.*	Pointe, *f.* de consommation	Spitzenlast, *f.*; Maximalbelastung, *f.*
1787	Pen	n.	Ball-point --	Шариковая ручка *f.*	Stylo, *m.* à bille	Kugelschreiber, *m.*
1788	Penalty	n.	Penalization	Наказание *n.*; штраф	Pénalité, *f.*	Strafe, *f.*
1789	Penalty	n.	-- clause	Пункт *m.* о штрафах	Clause, *f.* pénale	Vertragsstrafe, *f.*
1790	Pencil	n.	Writing implement	Карандаш *m.*	Crayon, *m.*	Bleistift, *m.*
1791	Per capita	phr.	Each	На душу (населения)	Par tête; per capita	Pro Kopf, *m.*
1792	Percentage	n.	Proportion	Процентное отношение *n.*	Pourcentage, *m.*	Prozentueller Anteil, *m.*
1793	Perestroika	n.	"Restructuring" of government etc.	Перестройка *f.*	Perestroïka, *f.*	Perestroika, *f.*
1794	Perfect	adj.	Faultless	Совершенный *adj.* безукоризненный	Parfait, *adj.*	Vollkommen, *adj.*; fehlerlos, *adj.*
1795	Perfect (to)	v.	To develop	Совершенствовать *v.*; улучшатьv.	Parachever, *v.*	Vervollkommnen, *v.*
1796	Performance	n.	Efficiency of operation	Производительность *f.*; эффективность *f.* функционировая	Rendement, *m.*	Leistung, *f.*
1797	Period	n.	Time; duration	Период *m.*; срок *m.*	Période, *f.*	Periode, *f.*
1798	Periodic	adj.	Recurrent	Периодический *adj.*	Périodique, *adj.*	Periodisch, *adj.*
1799	Peripheral	phr.	Computer --	Периферийное устройство *n.*; периферия *f.*	Périphérique, *m.*; unité, *f.* périphérique	Peripherieeinheit, *f.*
1800	Permanent	adj.	Enduring; changeless	Постоянный *adj.*	Permanent, *adj.*	Dauernd, *adj.*
1801	Permission	n.	Allowance	Разрешение *m.*	Permission, *f.*	Erlaubnis, *f.*
1802	Permit	n.	Authorization	Разрешение *n.*	Permis, *m.*; autorisation, *f.*	Erlaubnisschein, *m.*
1803	Perpetuity	n.	Eternity	Бессрочное владение *n.*	Perpétuité, *f.*	Ununterbrochene Fortdauer,*f.*; endlose Fortsetzung, *f.*
1804	Perquisites	n.	Additional benefits; also "Perks"	Побочные доходы *m.pl.*	Avantages, *m.pl.* sociaux	Nebeneinkünfte, *pl.*
1805	Personal	phr.	-- computer (PC)	Персональный компьютер *m.*	Ordinateur, *m.* personnel; PC	PC-Gerät, *n.*; PC, *m.*
1806	Personnel	n.	Staff; work force	Личный состав *m.*	Personnel, *m.*	Personal, *n.*
1807	PERT method	phr.	Program, evaluation and review technique	Метод *m.* ПЕРТ	Méthode, *f.* PERT	PERT-Method, *f.*

64

No	ENGLISH	USE	COMMENT	RUSSIAN	FRENCH	GERMAN
1808	PERT System	phr.	Program, evaluation and review technique system	Система f. (расчётов по методу) ПЕРТ	Système, m. PERT	PERT-System, n.
1809	Pertinent	adj.	Relevant	Уместный adj.; подходящий adj.	Pertinent, adj.; approprié, adj.	Passend, adj.; zur Sache gehörig
1810	Petrochemical	adj.	Of petroleum chemical processes	Нефте- химический adj.	Pétrochimique, adj.	Petrochemisch, adj.
1811	Petroleum	n.	Oil	Нефть f.	Pétrole, m.	Petroleum, n.
1812	Pharmaceutical	adj.		Фармацевти- ческий adj.	Pharmaceutique, adj.	Pharmazeutisch, adj.
1813	Phase	n.	Period	Фаза f.	Phase, f.	Phase, f.
1814	Phosphate	n.	Chemical	Фосфат m.	Phosphate, m.	Phosphat, n.
1815	Photocopier	n.	Machine	Ксерокс m.; копировальная машина f.	Photocopieuse, f.	Photokopiergerät, n.
1816	Photocopy	n.	Copy	Фотокопия f.; ксерокопия f.	Photocopie, f.	Photokopie, f.
1817	Phrase	n.	Expression; unit of meaning	Фраза f.; предложение n.	Expression, f.	Redensart, f.; Redewendung, f.
1818	Pig iron	n.		Чушковый чугун v.	Fonte, f. brute	Roheisen, n.
1819	Pipeline	n.	Conduit	Трубопровод m.	Pipeline, m.	Pipeline, f.
1820	Place	n.	Position	Место n.	Lieu, m.	Platz, m.; Ort, m.
1821	Place (to)	v.	To install	Размещать v.; устанавливать v.	Poser, v.; placer, v.	Setzen, v.; stellen, v.
1822	Plan	n.	Drawing, diagram	План m.	Plan, m.	Plan, m.
1823	Plan (to)	v.	To make a --	Планировать v.	Projeter, v.	Etw. planen, v. (entwerfen), v.
1824	Plan	phr.	Business--	План m. работы	Projet, m. d'entreprise	Geschäftsplan, m.
1825	Plan	phr.	Marketing --	План m. маркетинга	Plan, m. de marketing	Marketingplan, m.
1826	Plane	n.	Airplane	Самолёт m.	Avion, m.	Flugzeug, n.
1827	Planning	phr.	Long-term --	Перспективное планирование n.	Planification, f. à long terme	Langfristige Planung, f.
1828	Planning	n.	Organization; preparation	Планирование n.	Planification, f.	Planung, f.
1829	Plant	n.	Industrial factory	Завод m.	Atelier, m.; usine, f.	Fabrikanlage, f. Fabrik, f.
1830	Plant	n.	Industrial fixtures or plant	Оборудование n.	Installations, f.pl.	Einrichtung, f.; Anlage, f.; Baugeräte, n.pl.
1831	Plastics	n.pl.	Material	Пластмассы f.pl.	Matières, f.pl. plastiques	Kunststoffe, m.pl.
1832	Plausible	adj.	Reasonable	Правдоподобный adj.	Vraisemblable, adj.	Glaubhaft, adj.
1833	Plotter	n.	Computer peripheral device	Графо- построитель	Traceur, m.; table, f.; traçante	Plotter, m.
1834	Plug	n.	Attachment	Штепсель m.; штекер m.	Fiche, f.; prise, f. (élect.)	Stecker, m.; Steckdose, f.
1835	Point	phr.	-- of departure	Отправная точка f.	Point, m. de départ	Ausgangspunkt, m.
1836	Point-blank	adj.	In plain words	Прямой adj.; категорический adj.	À bout portant; À brûle-pourpoint	Direkt, adj.; geradeheraus
1837	Police	n.	Law enforcement	Полиция f.	Police, f.	Polizei, f.
1838	Policy	phr.	Insurance --	Страховой полис m.; договор m. страхования	Police, f. d'assurance	Versicherungspolice, f.
1839	Policy	n.	Strategy	Политика f.; стратегия f.	Politique, f.	Politik, f.
1840	Poll	n.	Survey of opinion	Опрос m.	Sondage, m. d'opinion	Umfrageergebnis, n.
1841	Pollute (to)	v.	To contaminate	Загрязнять v.	Polluer, v.	Verschmutzen, v.

65

No	ENGLISH	USE	COMMENT	RUSSIAN	FRENCH	GERMAN
1842	Polluted	phr.	-- water	Загрязнённая вода f.	Eau, f. polluée	Verunreinigtes Wasser, n.
1843	Polluted	phr.	-- air	Загрязнённый воздух m.	Air, m. pollué	Verunreinigte Luft, f.
1844	Pollution	n.	Contamination	Загрязнение n.	Pollution, f.	Verunreinigung, f.
1845	Pollution	phr.	Air --	Загрязнение n. воздуха	Pollution, f. de l'air	Luftverschmutzung, f.
1846	Polymer	n.	Chemical	Полимер m.	Polymère, m.	Polymer(isationsprodukt), n.
1847	Popular	adj.	Of the people	Народный adj.	Populaire, adj.	volkstümlich, adj.
1848	Population	n.	Inhabitants	Население n.	Population, f.	Bevölkerung, f.
1849	Population	phr.	-- density	Плотность f. населения	Densité, f. de population	Bevölkerungsdichte, f.
1850	Port	n.	Harbor	Порт m.	Port, m.	Hafen, m.
1851	Portfolio	n.	Grouping	Портфель m. ценных бумаг	Portefeuille, m.	Portefeuille, n.
1852	Position	n.	Place occupied	Место n.	Position, f.	Stellung, f.
1853	Positive	adj.	Definite	Положительный adj.; определённый adj.	Positif, adj.; affirmatif, adj.	Positiv, adj.; endgültig, adj.
1854	Possess (to)	v.	To own, have	Владеть v.	Posséder, v.	Etw. besitzen, v.
1855	Possession	n.	Owning; belonging	Владение n.	Possession, f.	Besitz, m.
1856	Possibility	n.	Likelihood	Возможность f.	Possibilité, f.	Möglichkeit, f.
1857	Post	n.	Employment; job	Должность f.; пост m.	Poste, m.; emploi, m.	Posten, m.; Stelle, f.
1858	Post	n.	Postal service (UK)	Почта f.	La Poste, f.	Post, f.
1859	Post office	n.	Postal service	Почтамт m.	Bureau, m. de poste	Postamt, n.
1860	Postpone (to)	v.	Adjourn, delay	Отсрочивать v.; откладывать v.	Remettre, v.; renvoyer, v.	Verschieben, v.; vertagen, v.
1861	Postponement	n.	Adjournment, delay	Отсрочка f.; откладывание n.	Ajournement, m.; renvoi, m.	Verschiebung, f.; Vertagung, f.
1862	Potential	adj.	Possible	Потенциальный adj.	Potentiel, adj.; éventuel, adj.	Möglich, adj.; denkbar, adj.
1863	Potential	n.	Capacity	Потенциал m.	Potentialité, f.	Potential, n.
1864	Pound	n.	£ Sterling (UK)	Фунт m. стерлингов	Livre, f.(sterling)	Pfund, n. Sterling
1865	Pound	n.	Weight	Фунт m. (мера веса)	Livre, f. (0,5Kg)	Pfund, n.
1866	Powder	n.	Material	Порошок m.; пудра f.	Poudre, f.	Pulver, n.
1867	Power	phr.	-- supply unit	Блок m. питания n.	Bloc, m. d'alimentation	Netzgerät, n.
1868	Power	phr.	-- line	Линия f. высокого напряжения	Ligne, f. à haute tension	Starkstromleitung, f.
1869	Power	phr.	-- plant	Электростанция f.	Centrale, f. électrique	Kraftwerk, n.
1870	Power	n.	Capacity	Сила f.	Pouvoir, m.	Kraft, f.
1871	Power	n.	Right, authorization	Власть f.	Puissance, f.; pouvoir, m.	Macht, f.
1872	Power	n.	Energy; force	Энергия f.	Énergie, f.; puissance, f.	Energie, f.
1873	Power	phr.	Earning --	Способность f. приносить доход	Capacité, f. de gain	Ertragsfähigkeit, f.
1874	Power	phr.	Bargaining --	Рыночная власть f.; позволяющая отстаивать свои интересы	Pouvoir, m. de négociation	Berechtigung, f. zu verhandeln und abzuschließen
1875	Power	phr.	Buying --	Покупательная способность f.	Pouvoir, m. d'achat	Kaufkraft, f.
1876	Power supply	phr.	Source of power	Питание n.; источник m. питания	Alimentation, f. (élect.)	Stromversorgung, f.
1877	Practicable	adj.	Feasible	Осуществимый adj.	Réalisable, adj.	Ausführbar, adj.

66

No	ENGLISH	USE	COMMENT	RUSSIAN	FRENCH	GERMAN
1878	Practical	adj.	Workable; businesslike	Практический *adj.*	Pratique, *adj.*	Praktisch, *adj.*
1879	Practice	n.	A regular or habitual manner	Практика *f.*	Pratique, *f.*	Gewohnheit, *f.*; übliches Verfahren, *n.*
1880	Practice	v.	To -- in a profession	Практиковать *v.*	Exercer, *v.* (une profession)	In die einen Beruf, *m.* ausüben
1881	Precaution	n.	Preparation	Предосторожность *f.*	Précaution, *f.*	Vorsichtsmaßnahme, *f.*
1882	Precious	adj.	Rare; valuable	Драгоценный *adj.*	Précieux, *adj.*	Kostbar, *adj.*
1883	Prefer (to)	v.	To give preference	Предпочитать *v.*	Préférer, *v.*	Eine Sache einer anderen vorziehen
1884	Preference	n.	Choice	Предпочтение *n.*	Préférence, *f.*	Vorzug, *m.*
1885	Prejudice	n.	Preconceived judgment	Предубеждение *n.*	Préjugé, *m.*	Vorurteil, *n.*
1886	Preliminary	adj.	Preceding	Предварительный *adj.*	Préliminaire, *adj.*	Einstweilig, *adj.*; vorläufig, *adj.*; vorübergehend, *adj.*
1887	Preliminary	n.	Prelude	Подготовка *f.*	Préliminaire, *m.*	Einleitung, *f.*
1888	Premium	n.	Amount paid in insurance	Страховая премия *f.*	Prime, *f.* d'assurance	Versicherungsprämie, *f.*
1889	Premium	n.	Additional charge	Премиальная надбавка *f.*	Prime, *f.*	Aufpreis, *m.*
1890	Preparation	n.	Making ready	Приготовление *n.*; подготовка *f.*	Préparation, *f.*	Vorbereitung, *f.*
1891	Prepare (to)	v.	To get ready for	Подготавливать *v.*	Préparer, *v.*	Vorbereiten, *v.*
1892	Present	adj.	Time	Настоящий *adj.*	Actuel, *adj.*; présent, *adj.*	Gegenwärtig, *adj.*
1893	Present	n.	Gift	Подарок *m.*	Cadeau, *m.*	Geschenk, *n.*
1894	Presentation	n.	Giving; show	Представление *n.*; доклад *m.*; показ *m.*	Présentation, *f.*	Darstellung, *f.*; Vorstellung, *f.*; Übergabe, *f.*
1895	Preserve (to)	v.	To sustain; conserve	Сохранять *v.*	Préserver; conserver, *v.*	Erhalten, *v.*
1896	President	n.	Chief executive	Президент *m.*	Président, *m.*	Präsident, *m.*; Vorsitzender, *m.*
1897	Press	phr.	Conference --	Пресс-конференция *f.*	Conférence, *f.* de presse	Pressekonferenz, *f.*
1898	Press	phr.	The --; media	Печать *f.*; пресса *f.*	La Presse, *f.*	die Presse, *f.* die Zeitungen, *f.pl.*
1899	Pressure	n.	Insistence; coercion	Давление *n.*	Pression, *f.*	Druck, *m.*
1900	Presume (to)	v.	To assume	Полагать *v.*; предполагать *v.*	Supposer, *v.*	Vermuten, *v.*
1901	Prevail (to)	v.	To be dominant	Преобладать *v.*; господствовать *v.*	Prévaloir, *v.*	Vorwiegen, *v.*; sich durchsetzen, *v.*
1902	Previous	adj.	Preceding	Предыдущий *adj.*	Précédent, *adj.*	Vorhergehend, *adj.*; früher, *adj.*
1903	Price	n.	Cost	Цена *f.*	Prix, *m.*; cours, *m.*	Preis, *m.*
1904	Price	phr.	-- adjustment	Пересмотр *m.* цен	Révision, *f.* des prix	Preisänderung, *f.*
1905	Price	n.	-- list	Прейскурант *m.*; ценник *m.*	Liste, *f* de prix	Preisliste, *f.*
1906	Price	n.	-- reduction	Уценка *f.*; снижение *n.* цены	Réduction, *f.* de prix	Preisermäßigung, *f.*
1907	Price	phr.	Asking --	Запрашиваемая цена *f.*	Prix, *m.* demandé	Angebotspreis, *m.*
1908	Price	phr.	List --	Прейскурантная цена *f.*	Prix, *n.* catalogue	Listenpreis, *m.*; Katalogpreis, *m.*
1909	Price	phr.	Wholesale --	Оптовая цена *f.*	Prix, *m.* de gros	Großhandelspreis, *m.*
1910	Prices	n.	Market values	Рыночная цена *f.*	Les cours, *m.pl.* de Bourse	Börsenpreise, *f.pl.*
1911	Primary	adj.	Important	Первичный *adj.*; первоначальный *adj.*; предварительный *adj.*	Premier, *adj.*; principal, *adj.*	Primär, *adj.*

No	ENGLISH	USE	COMMENT	RUSSIAN	FRENCH	GERMAN
1912	Primitive	adj.	Basic; beginning	Основной *adj.*; первичный *adj.*	Primitif, *adj.*	Primitiv, *adj.*; einfach, *adj.*
1913	Principal	n.	Capital	Капитал *m.*	Capital, *m.*; principal, *m.*	Kapital, *n.*
1914	Principal	n.	Person for another acts	Доверитель *m.*; участник *m.* договора	Mandant, *m.*	Chef, *m.*; Leiter, *m.*; Auftraggeber, *m.*
1915	Principle	n.	Ideal	Принцип *m.*	Principe, *m.*	Grundsatz, *m.*
1916	Print (to)	v.	To publish; copy; represent	Печатать *v.*	Imprimer, *v.*	Drucken, *v.*
1917	Printed	phr.	--circuit board; also PC board	Печатная плата *f.*	Carte, *f.* à circuit imprimé	Schaltkarte, *f.*
1918	Printed	phr.	-- circuit	Печатная схем *f.*	circuit imprimé	Gedruckte Schaltung
1919	Printer	phr.	Laser --	Лазерный принтер *m.*	Imprimante, *f.* (à) laser	Laserdrucker, *m.*
1920	Printer	n.	Computer peripheral	Принтер *m.*	Imprimante, *f.*	Drucker, *m.*
1921	Printer	n.	Printing service	Типография *f.*	Imprimeur, *m.*	Drucker, *m.*
1922	Printout	n.	Printed output	Распечатка *f.*	Impression, *f.*; sortie, *f.* d'imprimante	Ausdruck, *m.*
1923	Priority	n.	Of rank	Приоритет *m.*; порядок *m.* очередности	Priorité, *f.*	Rang, *m.*; Vorrang, *m.*
1924	Private	phr.	-- branch (telephone) exchange; also PBX	Частная телефонная станция *f.* с выходом в общую сеть	Commutateur, *m.* privé	Wählnebenstellenanlage, *f.*
1925	Private	adj.	Confidential	Частный *adj.*	Privé, *adj.*	Privat, *adj.*
1926	Privilege	n.	Prerogative	Привилегия *f.*	Privilège, *m.*	Vorrecht, *n.*
1927	Prize	n.	Award	Приз *m.*	Prix, *m.*	Preis, *m.*; *Prämie, f.*
1928	Pro	adv.	-- rata	Пропорционально *adv.*; соответственно *adv.*	Au prorata	anteilig, *adj.*
1929	Pro forma	phr.	-- invoice	Примерная фактура *f.*	Facture, *f.* pro forma	Proformarechnung, *f.*
1930	Probability	n.	Likelihood	Вероятность *f.*; возможность *f.*	Probabilité, *f.*	Wahrscheinlichkeit, *f.*
1931	Probe	n.	Testing device	Зонд *m.*; щуп *m.*	Sonde, *f.*; investigation, *f.*	Sonde, *f.*
1932	Problem	n.	Difficulty	Проблем *f.*; задача *f.*	Problème, *m.*	Problem, *n.*
1933	Procedure	n.	Process; approach	Процедура *f.*; процесс *m.*	Procédure, *f.*	Verfahren, *n.*
1934	Proceed (to)	v.	To continue	Продолжать *v.*	Continuer, *v.*	Fortfahren, *v.*
1935	Process	phr.	-- control	Управление *n.* технологическим процессом	Contrôle, *m.* du processus industriel	Prozeßregelung, *f.*; Produktionskontrolle, *f.*
1936	Process	n.	Procedure	Процесс *m.*; метод *m.*	Processus, *m.*	Prozeß, *m.* Verfahren, *n.*
1937	Process (to)	v.	To prepare	Обрабатывать *v.*	Préparer, *v.*	Verarbeiten, *v.*
1938	Processing	phr.	Information --	Обработка *f.* информации	Traitement, *m.* de l'information; Informatique	Datenverarbeitung, *f.*
1939	Processing	phr.	Real-time information --	Обработка *f.* данных в реальном масштабе времени	Traitement, *m.* en temps réel	Echtzeitbetrieb, *m.*
1940	Procurement	phr.	-- of equipment or material	Поставка *f.* оборудования	Approvisionnement, *m.* Obtention, *f.*	Materialbeschaffung, *f.*
1941	Produce	n.	Fruit / vegetables	Сельскохозяйственные продукты *m.pl*	Produit, *m.*	Landwirtschaftliches Erzeugnis, *n.*

No	ENGLISH	USE	COMMENT	RUSSIAN	FRENCH	GERMAN
1942	Produce (to)	v.	To cause; create	Вырабатывать v.; производить v.	Produire, v.; fabriquer, v.	Erzeugen; produzieren; herstellen, v.
1943	Producer	n.	Maker	Производитель v.	Producteur, m.	Hersteller, f.
1944	Producer	phr.	Low-cost --	Производитель v. с низкими издержками производства	Producteur, m. à faibles coûts	Billighersteller, m.; Produzent, m. mit den niedrigsten Selbstkosten
1945	Product	n.	Result	Продукция f.	Produit, m.	Erzeugnis, n.; fertige Ware, f.
1946	Production	phr.	-- costs	Издержки f.pl производства	Coût, m. de production	Produktionskosten, f.pl.
1947	Production	n.	Making	Производство n.	Production, f.	Erzeugung, f.; Herstellung, f.
1948	Production	phr.	Volume --	Поточно-массовое производство n.	Production, f. de masse	Massenproduktion, f.
1949	Production	phr.	-- capacity	Производственная мощность f.	Capacité, f. de production	Produktionskapazität, f.
1950	Productive	adj.	Creative; able	Производительный adj.	Productif, adj.	Produktiv, adj.; ertragsfähig, adj.
1951	Productivity	n.	Fruitfulness	Производительность f.	Productivité, f.	Ertragsfähigkeit, f.; Produktivität, f.; Leistungsfähigkeit, f.;
1952	Profession	n.	Vocation	Профессия f.	Profession, f.; métier, m.	Beruf, m.; Berufszweig, m.
1953	Professional	n.	Accomplished	Профессионал m.	Professionnel	Beruflich, adj.; fachmännisch, adj.
1954	Proficiency	n.	Ability	Умение n.; мастерство n.	Compétence, f.	Tüchtigkeit, f.
1955	Profile	n.	Summary	Краткий биографический очерк m.	Profil, m.	Aufgabenbereich, m.; kurze biographische Skizze, f.
1956	Profit	phr.	-- and loss statement(UK); income statement (US)	Документы m.pl. о прибыли и убытках	Compte, m. de résultats; compte, m. d'exploitation générale	Gewinn-und Verlustrechnung, f.
1957	Profit	phr.	-- margin	Процентная прибыль f.; разница f. между доходами и расходами	Marge, f. bénéficiaire	Gewinnspanne, f.
1958	Profit	n.	Positive company results	Прибыль f.	Bénéfice, m.	Gewinn, m.
1959	Profit	phr.	Net --	Чистый доход m.; чистая прибыль f.	Bénéfice, m. net	Reingewinn, m.
1960	Profit	phr.	-- center	Структурное подразделение n.	Centre, m. de profit	Gewinn- und Verlusteinheit, f.
1961	Profit-sharing	adj.	-- among employees	Участие n. рабочих в разделе прибыли фирмы	Intéressement, m. du personnel	Am Gewinn beteiligt
1962	Profitability	n.	Ability to make profits	Доходность f.; прибыльность f.; рентабельность f.	Rentabilité, f.	Rentabilität, f.
1963	Profitable	adj.	Gainful; paying	Доходный adj.; прибыльный adj.; рентабельный adj.	Rentable, adj.	Rentabel, adj.; Gewinnbringend, adj.; lohnend, adj.
1964	Program	n.	Plan	Программа f.; план m.	Programme, m.	Programm, n.
1965	Program (to)	v.	To write computer programs	Программировать v.	Programmer, v.	Programmieren, v.

No	ENGLISH	USE	COMMENT	RUSSIAN	FRENCH	GERMAN
1966	Programmer	phr.	Computer --	Программист m.	Programmeur, m.	Programmierer, m.
1967	Programming	phr.	Computer --	Программирование n.	Programmation, f.	Programmierung, f.
1968	Progress	n.	State of work or project	Ход m. работы	Avancement, m. d'un projet	Stand m. des Fortschritts (eines Projektes); Fortschreiten, n.
1969	Progress	n.	Advance; development	Прогресс m.	Progrès, m.	Fortschritt, m.
1970	Prohibit (to)	v.	To forbid; restrain	Запрещать v.	Prohiber, v.; interdire, v.; empêcher, v.	Jdm. verbieten (untersagen) etw. zu tun, v.
1971	Project	n.	Plan; undertaking	Проект m.	Project, m.; plan, m.	Vorhaben, n.; Projekt, n.; Plan, m.
1972	Promise	n.	Assurance	Обещание n.	Promesse, f.	Versprechung, f.; Zusicherung, f.
1973	Promise (to)	v.	To assure	Обещать v.	Promettre, v.	Jdm. etw versprechen, v.
1974	Promote (to)	v.	To advance	Продвигать v.; повышать v.; содействовать v.	Promouvoir, v.; encourager, v.	Begünstigen, v.; befördern, v.
1975	Promotion	phr.	Sales --	Реклама f.	Promotion, f. des ventes	Verkaufsförderung, f.
1976	Prompt	adj.	Punctual; rapid	Исполнительный adj.; быстрый adj.	Ponctuel, adj. rapide, adj.	Schnell, adj.; pünktlich, adj.
1977	Property	phr.	-- of the State	Государственная собственность f.	Propriété, f. publique; domaine, m. public	Staatseigentum, n.
1978	Property	n.	Possession; holdings	Собственность f.; имущество	Biens, m.pl.	Eigentum, n.; Vermögen, n.
1979	Property	phr.	Intellectual --	Интеллектуальная собственность f.	Propriété, f. intellectuelle	Geistiges Eigentum, n.
1980	Proportion	n.	Ratio	Соотношение n.; пропорция f.	Proportion, f.	Proportion, f.; Verhältnis, n.
1981	Proposal	n.	Offer; project	Предложение n.; заявка f.	Proposition, f.	Vorschlag, m.
1982	Proposition	n.	Proposal	Предложение n.; заявление n.	Proposition, f.	Aufgabe, f.; Plan, m.
1983	Proprietary	adj.	-- products	Запатентованные изделие n.; фирменное изделие n.	Produits, m.pl. bretevés	Markenartikel, m.
1984	Proprietor	n.	Owner	Владелец m.; собственник m.	Propriétaire, m./f.	Eigentümer, m.
1985	Prospectus	n.	Intention	Проспект m.	Prospectus, m.	Prospekt, m.
1986	Prosperity	n.	Success	Процветание n.	Prospérité, f.	Wohlstand, m.
1987	Protect (to)	v.	to cover; shield	Предохранять v.; защищать v.	Protéger, v.; défendre, v.	Schützen, v.
1988	Protection	n.	Security; precaution	Защита f.; предосторожность f.	Protection, f.	Schutz, m.
1989	Protest	n.	Objection	Протест m.	Protêt, m.; protestation, f.	Protest, m.; Widerspruch, m.
1990	Protest (to)	v.	To object	Протестовать v.	Protester, v.	protestieren, v.
1991	Protocol	n.	Etiquette	Протокол m.	Protocole, m.	Protokoll, n.
1992	Prototype	n.	Original	Прототип m.	Prototype, m.	Muster, n.
1993	Prove (to)	v.	To demonstrate	Доказывать v.; обосновывать v.	Prouver, v.; démontrer, v.	Nachweisen, v.; belegen, v.
1994	Provide (to)	v.	To furnish	Обеспечивать v.; снабжать v.	Pourvoir, v.; fournir, v.	Versehen, v.; versorgen, v.
1995	Provision	n.	Stipulation	Обеспечение n.; снабжение n.	Clause, f.	Vorschrift, f.; Bestimmung, f.
1996	Proxy	n.	Substitute	Доверенный adj.; уполномоченный m.	Fondé, m. de pouvoir	Bevollmächtiger Vertreter, m.

70

No	ENGLISH	USE	COMMENT	RUSSIAN	FRENCH	GERMAN
1997	Public	phr.	-- relations; also PR	Общественные отношения n.pl.	Relations, f.pl. publiques	Öffentlichkeitsarbeit, f. (PR)
1998	Public	phr.	-- utilities	Коммунальные услуги f.pl.	Services, m.pl. publics	Öffentliche Einrichtung, f.; Versorgungsbetrieb, m.
1999	Public	adj.	Communal	Общественный adj.	Public	Öffentlich, adj.
2000	Publication	n.	Printing	Издание n.	Ouvrage, m.; publication, f.	Veröffentlichung, f.
2001	Publication	n.	News	Публикация f.	Parution, f.	Bekanntmachung, f.
2002	Publicity	n.	Exposure	Гласность f.; реклама f.	Publicité, f.	Werbung, f.; Propaganda, f.
2003	Publisher	n.	Person bringing out printed works	Издатель m.	Éditeur, m.	Verleger, m.
2004	Punctual	adv.	Prompt	Пунктуальный adj.; точный adj.	Ponctuel, adj.	Pünktlich, adj.; rechtzeitig, adj.
2005	Punctuality	n.	Promptness	Пунктуальность v.; точность f.	Ponctualité, f.	Pünktlichkeit, f.
2006	Purchase	n.	Buying	Купля f.; покупка f.; закупка f.	Achat, m.	Kauf, m.; Einkauf, m.
2007	Purchase (to)	v.	To buy	Покупать v.; закупать v.; приобретать v.	Acheter, v.	Einkaufen, v.
2008	Purchaser	phr.	Buyer	Покупатель m.	Acheteur, m.	Käufer, m.
2009	Purchasing	phr.	-- power	Покупательная способность f.	Pouvoir, m. (capacité, f.) d'achat	Kaufkraft, f.
2010	Purification	n.	Refining	Очистка f.; очищение n.	Purification, f.	Purifikation, f.
2011	Purpose	n.	Object	Цель f.; намерение n.	Objet, m.; but, m.	Zweck, m.; Ziel, n.
2012	Pursue (to)	v.	Follow	Преследовать v.	Poursuivre, v.	Etw. betreiben, v.; ausüben, v.
2013	Pursuit	n.	Following	Поиск m.	Poursuite, f.; recherche, f.	Ausübung, f.

No	ENGLISH	USE	COMMENT	RUSSIAN	FRENCH	GERMAN

Q

2014	Qualification	n.	Competence	Квалификация f.	Qualification, f.; compétence, f.	Qualifizierung, f.
2015	Qualitative	phr.	-- analysis	Качественный анализ m.	Analyse, f. qualitative	Qualitative Analyse, f.
2016	Qualitative	adj.		Качественный adj.	Qualitatif, adj.	Qualitativ, adj.
2017	Quality	phr.	-- control	Контроль m. качества	Contrôle, m. de qualité	Qualitätskontrolle, f.
2018	Quality	phr.	Certificate of	Сертификат m. гарантии качества	Qualité, f. garantie; label, m. de qualité	Qualitätsbescheinigung, f.
2019	Quality	phr.	Highest	Высшее качество n.	De première qualité	Spitzenqualität, f.; Spitzensorte, f.
2020	Quality	n.	Characteristic	Качество n.	Qualité, f.	Qualität, f.; Güte, f.
2021	Quality	phr.	First --	Первый сорт m.	Première qualité, f.	Erste Qualität, f.
2022	Quantitative	phr.	-- analysis	Количественный анализ m.	Analyse, f. quantitative	Quantitative Analyse, f.
2023	Quantitative	adj.		Количественный adj.	Quantitatif, adj.	Quantitativ, adj.
2024	Quantity	n.	Amount	Количество n.	Quantité, f.	Quantität, f.
2025	Quarter	n.	fiscal -- of a year	Квартал m.	Trimestre, m. comptable	Vierteljahr, n.
2026	Quarterly	adv.	Every quarter	Ежеквартально adv.	Trimestriellement, adv.	Vierteljährlich, adj.
2027	Query	n.	Question	Вопрос m.	Question, f.; doute, m.	Rückfrage, f.
2028	Question (to)	v.	To ask	Спрашивать v.; задавать v. вопрос	Questionner, v.; interroger, v.	Fragen, v.
2029	Questionable	adj.	Doubtful	Сомнительный adj.	Douteux; contestable, adj.	Fraglich, adj.
2030	Queue	n.	Line up	Очередь m.	File, f.; Queue, f.	Reihe, f.; Schlange, f.
2031	Quiet	adj.	Calm	Тихий adj.; спокойный adj.	Calme	Ruhig, adj.
2032	Quorum	n.	Legal number required	Кворум m.	Quorum, m.	Beschlußfähigkeit, f.
2033	Quota	n.	Fixed proportion	Квота f.	Quote-part, f.	Kontingent, n.; Quote, f.
2034	Quotation	n.	Estimate of cost	Цена f.; расценка f.	Cotation, f.; cours, m.	Preisangebot, n.

72

No	ENGLISH	USE	COMMENT	RUSSIAN	FRENCH	GERMAN

R

No	ENGLISH	USE	COMMENT	RUSSIAN	FRENCH	GERMAN
2035	Radio	n.	Device	Радио n.	Radio, f.	Radio, n.
2036	Railroad	n.		Железная дорога f.	Chemin, m. de fer	Eisenbahn, f.
2037	Railway	n.		Железная дорога f.	Chemin, m. de fer	Eisenbahn, f.
2038	Raise (to)	v.	To obtain	Получать v.; добывать v.	Augmenter, v.; relever, v.	Erheben, v.; sammeln, v.
2039	Raise	n.	In salary	Повышение n. заработанной платы	Augmentation, f. de salaire	Gehaltserhöhung, f.
2040	Ramification	n.	Consequence	Разветвление n.; ответвление n.	Conséquences, f.pl.	Abzweigung., f.; Zweiggesellschaft, f.
2041	Random	phr.	At --	Наугад adv.; случайно adv.	Au hasard	Aufs Geratewohl; durch Zufall, m.
2042	Range	n.	Selection	Набор m.; ассортимент m.	Éventail, m.; gamme, f.	Auswahl, f.; Bereich, m.
2043	Rank	n.	Standing	Ранг m.	Rang, m.	Rang, m.
2044	Rank (to)	v.	To evaluate	Классифицировать v.; оценивать v.	Prendre, v. rang; évaluer, v.	Einen Rang einnehmen
2045	Ranking	n.	Hierarchy	Ранжирование n.	Classement, m.; hiérachie, f.	Reihenfolge, f.
2046	Rate	phr.	-- of exchange	Курс m. обмена	Taux, m. de change	Wechselkurs, m.
2047	Rate	phr.	-- of interest	Процентная ставка f.	Taux, m. d'intérêt	Zinssatz, m.
2048	Rate	n.	Speed	Скорость f.	Allure, f.	Geschwindigkeit, f.
2049	Rate (to)	v.	To estimate	Оценивать v.; расценивать v.	Évaluer, v.	Einschätzen, v.
2050	Rating	n.	Evaluation	Определение n. стоимости; оценка f.	Évaluation, f.	Bewertung, f.
2051	Ratio	n.	Proportion	Относительный показатель m.	Proportion, f.	Verhältnis, n.
2052	Ration	n.	Food	Продовольствие n.	Ration, f.	Ration, f.
2053	Rational	adj.	Reasoning	Рациональный adj.; разумный adj.	Rationnel, adj.	Rationell, adj.
2054	Rationale	n.	Explanation	Основная причина f.; логическое обоснование n.	Raisonnement, m.; idée, f. d'origine	Logische f.; Grundlage, f.
2055	Raw	phr.	-- materials	Сырьё n.	Matières, f.pl. premières	Rohstoffe, m.pl.
2056	Reinforcement	n.	Strengthening	Армирование n. усиление n.	Renforcement, m.; armature, f.	Verstärkung, f.
2057	Reach (to)	v.	To attain	Достигать v.	Atteindre, v.	Erreichen, v.
2058	Reaction	n.	Response	Реакция f.	Réaction, f.	Reaktion, f.
2059	Reactor	n.		Реактор m.	Réacteur, m.	Reaktor, m.
2060	Ready	adj.	Prepared	Готовый adj.	Prêt, adj.	Bereit, adj.; fertig, adj.
2061	Real	adj.	Actual	Реальный adj.	Réel, adj.; véritable, adj.	Wirklich, adj.; effektiv, adj.
2062	Real	phr.	-- estate	Недвижимость f.	L'immobilier	Grundeigentum, n.
2063	Real	phr.	-- time	Реальное время n.	Temps, m. réel	Echtzeit, f.
2064	Real-time	phr.	-- information processing	Обработка f. информации в реальном масштабе времени	Traitement, m. en temps réel de l'information	Echtzeitbetrieb, m.; Datenverarbeitung, f. in Echtzeit
2065	Reality	n.	Actuality	Реальность f.	Réalité, f.	Wirklichkeit, f.
2066	Realization	n.	Achievement	Осуществление n.; реализация f.	Réalisation, f.	Verwirklichung, f.; Realisierung, f.
2067	Reason	n.	Ground or cause	Причина f.	Motif, m.; raison, f.	Grund, m.
2068	Reason (to)	v.	To argue, contend	Доказывать v.; рассуждать v.	Raisonner, v.	Argumentieren, v.; diskutieren, v.

No	ENGLISH	USE	COMMENT	RUSSIAN	FRENCH	GERMAN
2069	Rebate	n.	Discount	Скидка *f.*; уступка *f.*	Rabais, *m.*; remise, *f.*; ristourne, *f.*	Nachlaß, *m.*; Preisabschlag, *m.*
2070	Recapitulate (to)	v.	To repeat; to summarize	Повторять *v.*; резюмировать *v.*	Récapituler, *v.*	Zusammenfassen, *v.*; rekapitulieren, *v.*
2071	Receipt	n.	Acknowledgment	Расписка *f.*; квитанция *f.*	Reçu, *m.*	Quittung, *f.*
2072	Receipt	n.	Of money	Приход *m.*; получение *n.* денег	Réception, *f.*; recette, *f.*	Empfang, *m.* von Geld
2073	Receivables (US)	n.	debtors (UK)	Подлежащий уплате счет *m.*	Créances, *f.pl.* clients, *m.pl.*	Aktivschulden; Forderungen, *f.pl.*
2074	Receive (to)	v.	To get; obtain	Получать *v.*	Recevoir, *v.*	Empfangen, *v.*
2075	Recession	n.	Economic	Спад *m.*	Récession, *f.*	Rezession, *f.*
2076	Reciprocity	n.	Interchange	Взаимность *f.*; взаимный обмен *m.*	Réciprocité, *f.*	Gegenseitigkeit, *f.*; glauben, *v.*
2077	Reckon (to)	v.	Estimate	Считать *v.*; предполагать *v.*	Compter; estimer, *v.*	Rechnen
2078	Recognition	n.	Acknowledgement	Признание *n.*	Considération, *f.*; reconnaissance, *f.*	Anerkennung, *f.*
2079	Recommend (to)	v.	To support, advise	Рекомендовать *v.*	Recommander, *v.*	Empfehlen, *v.*
2080	Recommendation	n.	Advice	Рекомендация *f.*	Recommandation, *f.*	Empfehlung, *f.*
2081	Recompense	n.	Remuneration	Компенсация *f.*; вознаграждение *n.*	Dédommagement, *m.*; récompense, *f.*	Entschädigung, *f.*
2082	Reconcile (to)	v.	To cause to agree	Улаживать *v.*; согласовывать *v.*	Concilier, *v.*; réconcilier, *v.*	miteinander in Einklang bringen; versöhnen, *v.*
2083	Record	n.	Written note	Запись *f.*; учёт *m.*; регистрация *f.*	Note, *f.*; enregistrement, *m.*	Aufzeichnung, *f.*; Eintrag, *m.*
2084	Record (to)	v.	To document	Регистрировать *v.*	Enregistrer, *v.*	Aufzeichnen, *v.*
2085	Recorder	phr.	Tape cassette	Магнитофон *m.*	Magnétophone, *m.*	Tonbandgerät, *m.*
2086	Records	n.pl.	Files	Записи *f.pl.*; протоколы *m.pl.*	Archives, *f.pl.*; dossiers, *m.pl.*	Akten, *m.pl.*; Verhandlungen, *f.pl.*
2087	Recoup.(to)	v.	To recover	Возвращать *v.*; компенсировать *v.*	Récupérer, *v.*; dédommager, *v.*	Seine Auslagen wiederherunbringen
2088	Recover (to)	v.	To regain	Получать *v.* обратно; взыскивать *v.*	Recouvrer, *v.*; récupérer, *v.*	Wiederbekommen, *v.*
2089	Recovery	n.	Recuperation	Восстановление *n.*; возмещение *n.*	Récupération, *f.*; recouvrement, *m.*	Wiedergewinnung, *f.*
2090	Recycle (to)	v.	To re-use waste materials	Рециркулировать *v.*; повторно использовать *v.*	Recycler, *v.*	Wiederverwenden, *v.*; recykeln
2091	Red	phr.	To be in the --; to be making losses	Быть *v.* в долгах	Être dans le rouge; à découvert	Verluste machen; Rote Zahlen schreiben
2092	Red tape	phr.	Bureaucracy	Канцелярская волокита *f.*; бюрократизм *m.*	Paperasserie, *f.*	Amtsschimmel, *m.*; Bürokratie, *f.*
2093	Redemption	n.	Reimbursement	Выкуп *m.*	Remboursement, *m.*; retrait, *m.*	Rückkauf, *m.*; Tilgung, *f.*
2094	Reduce (to)	v.		Сокращать *v.*	Réduire, *v.*	Ermäßigen, *v.*; vermindern, *v.*
2095	Reduced	phr.	-- value	Уценка *f.*; понижение *n.* цены	Valeur, *f.* réduite	Reduzierter Wert, *m.*
2096	Reduction	n.	Discount; diminution	Сокращение *n.*; уменьшение *n.*	Réduction, *f.*; diminution, *f.*	Ermäßigigung
2097	Redundancy	n.	Excess	Избыточность *f.*; чрезмерность *f.*	Redondance, *f.*	Überschuß, *m.*
2098	Reference	n.	Referral	Отзыв *m.*	Référence, *f.*	Referenz, *f.*
2099	Reform	n.	Change	Реформа *f.*	Réforme, *f.*	Reform, *f.*
2100	Refusal	n.	Rejection; opposition	Отказ *m.*	Refus, *m.*	Ablehnung, *f.*; versagung, *f.*

No	ENGLISH	USE	COMMENT	RUSSIAN	FRENCH	GERMAN
2101	Refuse (to)	v.	To reject	Отказывать v.	Rejeter, v.; refuser, v.	Verweigern, v.
2102	Region	n.	Area; district	Район m.	Région, f.	Gebiet, n.
2103	Regional	adj.	Locational	Региональный adj.; районный adj.	Régional, adj.	Örtlich, adj.
2104	Register (to)	v.	To enter on an official record	Регистрировать v.	Enregistrer, v.	Eintragen, v.; einschreiben, v.
2105	Registered	phr.	To send by -- mail	Отправить v. заказным письмом	Envoyer en recommandé	per Einschreiben schicken
2106	Registered	n.	-- letter	Заказное письмо n.	Lettre, f. recommandée	Eingeschriebener Brief, m.
2107	Registration	n.	Recording	Регистрация f.	Enregistrement, m.	Eintragung, f.
2108	Registry	n.	Office	Регистратура f.; регистрационное бюро n.	Bureau, m. de l'enregistrement	Registerbehörde, f.
2109	Regular	adj.	According to established rules	Регулярный adj.; обычный adj.	Régulier, adj.	Regelgemäß, adj.; ordnungsgemäß
2110	Regularly	adv.	Habitually; normally	Равномерно adv.; регулярно adv.	Régulièrement, adv.	Regelmäßig, adv.
2111	Regulation	n.	Control	Регулирование n.; управление n.	Règlementation, f.; règlement, m.	Regulierung, f.; Vorschrift, f.; Durchführungs- bestimmungen, f.pl.
2112	Reimburse (to)	v.	To pay back	Возмещать v.; возвращать v.	Rembourser, v.	Zurückzahlen, v.; zurückerstatten, v.
2113	Reinvest (to)	v.	To increase investment	Реинвестировать v.	Réinvestir, v.	(Geld) wiederanlegen, v.
2114	Reject	n.	Repudiation	Брак m.	Rebut, m.	Zurückweisung, f.; Ablehnung, f.
2115	Reject (to)	v.	To refuse	Браковать v.; отклонять v.	Refuser, v.; rebuter, v.	Aussondern, v.
2116	Rejection	n.	Refusal	Отказ m.	Rejet, m.; refus, m.	Zurückweisung, f.; Annahme- verweigerung, f.
2117	Relationship	n.	Connection	Отношение n.; связь f.	Relation, f.	Beziehung, f.
2118	Relevant	adj.	Pertinent	Относящийся adj. к делу; уместный adj.	Approprié, adj.	Erheblich, adj.
2119	Reliability	n.	Trustworthiness	Надёжность f.	Fiabilité, f.	Zuverlässigkeit, f.
2120	Relinquish (to)	v.	To abandon	Отказываться v.	Abandonner, v.	Aufgeben, v.
2121	Remainder	n.	Suplus; residue	Остаток m.	Reste, m.; solde, m.	Rest, m.
2122	Remember (to)	v.	To recall	Помнить v.	Se souvenir, v. de qch.	Sich erinnern, v. an
2123	Remit (to)	v.	To transfer funds	Ремитировать v.; переводить v. (деньги)	Remettre, v.; verser, v.	Überweisen, v.
2124	Remittance	n.	Transfer of funds	Ремитирование n.; перевод m. денег	Versement, m.	Überweisung, f.
2125	Remote control	phr.	Control from a distance	Телеуправление n.; дистанционное управление n.	Commande, f. à distance; Télécommande, f.	Fernbedienung, f.; Fernsteurung, f.
2126	Removal	n.	Taking away	Удаление n.; смещение n.	Enlèvement, m.	Entfernung, f.
2127	Remove (to)	v.	To take away	Убирать v.; удалять v.	Enlever, v.	Entfernen, v.
2128	Remuneration	n.	Recompense	Оплата f.; вознаграждение n.	Rémunération, f.	Vergütung, f.
2129	Renew (to)	v.	To revive; renovate	Обновлять v.	Renouveler, v.	Erneuern, v.
2130	Rent	n.	-- money	Аренднаяплата f.	Loyer, m.	Miete, f.
2131	Rent (to)	v.	To hire	Сдавать v. аренду	Louer, v.	Etw. mieten, v.
2132	Rental	n.	Income from --	Рентный доход m.	Loyer, m.	Miete, f.

No	ENGLISH	USE	COMMENT	RUSSIAN	FRENCH	GERMAN
2133	Reorder	n.	Replacement order	Повторный заказ m.; возобновлённый заказ m.	Réapprovisionnement, m.	Nachbestellung, f.
2134	Reorder (to)	v.	To renew an order	Повторять v. заказ; возобновлять v. заказ	Renouveler une commande	einen Auftrag erneuern
2135	Reorganization	n.	Restructuring	Реорганизация f.	Réorganisation, f.	Neugestaltung, f.; Neuordnung, f.
2136	Repair	n.	Restoration to working condition	Ремонт m.	Réparation, f.	Reparatur, f.
2137	Repatriate (to)	v.	To send home	Репатриировать v	Rapatrier, v.	In das Heimatland zurücksenden
2138	Repatriation	n.	To send home	Репатриация f.	Rapatriement, m.	Repatriierung, f.
2139	Repay (to)	v.	To recompense	Возмещать v.; компенсировать v.	Récompenser, v.; rembourser, v.	Zurückzahlen, v.
2140	Repayment	n.	Reimbursement	Возмещение n.; выплата f.	Remboursement, m.	Rückzahlung, f.; Tilgung, f.
2141	Replace (to)	v.	To provide a substitute for	Заменять v.	Remplacer, v.	An jds. Stelle treten; jdn ersetzen, v.
2142	Replacement	n.	Successor	Преемник m.; замена f.	Remplacement, m.	Ernennung, f. eines Nachfolgers; Ersatz, m.
2143	Reply	n.	Answer	Ответ m.	Réponse, f.	Antwort, f.
2144	Reply (to)	v.	To answer	Отвечать v.	Répondre, v.	Antworten, v.
2145	Report	n.	Written document	Доклад m.	Rapport, m.; compte, m. rendu	Bericht, m.
2146	Report (to)	v.	To relate	Сообщать v.; докладывать v.	Rapporter, v.; faire un compte rendu	Etw. berichten, v.
2147	Report	phr.	Annual --	Годовой отчёт m.	Rapport, m. annuel	Geschäftsbericht, m.
2148	Repository	n.	Store	Склад m.; хранилище n.	Dépôt, m.; entrepôt, m.	Warenlager, n.; Niederlassung, f.
2149	Represent (to)	v.	To speak/act for s.o.	Представлять v.	Représenter, v.	Vertreten, v.
2150	Representation	n.	Delegation	Представительство n.	Représentation, f.	Vertretung, f.
2151	Representative	adj.	Indicative	Представительный adj.	Représentatif, adj.	Repräsentativ, adj.
2152	Representative	n.	Deputy; model	Представитель m.	Représentant, m.	Vertreter, m.
2153	Representative	n.	Distributor of products	Торговый представитель m.	Représentant, m. de commerce	Verkaufsvertreter, m.
2154	Reproduce	v.	To copy	Воспроизводить v.	Reproduire, v.	Kopieren, v.
2155	Reproduction	n.	Copy; duplication	Воспроизведение n.	Reproduction, f.	Kopie, f.; Reproduktion, f.
2156	Repudiate (to)	v.	To cancel	Аннулировать v.	Répudier, v.	Zurückweisen, v.; verweigern, v.
2157	Reputable	adj.	Of good reputation	Уважаемый adj.	De bonne réputation	Von gutem Ruf, m.; angesehen, adj.
2158	Reputation	n.	Respectable	Репутация f.	Réputation, f.	Ruf, m.
2159	Request	n.	Proposal	Запрос m.; просьба f.	Demande, f.	Ersuchen, n.; Bitte, f.; Nachfrage, f.
2160	Require (to)	v.	To need	Нуждаться v.	Exiger, v.	Verlangen, v.; benötigen, v.
2161	Requirement	n.	Demand	Требование n.	Exigence, f.; condition, f.	Anforderung, f.; Bedarf, m.
2162	Research.	n.	Investigation	Исследование n.	Recherche, f.pl.	Forschung, f.
2163	Research and development	phr.	Also R&D	Исследование n. и разработка f.	Recherche, f. et développement (R&D)	Forschung und Entwicklung
2164	Researcher	n.	Experimenter; seeker	Исследователь m.	Chercheur, m.	Forscher, m.;

No	ENGLISH	USE	COMMENT	RUSSIAN	FRENCH	GERMAN
2165	Resell (to)	v.	To sell again/on	Перепродавать v.	Revendre, v.	Wiederverkaufen, v.
2166	Reservation	n.	A reserved place	Резервирование n.	Réservation, f.	Reservierung, f.
2167	Reserve	n.	Supply	Резерв m.; запас m.	Réserve, f.; stock, m.	Reserve, f.
2168	Reserve (to)	v.	Allot; save	Резервировать v.; бронировать v.	Réserver, v.	Etw. reservieren, v.
2169	Resident	adj.	Intrinsic	Постоянно проживающий adj.	Résidant, adj.	Resident, adj.
2170	Resign (to)	v.	To step down from a post	Уходить v. в отставку/на пенсию	Démissionner, v.	Zurücktreten, v.
2171	Resignation	n.	Abandonment	Отставка f.	Démission, f.	Rücktritt, m.
2172	Resources	n.pl.	Available supply, stock	Ресурсы m.pl.; запасы m.pl.	Ressources, f.pl.	Reserve, f.
2173	Respect	n.	Esteem	Уважение m.	Respect, m.	Achtung, f.
2174	Responsibility	n.	Duty	Ответственность f.	Responsabilité, f.	Verantwortlichkeit, f. Verantwortung, f.
2175	Responsible	adj.	Answerable	Ответственное лицо n.	Responsable, adj.	Verantwortlich
2176	Restaurant	n.	Eating establishment	Ресторан m.	Restaurant, m.	Restaurant, n.
2177	Restrict (to)	v.	To limit	Ограничивать v.	Restreindre, v.	Einschränken, v.
2178	Restriction	n.	Limitation	Ограничение n.	Restriction, f.	Einschränkung, f.
2179	Result	n.	Effect	Результат m.; следствие n.	Résultat, m.	Ergebnis, n.; Resultat, n.; Folge, f.
2180	Result (to)	v.	To be the effect of	Следовать v.; проистекать v. из чего-либо	Résulter, v.	Sich ergeben, v.; resultieren, v.
2181	Resume (to)	v.	To continue	Продолжать v.; возобновлять v.	Reprendre	Wiederaufnehmen, v.
2182	Resumé	n.	Curriculum vitae	Послужной список m.	Curriculum vitae, m.; CV	Lebenslauf, m.
2183	Retail	n.	Commercial	Розничный adj.	Commerce, m. de détail	Einzelhandel-
2184	Retail	phr.	-- prices	Розничные цены f.pl.	Prix, m. de détail	Einzelhandelhandelspreise, m.pl.
2185	Retail	phr.	-- sale	Розничная продажа f.	Vente, f. au détail	Einzelverkauf, m.
2186	Retail	n.	Sale	Розница f.	Vente, f. au détail; le détail, m.	Einzelhandel, m.
2187	Retail	phr.	To sell by --	Продавать v. в розницу	Vendre, v. au détail	Im Detail verkaufen
2188	Retailer	n.	Merchant or shop	Розничный торговец m.	Détaillant, m.	Einzelhändler, m.
2189	Retire (to)	v.	To take retirement	Уходить v. на пенсию	Prendre, v. sa retraite	Sich pensionieren lassen, v.
2190	Retire (to)	v.	To withdraw s.t. from circulation	Выводить v. из эксплуатации	Retirer, v. de la circulation	Aus dem Verkehr ziehen
2191	Retirement	n.	S.o. stops working.	Отставка f.; выход m. на пенсию	Retraite, f.	Pensionierung, f.; Ausscheiden, n.
2192	Retrench (to)	v.	To cut back	Сокращать v.; урезывать v.	Restreindre, v.; réduire, v.; faire des économies	Ausgaben kürzen
2193	Retrieve (to)	v.	To recover	Возвращать v.; восстанавливать v.	Récupérer, v.	Wiedererlangen, v.
2194	Retroactive	adj.	Back	Имеющий adj. обратное действие	Rétroactif, adj.	Rückwirkend, adj.
2195	Return	phr.	-- on investment; (ROI)	Доход m. от вложенных денег	Retour, m. sur investissements; Taux de rentabilité interne (TRI)	Kapitalverzinsung, f.

77

No	ENGLISH	USE	COMMENT	RUSSIAN	FRENCH	GERMAN
2196	Return	n.	Coming back	Возвращение n.	Retour, m.	Rückkehr, f.
2197	Return	n.	Yield	Прибыль f.	Rendement, m.	Kapitalertrag, m.
2198	Return (to)	v.	To come back	Возвращаться v.	Revenir, v.	Zurückkehren, v.
2199	Return(s)	n.	Receipts	Прибыль f.; доход m.	Retour, m.; recette, f.	Ertrag, m.
2200	Return (to)	v.	To yield as profit	Приносить v. прибыль	Rapporter, v.	Einbringen, v.
2201	Revalue (to)	v.	Attach a new value	Ревальвировать v.	Réévaluer, v.	Neu bewerten, v.
2202	Revenues	n.	Sales; takings	Доход m.	Revenus, m.pl.; recettes, f.pl.	Einkünfte, pl.; Einkommen, n.
2203	Reversal	n.	Conversion to the opposite	Полная перемена f.; поворот m. на 180 градусов	Inversion, f.; renversement, m.	Umkehrung, f.; Stornierung, f.
2204	Reverse (to)	v.	To turn around	Поворачивать v.	Renverser, v.	Umkehren, v.
2205	Review	n.	Examination	Пересмотр m.	Révision, f.	Nachprüfung, f.
2206	Review (to)	v.	To examine	Пересматривать v.	Revoir, v.; réviser, v.	Durchsehen, v.
2207	Revision	n.	Change	Ревизия f.; пересмотр m.	Révision, f.	Revision, f.
2208	Reward	n.	Recompense	Премия f.; награда f.; вознаграждение m.	Récompense, f.	Belohnung, f.
2209	Reward (to)	v.	To remunerate	Награждать v.; вознаграждать v.	Récompenser	Jdn. für etw. belohnen, v.
2210	Right	adj.	Just; correct	Правильный adj.; справедливый adj.	Juste, adj.	Richtig
2211	Right	n.	Entitlement	Право n.	Droit, m.	Recht, n.
2212	Rigid	adj.	Stiff	Жёсткий adj.	Rigide, adj.	Starr, adj.; steif, adj.
2213	Rise	n.	Ascent	Подъём m.	Augmentation, f.; élévation, f.	Steigerung, f.
2214	Rise (to)	v.	To ascend	Подниматься v.	S'élever, v.; monter, v.	Steigen, v.
2215	Risk	n.	Danger	Риск m.	Risques, m.pl.	Risiko, n.
2216	Risk (to)	v.	To defy danger	Рисковать v.	Risquer, v.	Riskieren, v.
2217	Rival	n.	Competition	Соперник m.	Concurrent, m.; rival, m.	Konkurrent, m.
2218	Robotics	n.		Робототехника f.	Robotique, f.	Robotertechnik, f.
2219	Rolling	n.	-- mill (steel)	Прокатный стан m.	Laminoir, m.	Walzwerkbetrieb, m.
2220	Rotation	n.	Revolution	Поворот m.; вращение n.	Rotation, f.	Turnus, m.; Umdrehung, f.; geregelter Stellenwechsel, m.
2221	Rouble	n.	Also ruble	Рубль m.	Rouble, m.	Rubel, m.
2222	Round	n.	Cycle; circuit	Оборот m.	Tour, m.	Runde, f.
2223	Route	n.	Path; way	Трасса f.; маршрут m.	Route, f.	Weg, m.
2224	Routine	n.	Regular course of action	Установившаяся практика f.	Routine, f.	Gewöhnlicher Tageslauf, m.; Arbeitsablauf, m.; Routine
2225	Royalty	n.	A fee for use	Авторский гонорар m.; роялти	Redevance, f.; droits d'auteur, f.	Lizenzgebühr, f.
2226	Rubber	n.	Material	Каучук m.	Caoutchouc, m.	Gummi, m.ou n.
2227	Ruggedness	n.	Strength; durability	Прочность f.	Robustesse, f.	Festigkeit, f.
2228	Ruin (to)	v.	To destroy	Разрушать v.; уничтожать v.	Ruiner, v.	Ruinieren, v.
2229	Ruination	n.	Destruction	Гибель f.; разорение n.	Ruine, f.	Zusammenbruch, m.
2230	Rule	n.	Regulation	Правило n.; закон m.	Règlement, n.; règle, f.	Regel, f.

No	ENGLISH	USE	COMMENT	RUSSIAN	FRENCH	GERMAN
2231	Rule (to)	v.	To govern	Постанавливать v.	Gouverner, v.	Regieren, v.
2232	Run (to)	v.	To operate	Управлять v.	Diriger, v.	Betreiben, v.; laufen
2233	Running-in (UK)	phr.	To break in machinery(US)	Обкатка f.	Rodage, m.	Einlaufen, n.
2234	Rush	phr.	-- hour	Часы m.pl. пик	Heure, f. de pointe	Hauptgeschäftszeit, f.

No	ENGLISH	USE	COMMENT	RUSSIAN	FRENCH	GERMAN

S

No	ENGLISH	USE	COMMENT	RUSSIAN	FRENCH	GERMAN
2235	Sable	n.	Fur	Соболь m.	Zibeline, f.	Zobel, m.
2236	Safe	n.	Storage for valuables	Сейф m.	Coffre-fort, m.	Geldschrank, m.; Tresor, m.
2237	Safety	n.	Security	Безопасность f.	Sécurité, f.	Sicherheit, f.
2238	Salary	n.	Wages	Зарплата f.	Traitement, m.; salaire, m.	Gehalt, n.
2239	Sale	phr.	Sales --	Договор m. купли-продажи	Contrat, m. de vente	Kaufvertrag, m.
2240	Sale	n.	Transfer of ownership	Продажа f.; сбыт m.	Vente, f.	Verkauf, n.
2241	Sales	n.	Total revenues	Товарооборот m.	Ventes, f.pl.	Verkäufe, m.pl.
2242	Sales	phr.	-- territory	Зона f. сбыта	Territoire, m. de vente	Verkaufsgebiet, n.
2243	Sales	phr.	-- forecast	Прогноз m. сбыта	Prévisions, f.pl. de ventes	Absatzprognose, f.
2244	Salesperson	n.	Salesclerk	Продавец m.	Vendeur, m.; vendeuse, f.	Verkäufer, m.
2245	Sample	n.	Specimen	Образец m.	Échantillon, m.	Probe, f.; Muster, n.
2246	Satellite	n.	Space vehicle	Спутник m.	Satellite, m.	Satellit, m.
2247	Satisfaction	n.	Sufficiency; pleasure	Удовлетворение n.	Satisfaction, f.	Zufriedenheit, f.
2248	Save (to)	v.	To economize	Экономить v.; копить v.	Économiser, v.	Sparen, v.
2249	Save (to)	v.	To store in a computer	Сохранять v.	Sauvegarder, v.	Sicherstellen, v.; Speichern, v.
2250	Savings	n.	Funds; economies	Сбережения n.pl.; накопления n.pl.	Épargnes, f.pl.; économies, f.pl.	Ersparnisse, f.pl.
2251	Scale	phr.	Economies of --	Экономика f.; обусловленная ростом производства	Économies, f. d'échelle	Kostendegression, f. durch Erweiterung des Produktion- volumens
2252	Scale	n.	Size	Масштаб m.	Échelle, f.	Maßstab, m.
2253	Scanner	n.	Computer peripheral device	Сканирующее устройство n.	Scanner, m.	Scanner, m.
2254	Scarcity	n.	Scarceness	Недостаток m.; дефицит m.	Rareté, f.	Knappheit, f. Seltenheit, f.
2255	Schedule	n.	Agenda	Программа f.; расписание n.	Calendrier, m.; emploi, m. du temps	Plan, m.; Zeitplan, m.
2256	School	phr.	Business --	Коммерческая школа f.	École, f. de commerce	Handelsschule, f.
2257	Science	n.		Наука f.	Science, f.	Wissenschaft, f.
2258	Scrap	n.	Waste material	Лом m.; скрап m.	Ferraille, f.	Abfall, m.
2259	Screen	n.	Video device	Экран m.	Écran, m.	Bildschirm, m.
2260	Sea	n.	-- transport; Carriage by sea	Морская перевозка f.; морской транспорт m.	Transport, m. maritime	Beförderung, f. auf dem Seeweg
2261	Sea	phr.	By --	Морским путём; морем n.	Par mer	Auf dem Seeweg
2262	Search	n.	Investigation	Поиск m.; исследование n.	Recherche, f.	Suche, f.
2263	Season	n.	Time of year	Сезон m. (время года)	Saison, f.	Jahreszeit, f.
2264	Seasonal	adj.	Periodic; in season	Сезонный adj.	Saisonnier, adj.	Jahreszeitlich, adj.
2265	Seat	n.	A place to sit	Место n.	Siège, m.	Sitz, m.
2266	Secondary	adj.	Substitute; unessential	Вторичный adj.	Secondaire, adj.	Sekundär, adj.

80

No	ENGLISH	USE	COMMENT	RUSSIAN	FRENCH	GERMAN
2267	Secretary	n.	Assistant	Секретарь m.	Sécrétaire, f.	Sekretär(in), m./f.
2268	Section	n.	Area	Сечение n.; разрез m.	Section, f.	Bereich, m.
2269	Sector	n.	Part	Секция f.	Secteur, m.	Sektor, m.
2270	Sector	phr.	Private --	Частный сектор m.	Secteur privé	Privatwirtschaft, f.
2271	Sector	phr.	Public --	Общественный сектор m.	Secteur public	Öffentlicher Sektor m.
2272	Securities	phr.	Equities	Ценные бумаги f.pl.	Valeurs, f.pl. mobilières	Mündelsichere Wertpapiere, n.pl.
2273	Security	n.	Safety	Безопасность f.	Sécurité, f.	Sicherheit, f.
2274	Segment	n.	Portion, part	Сегмент m.	Segment, m.	Abschnitt, m.
2275	Segmentation	n.	Selecting segments	Сегментация f.	Segmentation, f.	Segmentierung, f.; Unterteilung, f.
2276	Select (to)	v.	Choose	Выбирать v.	Choisir, v.	Auswählen, v.
2277	Selection	n.	Choice	Выбор m.; подбор m.	Sélection, f.	Auswahl, f.
2278	Self-sufficiency	n.	Independence	Самообеспеченность f.	Autarcie, f.; auto-suffisance, f.	Autarkie, f.; Wirtschaftliche Unabhängigkeit, f.
2279	Sell	phr.	To -- at cost	Продавать v. по цене	Vendre au prix coûtant	Zum Kostenpreis verkaufen
2280	Sell	phr.	To -- goods on commission	Продавать v. товары за комиссионное вознаграждение	Vendre à la commission	Auf (gegen) Kommission verkaufen
2281	Sell (to	v.	To vend	Продавать v.	Vendre, v.	Verkaufen, v.
2282	Seller	n.	Vendor	Продавец m.	Vendeur, m.	Verkäufer, m.
2283	Semiconductor	n.		Полупроводник m.	Semi-conducteur, m.	Halbleiter, n.
2284	Send (to)	v.	To dispatch	Посылать v.	Envoyer, v.	Senden, v.; schicken, v.
2285	Sender	n.	Person sending	Отправитель v.	Expéditeur, m.	Absender(in), m./f.
2286	Sensitivity	n.	Discrimination; sensitiveness	Чувствительность f.	Sensibilité, f.	Empfindlichkeit, f.
2287	Sentence	n.	Complete phrase	Предложение n.	Phrase, f.	Satz, m.
2288	Separate	adj.	Apart	Отдельный adj.; сепаратный adj.	Séparé, adj.	Getrennt, adj.
2289	Separate (to)	v.	To divide; split	Отделять v.	Séparer, v.	Trennen, v.
2290	Sequence	n.	Series	Последовательность f.; порядок m.	Suite, f.; succession, f.	Folge, f.
2291	Serial	n.	-- number	Порядковый номер m.	Numéro, m. de série	Laufende Nummer, f.; Seriennummer, f.
2292	Series	n.	Set	Серия f.	Série, f.	Reihe, f.
2293	Servant	phr.	Civil --	Государственный служащий m.	Fonctionnaire, m.	Staatsbeamter, m.
2294	Service	phr.	-- network; post sales service	Сеть f. обслуживания	Service, m. après vente; SAV	Dienstleistungsnetz, n.; Kundendienst, m.
2295	Service	n.	Repair; maintenance	Сеть f. обслуживания	Service, m.	Betrieb, m.; Dienst, m.
2296	Service	phr.	Putting into --	Ввод m. в эксплуатацию	Mise, f. en service	Inbetriebsetzung, f.
2297	Service	phr.	Putting out of --	Прекращение n. работы; вывод m. из эксплуатации	Mise, f. hors service	Außerbetriebsetzung, f.
2298	Set	n.	Series	Комплект m.; ряд m.; серия f.	Série, f. complète; jeu, m.	Satz, m.
2299	Settlement	n.	Payment	Расчёт m.; уплата f.	Paiement, m.; règlement, m.	Bezahlung, f.
2300	Share	n.	Share ownership	Акция f.	Action, f.	Kapitalanteil, m.; Aktie, f.
2301	Shareholder	n.	Stockholder	Акционер m.	Actionnaire, f.	Aktionär, m.
2302	Shares	phr.	Ex dividend	Акции f.pl. без дивиденда	Actions, f.pl.; coupon détaché	Exklusiv Dividende, m.pl.

81

No	ENGLISH	USE	COMMENT	RUSSIAN	FRENCH	GERMAN
2303	Shift	n.	Period of working time	Рабочая смена f.	Équipe, f.; poste, m. de travail	Arbeitsschicht, f.
2304	Shift	phr.	Night --	Ночная смена f.	Équipe, f. de nuit	Nachtschicht, f.
2305	Shift	phr.	Extra --	Дополнительная рабочая смена f.	Équipe, f. supplémentaire	Sonderschicht, f.
2306	Ship	n.	Large vessel	Корабль m.	Navire, m.	Schiff, n.
2307	Ship (to)	v.	To dispatch	Отправлять v.	Expédier, v.	Versenden, v.
2308	Shipment	n.	Dispatch	Отправка f.	Expédition, f.	Verschiffung, f.; Versand, m.
2309	Shipping	phr.	-- agency	Судоходная компания f.	Agence, f. d'affrètement; expéditeur, m.	Speditionsgeschäft, n.
2310	Shipping	phr.	-- agent	Экспедитор m.	Expéditeur, m.; agent, m. maritime	Spediteur, m.
2311	Shipping	phr.	-- charges	Плата f. за перевозку	Frais, m.pl. de transport	Versandkosten, pl.
2312	Shipping	phr.	-- order	Наряд m. на погрузку	Ordre, m. d'expédition	Versandauftrag, m.
2313	Shipyard	n.	Repair area	Верфь f.	Chantier, m. naval	Schiffswerft, f.
2314	Shock	phr.	-- absorber	Амортизатор m.	Amortisseur, m.	Stoßdämpfer, m.
2315	Shop	n.	Store, boutique	Магазин m.	Magasin, m.	Laden, m.
2316	Short	phr.	-- circuit	Короткое замыкание n.	Court-circuit, m.	Kurzschluß, m.
2317	Short-term	adj.	Brief	Кратковременный adj.	Court terme	Kurzfristig, adj.
2318	Shortage	n.	Deficiency	Дефицит m.; нехватка f.	Manque, m.	Knappheit, f.
2319	Shorten (to)	v.	To abridge; reduce	Сокращать v.	Raccourcir, v.; réduire, v.	Verkürzen, v.
2320	Shrinkage	n.	Diminishing size	Уменьшение n.; сокращение n. (в размере)	Rétrécissement, m.	Schrumpfung, f.
2321	Sign (to)	v.	To write a signature	Подписывать v.	Signer, v.	Unterschreiben, v.
2322	Signal	n.	Sign	Сигнал m.	Signal, m.	Signal, n.
2323	Signature	n.	Attribution; autograph	Подпись f.	Signature, f.	Unterschrift, f.
2324	Signboard	v.	Sign	Вывеска f.	Panneau, m. d'affichage	Werbeschild, n.; Anschlagbrett, n.
2325	Silicon	n.	Material	Кремний m.	Silicium, m.	Silikon, n.
2326	Silver	n.	Metal	Серебро n.	Argent, m.	Silber, n.
2327	Simple	phr.	--Interest	Простые проценты m.pl.	Intérêts, m.pl. simples	Einfache Zinsen, m.
2328	Simulate (to)	v.	To imitate	Имитировать v.; моделировать v.	Simuler, v.	Simulieren, v.
2329	Simulator	n.	Device	Имитатор m.	Simulateur, m.	Simulator, m.
2330	Simultaneously	adv.	Concurrently	Одновременно adv.	Simultanément, adj.	Gleichzeitig, adv.
2331	Site	phr.	Construction --	Строительная площадка f.	Chantier, m. de construction	Bauplatz, m.
2332	Size	n.	Dimension	Размер m.	Taille, f.	Größe, f.
2333	Skill	n.	Skillfulness; ability	Навык m.; практический опыт m.	Technique, f.; compétence, f.	Geschicklichkeit, f.
2334	Skilled	adj.	Accomplished; proficient	Квалифицированный adj.	Qualifié, adj.; compétent, adj.	Geschickt, adj.; gelernt, adj.
2335	Skilled	phr.	-- labor	Квалифицированный труд m.	Main d'œuvre, f. spécialisée	Gelernte Fachkräfte, f.pl.; Facharbeiterschaft, f.
2336	Sleeping	phr.	Train -- car	Спальный вагон m.	Wagon-lit, m.	Schlafwagen, m.
2337	Slow	adj.	Not fast	Медленный adj.	Lent, adj.	Langsam, adj.
2338	Slow (to)	v.	To -- down	Замедлять v.	Ralentir, v.	Verlangsamen, v.
2339	Slump	n.	Sudden falling off	Резкий экономический спад m.; кризис m.	Effondrement, m.	Plötzliches; starkes; Absinken, n.

No	ENGLISH	USE	COMMENT	RUSSIAN	FRENCH	GERMAN
2340	Software	phr.	-- application	Прикладное програмное обеспечение n.	Logiciel, m. d'application	Anwendungsroutine, f.
2341	Software	phr.	Computer --	Математическое обеспечение n.	Logiciel, m.	Software, f.
2342	Sole agent	phr.	Exclusive	Агент m. с исключительным правом	Agent, m. exclusif	Alleinvertreter, m.
2343	Solution	n.	Answer	Решение n.	Solution, f.	Lösung, f.
2344	Solve (to)	v.	To resolve	Принимать v. решение	Résoudre, v. un problème; trouver, v. une solution	Ein Problem, n. lösen
2345	Solvency	n.	Soundness; financial standing	Платёжеспособность f.	Solvabilité, f.	Zahlungsfähigkeit, f.
2346	Solvent	adj.	Sound	Платёжеспособный adj.	Solvable, adj.	Zahlungsfähig, adj.
2347	Soon	adv.		Скоро adv.	Bientôt, adj.	Bald, adv.
2348	Soon	phr.	As -- as possible	Как можно скорее	Aussitôt que possible	So bald wie möglich
2349	Sort	n.	Type, kind	Сорт m.; тип m.; вид m.	Sorte, f.	Sorte, f.
2350	Sort (to)	v.	To put into order	Сортировать v.	Trier, v.	Ordnen, v.; sortieren, v.
2351	Source	n.	Origin	Источник m.	Origine, f.; source, f.	Ursprung, m.
2352	Space	n.	Place	Место n.	Place, f.	Platz, m.
2353	Spare	phr.	-- part	Запасная часть f.	Pièce, f. détachée	Ersatzteil, n.
2354	Spare	phr.	-- tire	Запасная шина f.	Roue, f. de secours	Ersatzreifen, m.
2355	Spark	phr.	-- plug	Свеча f. зажигания	Bougie, f.	Zündkerze, f.
2356	Specialist	n.	Authority	Специалист m.	Spécialiste, m.	Fachmann, m.
2357	Speciality	n.	Pursuit	Специальность f.	Spécialité, f.	Besonderheit, f.
2358	Specific	adj.	Detailed	Специфический adj.	Spécifique, adj.	Bestimmt, adj.; spezifisch, adj.
2359	Specification	n.	Qualification; description	Спецификация f.	Prescription, f. spécification, f.	Spezifikation, f.; genaue Angabe, f.
2360	Speculate (to)	v.	To make speculative investments	Играть v. на бирже; спекулировать v.	Spéculer, v.	Spekulieren, v.
2361	Speculation	n.	Investment	Игра f. на бирже; спекуляция f.	Spéculation, f.	Spekulation, f.
2362	Speculator	n.	Investor	Спекулянт m.; биржевик m.	Spéculateur, m.	Spekulant, m.
2363	Speed	n.	Velocity	Скорость f.	Vitesse, f.	Geschwindigkeit, f.
2364	Speed up (to)	v.		Ускорять v.	Accélérer, v.	Beschleunigen, v.
2365	Spend (to)	v.	-- money	Расходовать v. (тратить) деньги	Dépenser, v. de l'argent	Geld ausgeben
2366	Spoil (to)	v.	To deteriorate	Ухудшаться v.; портиться v.	Gâter, v.; abimer, v.	Verderben, v.; beschädigen, v.
2367	Spokesman	n.	Also spokesperson	Выступающий представитель m.; оратор m.	Porte-parole, m.	Sprecher(in), m./f.
2368	Sponsor	n.	Financial supporter	Спонсор m.	Sponsor, m.; parrain, m.	Förderer, m.
2369	Sponsor (to)	v.	To support financially	Субсидировать v.; финансировать v.	Sponsoriser, v.; parrainer, v.	Fördern, v.
2370	Sponsorship	n.	Financial support	Финансовая поддержка f.	Parrainage, m.	Patenschaft, f.; Förderung, f.; Sponsoring, n.
2371	Spreadsheet	n.	Financial tool	Электронная таблица f.	Tableur, m.	Kalkulationstabelle, f.

83

No	ENGLISH	USE	COMMENT	RUSSIAN	FRENCH	GERMAN
2372	Square	n.	Form	Квадрат m.	Carré, m.	Quadrat, n.
2373	Stability	n.	Reliability; durability	Устойчивость f.	Stabilité, f.	Stabilität, f.
2374	Stabilization	n.	Fixity	Стабилизация f.	Stabilisation, f.	Stabilisierung, f.
2375	Stable	adj.	Continuing; uniform	Устойчивый adj.	Stable, adj.	Fest, adj.; stabil, adj.
2376	Staff	n.	Personnel	Штат m.	Personnel (le)	Mitarbeiterstab, m.; Belegschaft, f.
2377	Staff (to)	v.	To -- an office	Обеспечивать v. персоналом	Engager, v. du personnel	Ein Büro mit Personal; versehen einstellen, v.
2378	Stage	n.	Period	Этап m.	Stade, m.; étape, f.	Stadium, n.
2379	Stainless	phr.	-- steel	Нержавеющая сталь f.	Inox, m.; acier, m. inoxydable	Rostfreier Stahl, m.; Edelstahl, m.
2380	Stamp	n.	Marking device	Штамп m.	Tampon, n.	Stempel, m.
2381	Stamp (to)	v.	To mark	Штамповать v.	Tamponnner, v.	Stempeln, v.
2382	Standard	phr.	-- deviation	Среднеквадратическое отклонение n.	Écart, m. type	Standardabweichung
2383	Standard	n.	Norm	Стандарт m.; норма f.	Standard, m.; norme, f.	Standard, m.; Norm, f.
2384	Standardization	n.	Normalization	Стандартизация f.	Standardisation, f.	Normierung, f.
2385	Start (to)	v.	To begin	Начинать v.	Commencer, v.	Anfangen, v.
2386	Starter	n.	Motor	Стартер m.	Démarreur, m.	Anlasser, m.
2387	State	n.	Government, nation	Государство n.	État, m.	Staat, m.
2388	State	n.	Condition	Состояние n.	État, m.	Zustand, m.
2389	State (to)	v.	To declare	Заявлять v.	Déclarer, v.; affirmer, v.	Erklären, v.
2390	Stationary	adj.	Fixed, unmoving	Неподвижный adj.; стационарный adj.	Stationnaire, adj.; immobile, adj.	Feststehend, adj.
2391	Stationery	n.	Paper and supplies	Почтовая бумага f.; писчебумажные принадлежности f.pl.	Papier, m. à lettre; articles, m.pl. de bureau	Schreib-und Papierwaren, f.pl.
2392	Statistical	adj.	Computational	Статистический adj.	Statistique, adj.	Statistisch, adj.
2393	Statistician	n.	Mathematician	Статистик m.	Statisticien, m.	Statistiker, m.
2394	Statistics	n.	Figures	Статистика f.; статистические данные pl.	(la) Statistique, f.	Statistik, f.
2395	Status	n.	Condition, situation	Статус m.; состояние n.	Situation, f.	Stellung, f.; Status, m.
2396	Statute	phr.	-- of limitations	Закон m. об исковой давности	Prescription, f. légale	Verjährungsfrist, f.
2397	Statute	m.	Law	Статут m.; закон m.	Loi, f.	Gesetz, n.
2398	Stay (to)	v.	To remain	Оставаться v.	Rester, v.; demeurer, v.	Bleiben, v.
2399	Steady state	phr.		Установившееся состояние n.	État, m. stable	Dauerzustand, m.
2400	Steal (to)	v.	To take unlawfully	Воровать v.; красть v.	Voler, v.	Stehlen, v.; entwenden, v.
2401	Steel	n.	Metal	Сталь f.	Acier, m.	Stahl, m.
2402	Steel	phr.	-- mill	Сталелитейный завод m.	Aciérie, f.	Stahlwerk, n.
2403	Step	n.	Short distance	Шаг m.	Pas, m.	Schritt, m.
2404	Stereophonic	adj.		Стерео-фонический adj.	Stéréophonique, adj.	Stereophonisch, adj.
2405	Stipulation	n.	Condition	Обусловливание n.; условие n.	Stipulation, f.	Vereinbarung, f.; Bedingung, f.
2406	Stock	phr.	-- market; stock exchange	Фондовая биржа f.	Bourse, f. des valeurs	Wertpapierbörse, f.
2407	Stock	phr.	Security	Акции f.pl.	Action, f.pl.	Aktien, f.pl.
2408	Stock	n.	Raw materials	Запас m. сырья	Stocks, m.pl.; matériaux bruts	Rohstoffe, f.

No	ENGLISH	USE	COMMENT	RUSSIAN	FRENCH	GERMAN
2409	Stock	phr.	In --	В наличии; в ассортименте	Disponible; en magasin, m.	Vorrätig, adj.; auf Lager
2410	Stock	n.	Inventory	Запас m.; резерв m.	Stock, m.	Lager, m.; Bestand, m.
2411	Stock	phr.	Out of --	Не иметь v. на складе	Rupture, f. de stock	Nicht vorrätig sein
2412	Stock (to)	v.	To take --; inventory	Проводить v. инвентаризацию	Dresser, v. l'inventaire, m.	Bestand aufnehmen
2413	Stockholder	n.	Shareholder	Акционер m.	Actionnaire, m.	Gesellschafter, m.; Aktionär, m.
2414	Stockpile	n.	Reserve; accumulation	Резервный запас m.	Stocks, m.pl. de réserve	Vorratslager, m.
2415	Stop (to)	v.	To cease	Останавливать(ся) v.	Arrêter, v.	Anhalten, v.
2416	Storage	phr.	-- life	Срок m. годности при хранении	Durée, f. de conservation	Lagerfähigkeit, f.
2417	Storage	phr.	Computer --; mass storage	Массовая память f.	Mémoire, f. de masse	Massenspeicher, m.
2418	Store	n.	Shop	Магазин m.	Magasin, m.	Laden, m.
2419	Store	n.	Storage place	Запас m.	Provision, f.; réserves, f.pl.	Vorrat, m.; Warenvorrat, m.
2420	Store (to)	v.	To put away	Вмещать v.	Emmagasiner, v.	Lagern, v.
2421	Strategy	n.	Plan	Стратегия f.	Stratégie, f.	Strategie, f.
2422	Streamline (to)	v.	To rationalize	Рационализировать v.; модернизировать v.	Rationaliser, v.	Rationalisieren, v.; modernisieren, v.
2423	Strength	n.	Power; might	Сила f.	Force, f.	Kraft, f.
2424	Strengthen (to)	v.	To make strong	Укреплять v.	Raffermir, v.; renforcer, v.	Stärken, v.
2425	Stress	n.	Mental strain	Стресс m.	Stress, m.	Stress, m.
2426	Stress	n.	Physical strain	Нагрузка f.	Contrainte, f.	Beanspruchung, f.
2427	Strike	n.	Work stoppage	Забастовка f.	Grève, f.	Streik, m.
2428	Strike (to)	v.	To be on --	Бастовать v.	Être en grève	Streiken, v.
2429	Strike	phr.	Wildcat --	Неофициальная забастовка f.	Grève, f. sauvage	Wilder Streik, m.
2430	Striker	n.	Person on strike	Забастовщик m.	Gréviste, m.	Streiker, m.
2431	Strong	adj.	Powerful; robust	Сильный adj.; прочный adj.	Fort, adj.	Stark, adj.
2432	Structural	adj.	Formal; constructional	Структурный adj.	Structurel, adj.	Strukturell, adj.; baulich, adj.
2433	Structure	n.	Form; building	Структура f.; здание n.	Structure, f.	Struktur, f.; Bauwerk, m.
2434	Study	n.	Examination	Исследование n.	Étude, f.	Studium, n.
2435	Style	n.	Aspect	Стиль m.	Style, m.	Stil, m.
2436	Subcontract (to)	v.	To use other firms to do work	Заключать v. субподрядный договор	Sous-traiter, v.	Als Zulieferant übernehmen
2437	Subcontractor	n.	A firm doing work for main contractor	Субподрядчик m.; завод-смежник m.	Sous-traitant, m.	Zulieferer, m.
2438	Subject	n.	Matter	Тема f.; вопрос m.	Sujet, m.	Gegenstand, m.
2439	Sublet (to)	v.	To hire out	Передавать v. в субаренду	Sous-louer, v.	Untervermieten, v.
2440	Submit (to)	v.	To offer	Представлять v.	Présenter, v.	Vorlegen, v.
2441	Subsidize (to)	v.	To sponsor	Субсидировать v.	Subventionner, v.	Subventionieren, v.
2442	Subsidy	n.	Support; sponsoring	Субсидия f.	Subvention, f.	Finanzielle Unterstützung, f.; Subvention, f.
2443	Substitute (to)	v.	To replace	Заменять v.	Substituer, v.; se substituer à q.	Jdn. vertreten, v.
2444	Substitution	n.	Replacement	Замена f.; подмена f.	Substitution, f.	Stellvertretung, f.

No	ENGLISH	USE	COMMENT	RUSSIAN	FRENCH	GERMAN
2445	Success	n.	Accomplishment	Успех m.	Succès, m.	Erfolg, m.
2446	Successful	adj.	Succeeding	Успешный adj.	Couronné de succès; prospère, adj.	Erfolgreich, adj.
2447	Successor	n.	Follower; replacement	Преемник m.	Successeur, m.	Nachfolger, m.
2448	Sue (to)	v.	To bring suit against s.o.	Подавать v. в суд	Intenter un procès à q.	Jdn. verklagen, v.
2449	Sufficient	adj.	Enough	Достаточный adj.	Suffisant, adj.	Genügend, adj.; ausreichend, adj.
2450	Suitcase	n.	Valise; case	Чемодан m.	Valise, f.	Koffer, m.
2451	Sum	n.	Amount	Сумма f.	Somme, f.	Summe, f.
2452	Summarize (to)	v.	To present a brief summary	Суммировать v.	Résumer, v.	Zusammenfassen, v.
2453	Summary	n.	Review	Резюме n.; сводка f.	Résumé, m.	Zusammenfassung, f.
2454	Superconductor	n.		Сверхпроводник m.	Supraconducteur, m.	Supraleiter, m.
2455	Superior	n.	Of higher rank	Старший m. по положению; начальник m.	Supérieur, m.	Vorgesetzter, m.
2456	Supermarket	n.	Large store	Универмаг m.	Hypermarché, m.	Supermarkt, m.
2457	Supermarket	n.	Large store	Универмаг; супермаркет	Supermarché, m.; grande surface, f.	Einkaufsmarkt, m.; Supermarkt, m.
2458	Supervision	n.	Care; charge	Наблюдение n.; надзор m.; контроль m.	Surveillance, f.	Beaufsichtigung, f.; Überwachung, f.
2459	Supervisor	n.	Superior	Руководитель m.; начальник m.	Supérieur, m.; agent, m. de maîtrise	Aufsichtsperson, f. Vorgesetzter, m.
2460	Supplier	n.	Provider	Поставщик m.	Fournisseur, m.	Lieferant, m.
2461	Supply	phr.	-- and demand	Спрос m. и предложение n.	L'offre et la demande	Angebot, n. und Nachfrage
2462	Supply	n.	Quantity in stock	Запас m.	Réserves, f.pl.	Vorrat, m.
2463	Supply (to)	v.	To furnish, equip	Снабжать v.	Fournir, v.	Etw. liefern, v.
2464	Support	n.	Aid	Поддержка f.	Appui, m.	Unterstützung, f.; Hilfe, f.; Auflage, f.
2465	Surplus	n.	Excess	Излишек m.; остаток m.	Surplus, m.; excédent, m.	Überschuß, m.
2466	Survey	n.	Measured plan	План m.; карта f.	Plan, m.; étude, f.	Plan, m.
2467	Sustain (to)	v.	To maintain	Выдерживать v.	Soutenir, v.	Aufrechterhalten, v.
2468	Symbol	n.	Character; insignia	Символ m.; обозначение n.	Symbole, m.	Symbol, n.
2469	Synchronize (to)	v.	To harmonize	Синхронизировать v.	Synchroniser, v.	Synchronisieren, v.
2470	Syndicate	n.	Consortium	Синдикат m.	Consortium, m.; syndicat, m.	Verband, m.
2471	Syndicate (to)	v.	To unite to form a syndicate	Объединять v. в синдикат	Syndicaliser, v.	Sich zu einem Verband, m. zusammenschließen
2472	System	phr.	Computer --	Вычислительная система f.	Système, m. informatique	Computersystem, n.
2473	System	n.	Structure; order	Система m.	Système, m.	System, n.
2474	Systematize (to)	v.	To organize	Систематизировать v.	Systématiser, v.	Etw. systematisieren, v.

No	ENGLISH	USE	COMMENT	RUSSIAN	FRENCH	GERMAN

T

No	ENGLISH	USE	COMMENT	RUSSIAN	FRENCH	GERMAN
2475	Table	n.	Tabular presentation of data	Таблица *f.*	Table, *f.*	Tafel, *f.*; Übersicht, *f.*
2476	Tabulate (to)	v.	To record	Табулировать *v.*; составлять *v.* таблицу	Mettre en colonnes; disposer en tableau	Tabellarisch anordnen
2477	Tabulation	n.	Recording; listing	Табулирование *n.*	Tabulation, *f.*	Tabellarische Aufstellung, *f.*
2478	Tactics	n.	Behavior;plan	Тактика *f.*	Tactique, *f.*	Taktik, *f.*
2479	Takeover	n.	Acquisition	Приобретение *n.*	Rachat, *m.*; reprise, *f.*; offre, *f.* publique d'achat (OPA)	Übernahme, *f.*
2480	Talks	n.	Discussions	Переговоры *m.pl.*	Entretiens, *m.pl.*	Gespräche, *n.pl.*
2481	Tangible	adj.	Substantial; touchable	Осязаемый *adj.*	Tangible, *adj.*	Greifbar, *adj.*; materiell, *adj.*
2482	Tanker	m.	(Oil) --	Танкер *m.*	Pétrolier, *m.*	Tanker, *m.*
2483	Tape	phr.	-- recorder	Магнитофон *m.*	Enregistreur, *m.*	Kassettenrecorder, *m.*; Tonbandgerät, *n.*
2484	Tape	phr.	-- recording	Магнитная запись *f.*	Magnétophone, *m.*	Aufnahme, *f.*
2485	Target	n.	goal; target	Цель *f.*	But, *m.*; cible, *f.*	Ziel, *n.*
2486	Tariff	phr.	-- barriers	Тарифные барьеры *m.pl.*	Barrières, *f.pl.* tarifaires	Zollschranken, *f.pl.*
2487	Tariff	n.	Tax	Пошлина *f.*	Tarif, *m.*	Zolltarif, *m.*
2488	Tax	phr.	Income --	Подоходный налог *m.*	Impôt, *m.* sur le revenu	Einkommensteuer, *f.*
2489	Tax	n.	Levy	Налог *m.*	Impôt, *m.*; taxe, *f.*	Steuer, *f.*
2490	Tax (to)	v.	To levy taxes	Облагать *v.* налогом	Imposer, *v.*; taxer, *v.*	Etw. mit Steuern belegen; besteuern, *v.*
2491	Tax	phr.	Corporation --	Налог *m.* с доходов корпорации	Impôt, *m.* sur les sociétés	Körperschaftssteuer, *f.*
2492	Tax	phr.	-- Holiday	Налоговая льгота *f.*	Période, *f.*	Steuerbegünstigung, *f.*; Steuerbefreiung, *f.*
2493	Taxation	n.	Tax; duty	Налогообложение *n.*	Taxation, *f.*; taxe, *f.*	Besteurerung, *f.*; Steuerveranlagung, *f.*
2494	Team	n.	Squad	Коллектив *m.*; группа *f.*	Équipe, *f.*	Mannschaft, *f.*
2495	Teamwork	n.	Working together	Коллективная работа *f.*	Travail, *m.* d'équipe	Gemeinschaftsarbeit, *f.*; Gruppenarbeit, *f.*; Teamwork, *f.*
2496	Technical	adj.	Skilled; specialized	Технический *adj.*; промышленный *adj.*	Technique, *adj.*	Technisch, *adj.*
2497	Technicality	n.	Technical term	Технический характер *m.*; техничность *f.*	Technicité, *f.*	Technischer Charakter, *m.*
2498	Technician	n.	Expert; specialist	Техник *m.*	Technicien, *f.*	Techniker, *m.*
2499	Technique	n.	Way; skill; method	Метод *f.*	Technique, *f.*	Methode, *f.*
2500	Technocracy	n.	Technological bureaucrasy	Технократия *f.*	Technocratie, *f.*	Technokratie, *f.*
2501	Technocrat	n.	Bureaucrat	Технократ *m.*	Technocrate, *m.*	Technokrat, *m.*
2502	Technological	adj.		Технологический *adj.*	Technologique, *adj.*	Technologisch, *adj.*
2503	Technology	n.		Техника *f.*; технология *f.*	Technologie, *f.*	Technik, *f.*; Technologie, *f.*
2504	Telecommunications	n.	Relating to telephone	Телефонная связь *f.*	Télécommunications	Telekommunikation, *f.*
2505	Telegram	n.	Communication	Телеграмма *f.*	Télégramme, *m.*	Telegramm, *n.*

No	ENGLISH	USE	COMMENT	RUSSIAN	FRENCH	GERMAN
2506	Telephone	phr.	-- call	Телефонный звонок m.	Appel, m. téléphonique	Telefonanruf, m.
2507	Telephone	phr.	-- number	Телефонный номер m.	Numéro, m. de téléphone	Telefonnummer, f.
2508	Telephone	phr.	By --	По телефону	Par téléphone	Per Telefon; telefonisch
2509	Telephone	n.	Device; medium	Телефон m.	Téléphone, m.	Telefon, n.
2510	Telephone	phr.	Public --; also Pay phone	Телефон-автомат m.	Téléphone, m. public	Öffentliches Telefon, n.
2511	Telephone (to)	v.	To use the telephone	Говорить v. по телефону	Téléphoner, v.	Telephonieren, v.
2512	Television	n.	Device; medium	Телевидение n.	Télévision, f.	Fernsehen, n.
2513	Telex	n.	Device; message	Телекс m.	Télex, m.	Telex, m.
2514	Telex (to)	v.	To send a --	Передать v. телекс	Télexer	Telexen; durch Telex übermitteln
2515	Teller	phr.	Automatic -- machine	Банковский автомат m.	Distributeur, m. automatique	Bankautomat, m.
2516	Temperature	n.		Температура f.	Température, f.	Temperatur, f.
2517	Temporary	adj.	Interim	Временный adj.	Temporaire, adj.	Einstweilig, ad.; vorübergehend, adj.
2518	Tenant	n.	Renter	Наниматель m.; арендатор m.	Locataire, m.	Mieter, m.
2519	Tendency	n.	Inclination	Тенденция f.	Inclinaison, f.	Tendenz, f.
2520	Tender	n.	Offer	Предложение n.	Soumission, f.; offre, f.	Angebot, n.
2521	Term	n.	Word	Термин m.	Terme, m.; mot, m.	Ausdruck, m.
2522	Term	n.	Period	Период m.; срок m.	Terme, m.; période, f.	Frist, f.
2523	Torminal	n.	Computer	Торминал m.	Torminal, f.	Torminal, m.; Endgerät, n.
2524	Terminal	n.	Station, building	Конечная станция f.	Terminus, m.	Endstation, f.
2525	Terminology	n.	Nomenclature	Терминология f.	Terminologie, f.	Terminologie, f.
2526	Terms	n.	Elements of a document	Условия n.pl.	Conditions, f.pl.	Bedingungen, f.pl.
2527	Territory	phr.	sales --	Зона f. обслуживания; сбытовая территория f.	Territoire, m. de vente	Verkaufsgebiet, n.
2528	Test	phr.	-- laboratory	Исследовательская лаборатория f.	Laboratoire, m. d'essais	Versuchslaboratorium, n.
2529	Test	n.	-- report	Протокол m. (запись f.) испытания	Compte, m. rendu d'essai	Schriftliche Prüfung, f.
2530	Test	n.	-- run	Пробная работа f.	Test, m. de présérie, f.	Probelauf, m.
2531	Test	n.	Experimental test	Испытание n.; проба f.	Épreuve, f.; essai, m.	Prüfung, f.; Versuch, m.
2532	Test (to)	v.	To verify	Испытывать v.	Vérifier, v.; tester, v.	Prüfen, v.
2533	Text	n.	Written content	Текст m.	Texte, m.	Text, m.
2534	Thank (to)	v.	To express thanks	Благодарить v.	Remercier, v.	Danken, v.
2535	Theft	n.	Robbery	Кража f.	Vol, m.	Diebstahl, m.
2536	Theory	n.	Belief; idea	Теория f.	Théorie, f.	Theorie, f.
2537	Thickness	n.	Breadth	Толщина f.	Épaisseur, f.	Dicke, f.
2538	Think (to)	v.	To believe; cogitate	Думать v.	Penser, v.	Denken, v.
2539	Thought	n.	Idea	Дума f.; мысль f.	Pensée, f.	Gedanke, m.
2540	Thousand	n.	Number	Тысяча f.	Mille, m.	Tausend
2541	Threshold	n.	Entrance; sill; boundary	Порог m.; преддверие n.	Seuil, m.	Schwelle, f.

No	ENGLISH	USE	COMMENT	RUSSIAN	FRENCH	GERMAN
2542	Timber	n.	Wood	Лесоматериалы *m.pl.*; древесина *f.*; строевой лес *m.*	Bois, *m.* de construction	Bauholz, *n.*; Nutzholz, *n.*
2543	Time	phr.	-- lag	Запаздывание *n.*	Retard, *m.*	Verzögerung, *f.*
2544	Time	phr.	-- limit; duration	Предельный срок *m.*	Délai, *m.* de rigueur	Frist, *f.*
2545	Time	n.	-- table	Расписание *n.*	Horaire, *m.*	Fahrplan, *m.*, Zeitplan, *m.*
2546	Time	phr.	-- development	Период *m.* развития	Temps *m.* de réalisation	Entwicklungszeit, *f.*
2547	Time	n.	Duration; date etc.	Время *n.*	Temps, *m.*	Zeit, *f.*
2548	Time-saving	adj.	Economizing	Экономящий *adj.*; время; время сберегающий *adj.*	Qui fait gagner du temps	Zeitsparend, *adj.*
2549	Tin	n.	Metal	Жесть *f.*	Étain, *m.*; fer, *m.* blanc	Zinn, *n.*
2550	Tip	n.	Advice	Совет *m.*; намёк *m.*	Tuyau, *m.*	Ratschlag, *m.*; Tip, *m.*
2551	Tip	n.	Gratuity	Чаевые *pl.*	Pourboire, *m.*	Trinkgeld, *n.*
2552	Tire (US)	n.	Tyre (UK)	Шина *f.*	Pneu, *m.*	Reifen, *m.*
2553	Titanium	n.	Metal	Титан *m.*	Titane, *m.*	Titan, *n.*
2554	Title	n.	Claim	Требование *n.*	Titre, *m.*	Anspruch, *m.*
2555	Tolerance	n.	Patience	Терпимость *f.* выносливость *f.*	Tolérance, *f.*	Toleranz, *f.*
2556	Tolerance	n.	Permissible variation	Допуск *m.* допустимое отклонение *n.*	Tolérance, *f.*	Toleranz, *f.*
2557	Tonnage	n.	Capacity	Тоннаж *m.*	Tonnage, *m.*	Tonnage, *f.*
2558	Tool	n.	Instrument	Инструмент *m.*	Outil, *m.*	Werkzeug, *n.*
2559	Total	adj.	Complete	Общий *adj.*; целый *adj.*; полный *adj.*	Total, *adj.*; complet, *adj.*	Gesamt, *adj.*; total, *adj.*
2560	Total	n.	Added result	Сумма *f.*	Total, *m.*; addition, *f.*	Gesamtbetrag, *m.*; Summe, *f.*
2561	Tour	n.	Extended visit	Путешествие *n.*	Voyage, *m.*; tournée, *f.*	Reise, *f.*
2562	Trade	phr.	-- name	Название *n.* фирмы, фирменное название *n.* товара	Nom, *m.* de marque, *f.*; raison, *f.* sociale	Firmenname, *m.*
2563	Trade	n.	-- representative	Торгпред *m.*; торговый представитель *m.*	Délégué, *m.* commercial	Handelsvertreter, *m.*
2564	Trade	phr.	-- union(UK); labor union (US)	Профсоюз *m.*	Syndicat, *m.* ouvrier	Gewerkschaft, *f.*
2565	Trade	phr.	-- balance	Торговый баланс *m.*	Balance, *f.* commerciale	Handelsbilanz, *f.*
2566	Trade	phr.	Barter --	Бартерный товарообмен *m.*	Troc, *m.*	Tauschhandel, *m.*
2567	Trade	phr.	Foreign --	Внешняя торговля *f.*	Commerce, *m.* extérieur	Außenhandel, *m.*
2568	Trade	n.	Commerce	Торговля *f.*	Commerce, *m.*	Handel, *m.*
2569	Trade	n.	Profession	Профессия *f.*	Métier, *m.*; profession, *f.*	Beruf, *m.*; Branche, *f.*
2570	Trade-off	n.	Balancing factors	Компромисс *m.*	Compromis, *m.* d'options	Vergleich, *m.*
2571	Trademark	n.	Label; restriction;	Фабричная марка *f.*	Marque *f.* déposée	Warenzeichen, *n.*
2572	Trader	n.	Merchant	Торговец *m.*	Négociant, *m.*; société, *f.* de négoce	Händler, *m.*
2573	Trading	adj.	Business	Торговый *adj.*	Commercial, *adj.*	Handeltreibend, *adj.*
2574	Traffic	n.	Interchange of goods	Торговля *f.*; товарообмен *m.*	Trafic, *m.*; commerce, *m.*	Handel, *m.*

No	ENGLISH	USE	COMMENT	RUSSIAN	FRENCH	GERMAN
2575	Traffic	n.	Vehicle movement	Движение n.	Circulation, f.	Verkehr, m.
2576	Train	n.	Vehicle	Поезд m.	Train, m.	Zug, m.
2577	Trainee	n.	Person being trained	Стажёр m.; ученик m.	Stagiaire, m./f.	Praktikant, m.
2578	Training	n.	Instruction, study	Подготовка f.; обучение n.	Apprentissage, m.; formation, f.; stage, m.	Erziehung, f.; Ausbildung, f.
2579	Transaction	n.	Business --	Деловая операция f.; сделка f.	Transaction, f.	Geschäft, n.
2580	Transfer	phr.	-- possession to s.o.	Передавать v. собственность	Transférer, v.	Übertragen; Eigentum
2581	Transfer	n.	Change	Передача f. перевод m.	Transfert, m.; échange, m.	Übertragung, f.
2582	Transfer	n.	Transport	Перевозка f.	Transport, m.	Beförderung, f.; Transfer, m.
2583	Transform (to)	v.	To change s.t. into s.t.	Трансформировать v. изменять v.	Transformer, v.	Etw. in etw. umwandeln, v.
2584	Transformation	n.	A change in form	Трансформация f.; изменение n.	Transformation, f.	Umwandlung, f.
2585	Transformer	n.	Equipment	Трансформатор m.	Transformateur, m.	Transformator, m.
2586	Transit	phr.	In --	Транзитом	En transit	Als Transitware im Transit
2587	Transition	n.	Change	Переход m.	Transition, f.	Übergang, m.
2588	Translate (to)	v.		Переводить v.	Traduire, v.	Etw. übersetzen, v.
2589	Translation	n.	Translated text	Перевод m.	Traduction, f.	Übersetzung, f.
2590	Translator	n.		Переводчик m.	Traducteur, m.	Übersetzer, m.
2591	Transmission	n.	Emission	Передача f.; пересылка f.	Transmission, f.	Übertragung, f.
2592	Transmission	n.	Broadcast	Радиопередача f.	Émission, f.	Übertragung, f.; Sendung, f.
2593	Transmitter	n.	Device	Передающее устройство n.; передатчик m.	Transmetteur, m.; poste, m. émetteur	Transmitter, m.
2594	Transparent	adj.	Clear	Прозрачный adj.; ясный adj.	Transparent, adj.	Durchsichtig, adj.
2595	Transport	phr.	-- routes	Пути m.pl. сообщения; пути транспортировки	Itinéraire, m. d'acheminement	Transportwege, m.pl.
2596	Transport	n.	Conveyance	Транспорт m.	Transport, m.	Beförderung, f.
2597	Transport (to)	v.	To convey	Транспортировать v.; перевозить v.	Transporter, v.	Befördern, v.; transportieren, v.
2598	Transshipment	n.	Through shipment	Перегрузка f.	Transbordement, m.	Umladung, f.
2599	Treaty	n.	Agreement	Договор m.	Contrat, m.	Vertrag, m.
2600	Tree	n.		Дерево n.	Arbre, m.	Baum, m.
2601	Trend	n.	Direction	Тенденция f.	Tendance, f.	Trend, m.
2602	Trial	n.	Test	Проба f. испытание n.	Essai, m.	Versuch, m.
2603	Trick	n.	Deception; mischievous act	Трюк m.; уловка f.; обман m.	Truc, m.; artifice, m.	Trick, m.
2604	Trip	phr.	Business --	Командировка f.; деловая поездка f.	Voyage, m. d'affaires	Geschäftsreise, f.
2605	Trouble	n.	Problem; adversity	Неисправность f.; неприятность f.	Ennui, m.; difficulté, f.	Problem, n.; Schwierigkeit, f.
2606	Truck	n.	Vehicle	Грузовик m.	Camion, m.	Lastwagen, m.; LKW, m.
2607	True	adj.	Real; veracious	Правдивый adj.; верный adj.	Vrai, adj.	Wahr, adj.
2608	Trust	n.	Confidence	Доверие n.	Confiance, f.	Vertrauen, n.

No	ENGLISH	USE	COMMENT	RUSSIAN	FRENCH	GERMAN
2609	Trust (to)	v.	To believe in	Доверять v.	Faire, v. confiance	Jdm. vertrauen, v.
2610	Trustworthy	adj.	Deserving of trust	Надёжный adj.; заслуживающий adj. доверия	Digne de foi	Vertrauenswürdig, adj.
2611	Truth	n.	Veracity	Правда f.	Vérité, f.	Wahrheit, f.
2612	Truthful	adj.	Veracious	Правдивый adj.	Véridique, adj.	Wahr, adj.
2613	Try (to)	v.	To attempt	Пытаться v.; стараться v.	Essayer, v.	Etw. versuchen, v.
2614	Tungsten	n.	Metal	Вольфрам m.	Tungstène, m.	Wolfram, n.
2615	Turbine	n.	Machine	Турбина f.	Turbine, f.	Turbine, f.
2616	Turn (to)	v.	-- out; produce	Выпускать v.; производить v.	Produire, v.; fabriquer, v.	Produzieren, v.; fabrizieren, v.
2617	Turn off	v.	To extinguish	Выключать v.	Éteindre, v.; arrêter, v.	Abschalten, v.
2618	Turn on	v.	To start up	Включать v.	Allumer, v.; mettre, v. en marche	Einschalten, v.
2619	Turnkey	adj.	S.t. handed over in operating condition	Сдача f. под ключ	Clé, f. en main	Schlüsselfertig, adj.
2620	Turnkey	phr.	-- contract	Контракт m. на строительство под ключ	Contrat, m. clef en main	Auftrag, m. für eine schlüsselfertige Anlage
2621	Type	n.	Sort	Тип m.; вид m.	Type, m.; sorte, f.	Typ., m.
2622	Type (to)	v.	To write by machine	Печатать v. на машинке	Taper, v. à la machine	Machineschreiben, v.
2623	Typewriter	n.	Machine	Пишущая машинка f.	Machine, f. à écrire	Schreibmaschine, f.

No	ENGLISH	USE	COMMENT	RUSSIAN	FRENCH	GERMAN

U

No	ENGLISH	USE	COMMENT	RUSSIAN	FRENCH	GERMAN
2624	Unacceptable	adj.	Unsatisfactory	Неприемлемый adj.	Inacceptable, adj.	Unannehmbar, adj.
2625	Unacknowledged	adj.	Unrecognized	Непризнанный adj.	Non reconnu; resté sans réponse	Nicht anerkannt, adj.
2626	Unanimous	adj.	Agreeing	Единогласный adj.	Unanime, adj.	Einstimmig, adj.
2627	Unanswered	adj.	Not responded	Безответный adj.	Sans réponse	unbeantwortet, adj.
2628	Unanticipated	adj.	Unexpected	Непредвиденный adj.	Inattendu, adj.; imprévu, adj.	Unvorhergesehen, adj.; unerwartet, adj.
2629	Unauthorized	adj.	Illegal	Самовольный adj.; недозволенный adj.	Non autorisé, adj.	Nicht ermächtigt, adj.
2630	Unbalanced	adj.	Ill-balanced	Неравномерный adj.; несбалансированный adj.	Déséquilibré, adj.	Aus dem Gleichgewicht; unausgewogen, adj.
2631	Unbundling	n.	Separating products for distinct prices	Раздельные счета f.pl.	Facturation, f. séparée	Gesonderte Rechnungsstellung, f. Unbrundling, n.
2632	Uncertain	adj.	Irregular; ill-balanced etc.	Неопределённый adj.	Incertain, adj.	Zweifelhaft, adj.; ungewiß, adj.
2633	Uncertainty	n.	Doubt	Неопределенность f.	Incertitude, f.	Ungewißheit, f.
2634	Uncommitted	adj.	Free; neutral	Нейтральный adj.	Libre, adj.	Unabhängig, adj.; nicht verpflichtet, adj.
2635	Underbid (to)	v.	A lower bid	Сделать v. предложение по более низкой цене	Offrir des conditions plus avantageuses	Jdn. unterbieten, v.
2636	Undercurrent	n.	Implication	Скрытая тенденция f.	Tendance, f. sous-jaçante	Grundtendenz, m.
2637	Underestimate (to)	v.	To underrate	Недооценивать v.	Sous-estimer, v.	unterschätzen, v.
2638	Understand (to)	v.	To comprehend	Понимать v.	Comprendre, v.	Verstehen, v.
2639	Understanding	n.	Accord	Понимание n.	Compréhension, f.	Verständnis, n.
2640	Underwrite (to)	v.	To guarantee	Гарантировать v.	Garantir, v.	Garantieren, v.
2641	Unemployed	adj.	Not employed	Безработный adj.	Sans travail; chômeur, m.	Arbeitslos, adj.
2642	Unemployment	n.	People not working	Безработица f.	Chômage, m.	Arbeitslosigkeit, f.
2643	Uneven	adj.	Rough; unequal	Неравный adj.; неравномерный adj.	Inégal, adj.; irrégulier, adj.	Ungleich, adj.
2644	Unfair	adj.	Unjust	Несправедливый adj.	Injuste, adj.	Ungerecht, adj.
2645	Unfavorable	adj.	Adverse	Неблагоприятный adj.	Défavorable, adj.	Ungünstig, adj.
2646	Uniform	adj.	Homogenous	Однородный adj.; единообразный adj.	Uniforme, adj.	Gleichförmig, adj.
2647	Uniformity	n.	Evenness	Однородность f.; единообразие n.	Uniformité, f.	Gleichförmigkeit, f.
2648	Union labor (US)	n.	Trade (UK)	Профсоюз m.	Syndicat, m. ouvrier	Gewerkschaft, f.
2649	Unique	adj.	One of a kind	Уникальный adj.; особый adj.	Unique, adj.	Einzigartig, adj.
2650	Unit	phr.	-- of measurement	Единица f. измерения	Unité de mesure	Maßeinheit, f.
2651	Unit	n.	One	Единица f.; элемент m.	Unité, f.; Un, m.	Einheit, f.
2652	Unit cost	phr.		Цена f. за единицу; единичная цена f.	Prix, m. unitaire	Stückkosten, f.pl.

No	ENGLISH	USE	COMMENT	RUSSIAN	FRENCH	GERMAN
2653	Unity	n.	Accord	Единство *n.*; сплочённость *f.*	Unité, *f.*	Einheit, *f.*
2654	Unlawful	adj.	Contrary to law	Незаконный *adj.*	Illégal, *adj.*	Ungesetzlich, *adj.*
2655	Unlimited	adj.	Unrestricted	Неограниченный *adj.*	Illimité, *adj.*	Unbegrenzt, *adj.*
2656	Unload (to)	v.	To unpack; lighten	Разгружать *v.*	Décharger, *v.*	Ausladen, *v.*
2657	Unloading	n.	Unpacking; lightening	Разгрузка *f.*	Déchargement, *m.*	Ausladen, *n.*
2658	Unmanageable	adj.	Ungovernable; unwieldy	Неуправляемый *adj.*; неподдающийся *adj.* контролю	Ingérable, *adj.*	Schwer zu bewältigen
2659	Unmanned	adj.	Without an operator	Работающий *adj.* без обслуживающего персонала; безлюдный *adj.* (о технологии)	Sans opérateur, *m.*	unbemannt, *adj.*
2660	Unmarketable	adj.	Unsaleable	Ненаходящий *adj.* сбыта, неподходящий *adj.* для рынка	Invendable, *adj.*	Unverkäuflich, *adj.*
2661	Unproductive	adj.	Fruitless	Непродуктивный *adj.*	Improductif, *adj.*	Unproduktiv, *adj.*
2662	Unprofitable	adj.	Not making profits	Нерентабельный *adj.*	Sans profit; non rentable	Ohne Gewinn
2663	Unqualified	adj.	Not competent	Некомпетентный *adj.*; неквалифицированный *adj.*	Non qualifié, *adj.*	Unqualifiziert, *adj.*
2664	Unreliable	adj.	Untrustworthy	Ненадёжный *adj.*	Peu fiable, *adj.*	Nicht vertrauenswürdig, *adj.*
2665	Unserviceable	adj.	Unworkable	Негодный *adj.*; неисправный *adj.*	Inutilisable, *adj.*	nicht gebrauchsfälug; unbrauchbas, *adj.*
2666	Unstable	adj.	Unbalanced; unsafe	Неустойчивый *adj.*	Instable, *adj.*	Unbeständig, *adj.*
2667	Unsuccessful	adj.	Abortive; failed	Неудачный *adj.*; безуспешный *adj.*	Sans succès	Erfolglos, *adj.*
2668	Unsupported	adj.	Unsubstantiated	Бездоказательный *adj.*	Sans appuis	Ncht unterstützt, *adj.*
2669	Untried	adj.	Inexperienced	Неопытный *adj.*	Non essayé	Unversucht, *adj.*
2670	Untruthful	adj.	Dishonest	Ложный *adj.*; лживый *adj.*	Mensonger, *adj.*	Unwahr, *adj.*
2671	Unyielding	adj.	Immovable	Неуступчивый *adj.* упрямый *adj.*	Inflexible, *adj.*	Unnachgiebig, *adj.*
2672	Up-market	adj.	High-end products	Высококачественный товар *m.*	Produit, *m.*; haut de gamme	Qualitätsware, *f.*
2673	Up-to-date	adj.	Modern	Современный *adj.*	A-jour; actuel, *adj.*	Modern, *adj.*; auf dem Laufenden
2674	Update	n.	Summary	Модернизация *f.*	Mise, *f.* à jour	Aktualisierung, *f.*
2675	Update (to)	v.	To modernize	Модернизировать *v.*	Mettre, *v.* à jour; actualiser, *v.*	Auf den neuesten Stand bringen
2676	Upkeep	n.	Preservation; support	Уход *m.*; ремонт *m.*; содержание *n.*	Entretien, *m.*; maintenance, *f.*	Instandhaltung, *f.*
2677	Uppercase	phr.	-- letter	Прописная буква *f.*	Majuscule, *f.*	Großbuchstabe, *m.*
2678	Upstream	adj.	Closer to production	Рост *m.* производства	En amont	werkseitig, *adj.*
2679	Uptime	n.	Time that a machine is functioning	Продолжительность *f.* работы в исправном состоянии	Temps, *m.* de fonctionnement	Verfügbare Betriebzeit, *f.*
2680	Upturn	n.	Trend upward	Сдвиг *m.* к лучшему; улучшение *n.*	Relance, *f.*; reprise	Konjunkturaufschwung, *m.*

No	ENGLISH	USE	COMMENT	RUSSIAN	FRENCH	GERMAN
2681	Urban	adj.	Metropolitan	Городской *adj.*	Urbain, *adj.*	Städtisch, *adj.*
2682	Urgency	n.	Importance	Срочность *f.*	Urgence, *f.*	Dringlichkeit, *f.*
2683	Urgent	adj.	Necessary; pressing	Срочный *adj.*	Urgent, *adj.*	Dringend, *adj.*
2684	Urgently	adv.	Demandingly; insistently	Срочно *adv.*	De toute urgence	Dringlich, *adj.*
2685	Usage	n.	Employment	Употребление *n.*	Usage, *m.*	Verwendung, *f.*
2686	Use	n.	Function	Использование *n.*; применение *n.*	Usage, *m.*; fonctionnement, *m.*	Gebrauch, *m.*
2687	Use (to)	v.	To employ	Использовать *v.*; применять *v.*	Employer, *v.*; utiliser, *v.*	Gebrauchen, *v.*; benutzen, *v.*
2688	Useful	adj.	Employable	Полезный *adj.*	Utile, *adj.*	Brauchbar, *adj.*; nützlich, *adj.*
2689	Useless	adj.	Without use	Бесполезный *adj.*; непригодный *adj.*	Inutile, *adj.*	Nutzlos, *adj.*; nicht verwendbar, *adj.*
2690	User	n.		Потребитель *m.*	Utilisateur, *m.*	Anwender, *m.*
2691	Utility	n.	Public service organization	Коммунальная служба *f.*	Service, *m.* public	Öffentliche Einrichtung, *f.*
2692	Utilization	n.	Use	Утилизация *f.*; использование *n.*	Utilisation, *f.*	Verwendung, *f.*; Nutzung, *f.*
2693	Utilize (to)	v.	To use	Использовать *v.*	Utiliser, *v.*; se servir, *v.*	Etw.nutzen, *v.*; verwenden, *v.*

No	ENGLISH	USE	COMMENT	RUSSIAN	FRENCH	GERMAN

V

No	ENGLISH	USE	COMMENT	RUSSIAN	FRENCH	GERMAN
2694	Vacation	n.	Holiday	Отпуск m.	Vacances, f.pl.	Ferien, pl.
2695	Vacuum	n.	Void	Вакуум m.	Vide, m.	Vakuum, n.
2696	Valid	adj.	Sound; legal	Действительный adj.; законный adj.	Valable, adj.	Gültig, adj.
2697	Validate (to)	v.	To authorize	Утверждать v.; подтверждать v.	Valider, v.	Gültig machen
2698	Validity	phr.	-- of assumption	Обоснованность f. предположения	Validité, f. des hypothèses	Stichhaltigkeit, f.
2699	Validity	n.	Legality	Действительность f.; законность f.	Validité, f.	Gültigkeit, f.
2700	Valuable	adj.	Precious; useful	Драгоценности f.pl.	De valeur; onéreux, adj.	Wertvoll, adj.
2701	Valuation	n.	Estimate	Оценка f.	Évaluation, f.	Bewertung, f.; Schätzung, f.,
2702	Value	phr.	Market --	Рыночная стоимость f.	Valeur f. du marché	Handelswert, m.
2703	Value	n.	Worth	Стоимость f. ценность f.	Valeur, f.	Wert, m.
2704	Value	phr.	Reduced --	Уценка f.; понижение v. в цене	Valeur, f. réduite	reduzierter Wert, m.
2705	Value	phr.	Book -- (net asset value)	Нетто-капитал m.	Valeur, f. nette comptable	Buchwert, m.
2706	Value	phr.	Net asset --	Нетто-капитал m.	Valeur, f. comptable	Buchwert, m.
2707	Valve	n.	Gate	Клапан m.	Soupape, f.	Klappe, f.; Ventil, n.
2708	Vanadium	n.	Metal	Ванадий m.	Vanadium, m.	Vanadium, n.
2709	Variable	adj.	Changeable	Переменный adj.; непостоянный adj.	Variable, adj.	Veränderlich, adj.
2710	Variance	n.	Difference	Расхождение n.; изменение n.	Variance, f.	Abweichung, f.
2711	Variation	n.	Difference	Вариация f.; изменение n.	Variation, f.	Veränderung, f.; Wechsel, m.
2712	Vehicle	n.	Conveyance	Транспортное средство n.	Véhicule, m.	Fahrzeug, n.; Wagen, m.
2713	Velocity	n.	Speed	Скорость f.	Vitesse, f.	Geschwindigkeit, f.
2714	Vendor	n.	Seller	Продавец m.	Vendeur, m.	Verkäufer, m.
2715	Venture	n.	Commercial speculation	Рискованное предприятие n.	Entreprise, f.; projet, m.	Unternehmen, n.; Spekulationsobjekt, n.
2716	Venture	phr.	-- capital	Рискованное вложение n. капитала	Capital, m. risque	Risikokapital, n.
2717	Verification	n.	Confirmation	Проверка f.; подтверждение n.	Verification, f.	Nachprüfung, f.
2718	Verify (to)	v.	To confirm	Проверять v.; подтверждать v.	Vérifier, v.	Bestätigen, v.
2719	Version	n.	Variant	Вариант m.	Version, f.	Version, f.
2720	Veto	n.	A veto or move against	Вето n.; запрещение n.	Veto, m.	Einspruch, m.
2721	Veto (to)	v.	To block;to stop	Налагать v. вето	Mettre, v. son veto	Gegen etw. Einspruch einlegen
2722	Video	phr.	-- cassette recorder	Видео-магнитофон m.	Magnétoscope, m.	Video recorder, m.
2723	Video	phr.	-- cassette tape	Видеолента f.; видеокассета f.	Bande, f. vidéo	Videoband, n.
2724	Viewpoint	n.	Opinion	Точка f. зрения	Point, m. de vue	Gesichtspunkt, m.

No	ENGLISH	USE	COMMENT	RUSSIAN	FRENCH	GERMAN
2725	Violate (to)	v.	To infringe	Нарушать v.	Enfreindre, v.; déroger, v.	Verletzen, v.
2726	Violation	n.	Infraction	Нарушение n.	Violation, f.; infraction, f.	Verletzung, f.
2727	Virtual	adj.	Hidden; latent; potential	Возможный adj.; потенциальный adj.	Virtuel, adj.	Tatsächlich, adj.; faktisch, adj.
2728	Visa	phr.	Entry --	Въездная виза f.	Visa, m. d'entrée	Einreisevisum, n.
2729	Visa	phr.	Exit --	Выездная виза f.	Visa, m. de sortie	Ausreisevisum, n.
2730	Visa	n.	Permission	Виза f.	Visa, m.	Visum, n.
2731	Visibility	n.	What can be seen	Видимость f.	Visibilité, f.	Sichtbarkeit, f.
2732	Visit	n.	Call	Визит m.	Visite, f.	Besuch, m.
2733	Visit (to)	v.	To make a visit	Посещать v.	Visiter, v.	Besuchen, v.
2734	Visitor	n.	Guest	Посетитель m.	Visiteur, m.	Besucher, m.
2735	Vital	adj.	Essential	Насущный adj.; существенный adj.	Vital, adj.	Lebenswichtig, adj.
2736	Vocation	n.	Occupation	Профессия f.	Vocation, f.	Eignung, f. Berufung, f.; Beruf, m.
2737	Voice	n.	Vote; approval	Голос m.	Voix, f.	Stimme, f.
2738	Voice	phr.	-- Mail	Звуковое письмо n.	Messagerie, f. vocale	Voice mail; Akutische Notiz
2739	Void	adj.	Empty, worthless	Пустой adj.	Nul; vide, adj.	Nichtig, adj.; ungültig, adj.
2740	Volatile	adj.	Gas; liquid	Летучий adj.	Volatil	Flüchtig, adj.; verdunstend, adj.
2741	Voltage	n.		Электрическое напряжение n.	Tension, f.	Spannung, f.
2742	Volume	n.	Size	Объём m.	Volume, m.	Volumen, n.
2743	Volume	phr.	-- production	Массовое производство n.	Production, f. de masse	Massenproduktion, f.
2744	Voluntary	adj.	Willing	Добровольны adj.	Volontaire, adj.	Freiwillig, adj.
2745	Vote	n.	Choice	Голос m.; голосование n.	Voix, f.; vote, m.	Stimme, f.
2746	Vote (to)	v.	To cast a vote	Голосовать v.	Voter, v.	Abstimmen, v.
2747	Voucher	n.	Receipt	Расписка f.; оправдательный бухгалтерский документ m.	Bon, m.	Quittung, f.; Buchungsbeleg, m.

No	ENGLISH	USE	COMMENT	RUSSIAN	FRENCH	GERMAN

W

No	ENGLISH	USE	COMMENT	RUSSIAN	FRENCH	GERMAN
2748	Wage	n.	Pay	Зарплата f.; заработная плата f.	Traitement, m.; salaire, m.; paye, f.	Lohn, m.
2749	Wage	phr.	-- earner	Наёмный рабочий m.	Salarié, m.	Lohnempfänger, m.
2750	Wage	phr.	Hourly --	Почасовая заработная плата f.	Salaire, m. horaire	Stundenlohn, m.
2751	Wages	n.	Salary	Зарплата f.; заработная плата f.	Salaires, m.pl.; traitements, m.pl.	Löhne
2752	Waive (to)	v.	To forego	Отказываться v.	Renoncer, v.	Verzichten, v.
2753	Walk-out	n.	Strike	Забастовка f.	Débrayage, m.	Streik, m.
2754	Want	n.	Need	Нужда f.	Besoin, m.; manque, m.	Bedürfnis, n.
2755	Want (to)	v.	To require	Нуждаться v.	Vouloir, v.	Etw. brauchen, v.
2756	Warehouse	n.	Storage area	Склад m.	Entrepôt, m.	Lager, n.
2757	Warehouse	phr.	Ex --	Со склада	Départ, m. entrepôt	Ab Lager, n.
2758	Warehouse	phr.	-- bond	Складская таможенная закладная f.	Certificat, m. de stockage	Zollverschlußschein, m.
2759	Wares	n.	Offered for sale	Товары m.pl.; продукты m.pl. производства	Marchandises, f.pl.	Waren, f.pl.; Güter, n.pl.
2760	Warning	n.	Caution	Предупреждение n.	Avertissement, m.	Warnung, f.
2761	Warranty	n.	Guarantee	Гарантия f.	Garantie, f.	Gewähr, f.; Garantie, f.
2762	Waste	n.	To refuse	Отходы n.pl.	Déchets, m.pl.	Abfall, m.
2763	Waste (to)	v.	To squander	Тратить v. зря; растрачивать v.	Gaspiller, v.	Verschwenden, v.
2764	Water	n.	Liquid	Вода f.	Eau, f.	Wasser, n.
2765	Water	phr.	Polluted --	Загрязнённая вода f.	Eau, f. polluée	Verunreinigtes Wasser, n.
2766	Weak	adj.	Thin; feeble	Слабый adj.	Faible, adj.	Schwach, adj.
2767	Weaken (to)	v.	To reduce; become weaker	Ослаблять v.	Affaiblir, v.	Schwächen, v.
2768	Weakness	n.	Fault; lack of strength	Слабость f.	Faiblesse, f.	Schwäche, f.
2769	Wealth, n.	n.	Riches	Благосостояние n.; богатство n.	Richesse, f.	Wohlstand, m.; Reichtum, m.
2770	Wear	phr.	-- and tear	Износ m.	Usure, f.	Abnutzung, f.
2771	Weather	n.	Climate	Погода f.	Temps, m.	Wetter, n.
2772	Weekly	adj.	Each week	Еженедельный adj.	Hebdomadaire, adj.	Wöchentlich, adj.
2773	Weight	phr.	Gross --	Вес m. брутто	Poids, m. brut	Bruttogewicht, n.
2774	Weight	n.	Heaviness	Вес m.	Poids, m.	Gewicht, n.
2775	Weight	phr.	Net --	Вес m. нетто	Poids, m. net	Nettogewicht, n.
2776	Wheel	n.		Колесо n.	Roue, f.	Rad, n.
2777	Wheel	n.	Steering	Руль m.	Volant, m.	Steuerrad, n.
2778	Wholesale	phr.	-- price	Оптовая цена f.	Prix, m. de gros	Großhandelspreis, m.
2779	Wholesale	phr.	-- purchase	Оптовые закупки f.pl.	Achat, m. en gros	Einkauf, m. im Großen
2780	Wholesale	adj.	Commercial	Оптовый adj.	En gros	En gros
2781	Wholesaler	n.	Vendor selling wholesale	Оптовик m.; оптовый торговец m.	Grossiste, m.	Großhändler
2782	Width	n.	Breadth	Ширина f.	Largeur, f.	Breite, f.
2783	Wildcat	phr.	-- strike	Неофициальная забастовка f.	Grève, f. sauvage	Wilder Streik, m.
2784	Win (to)	v.	To be victorious	Выигрывать v.; побеждать v.	Gagner, v.	Gewinnen, v.
2785	Window	n.	Opening	Окно n.	Fenêtre, f.	Fenster, n.

No	ENGLISH	USE	COMMENT	RUSSIAN	FRENCH	GERMAN
2786	Window	n.	Shop	Витрина f.	Vitrine, f.	Schaufenster, n.
2787	Window	n.	House; building	Окно n.	Fenêtre, f.	Fenster, n.
2788	Windshield	n.	Front window of a vehicle	Ветровое стекло n.	Pare-brise, m.	Windschutzscheibe, f.
2789	Wine	n.	Alcoholic drink	Вино n.	Vin, m.	Wein, m.
2790	Wire	n.	Cord	Провод m.	Fil, m.	Draht, m.; Leitung, f.
2791	Wiring	n.	Electric connections	Проводка f.	Câblage, m.	Verkabelung, f.
2792	Withdraw (to)	v.	To retire	Удалять v.; вынимать v.; убирать v.	Retirer, v.	Zurückziehen, v.
2793	Wood	n.	Material	Дерево n.	Bois, m.	Holz, n.
2794	Word	phr.	-- processing	Подготовка f. текста	Traitement, m. de texte	Textverarbeitung, f.
2795	Word	n.	Term	Слово n.	Mot, m.	Wort, n.
2796	Work	phr.	-- force	Рабочая сила f.	Main-d'œuvre, f.	Belegschaft, f.
2797	Work	phr.	-- in progress(UK)/ process(US)	Текущая работа f.	Travail, m. en cours	Halbfabrikat, n.
2798	Work	n.	Labor	Работа f.	Travail, m.	Arbeit, f.
2799	Work (to)	v.	To act; to function, to labor	Работать v.	Travailler, v.	Arbeiten, v.
2800	Work	phr.	Team --	Коллективная работа f.	Travail, m. en équipe	Gemeinschafts- arbeit, f.
2801	Work permit	phr.	Permission to work	Разрешение n. на работу	Permis, m. de travail	Arbeitserlaubnis, f.
2802	Workable	adj.	Feasible	Выполнимый adj.; реальный adj.	Réalisable, adj.	Ausführbar, adj.
2803	Worker	n.	Working person	Работник m.; рабочий m.	Ouvrier(ière), m./f.	Arbeiter(in), m./f.
2804	Working	phr.	-- hours	Рабочее время n.	Horaire, m. de travail	Arbeitzeit, f.
2805	Working	phr.	-- conditions	Условия n.pl. труда	Conditions, f.pl. de travail	Arbeitsbedingungen, f.pl.
2806	Working papers	phr.	Permission to work	Разрешение n. на работу	Permis, m. de travail	Arbeitspapiere, f.pl.
2807	Workmanship	n.	Skill	Мастерство n.	Qualité, f. d'exécution	Qualitätsarbeit, f.; Geschicklickkeit, f.
2808	Works	n.	Factory	Завод m.	Usine, f.	Werk, n.; Betrieb, m.
2809	Works	n.	Project; effort	Работы f.pl.	Travaux, m.pl.	Bauwerk, n.
2810	Workshop	n.	Work area	Мастерская f.; цех m.	Atelier, m.	Werkstatt, f.
2811	Workstation	n.	Automated	Рабочее место n. (автоматизиро- ванное)	Poste, m. (automatique) de travail	(automatishe) Arbeitsstation
2812	World	phr.	-- market	Мировой рынок m.	Marché, m. mondial	Weltmarkt, m.
2813	Worldwide	adj.	Global	Всемирный adj.	Mondial	Weltweit, adj.
2814	Worth	n.	Value	Ценность f.	Valeur, f.	Wert, m.
2815	Wrapper	n.	For food etc.	Обёртка f.; упаковка f.	Emballage, m.	Umhüllung, f.; Kreuzband, n.; Streifband, n.
2816	Write (to)	v.	To record	Писать v.; записывать v.	Écrire, v.	Schreiben, v.
2817	Write-off	n.	Total loss	Полное списание n. со счёта	Perte, f. totale	Totalverlust, m.
2818	Wrong	adj.	Incorrect	Неправильный adj.; неверный adj.	Faux, adj.	Falsch, adj.
2819	Wrongdoing	n.	Infraction	Правонарушение n.	Infraction, f.	Unerlaubte Handlung, f.
2820	Wrongful	adj.	Illegal	Незаконный adj.	Illicite, adj.	Unrecht, adj.

No	ENGLISH	USE	COMMENT	RUSSIAN	FRENCH	GERMAN

X

| 2821 | Xerography | n. | Copying | Ксерография f. | Xérographie, f. | Xerographie, f. |

Y

2822	Yardstick	n.	Measuring device	Измерительная линийка f.	Étalon, m.	Eichmaß, n.
2823	Year	phr.	Fiscal --	Финансовый год m.	Exercice, m.; année, f. fiscale	Rechnungsjahr, n.
2824	Year	n.	Period	Год m.	Année, f.	Jahr, n.
2825	Yearly	adv.	Each year	Ежегодный adj.	Annuel, adj.	Jährlich, adj.
2826	Yen	n.	Currency	Иена f.	Yen, m.	Yen, m.
2827	Yield	n.	Gain	Прибыль f.	Rendement, m.; produit, m.	Ertrag, m.; Ausbeute, f.
2828	Yield (to)	v.	To give; to bear; to produce	Приносить v. прибыль	Rapporter, v.; produire, v.	Ergeben, v.; einbringen, v.
2829	Young	adj.	New; recent	Молодой adj.	Jeune, adj.	Jung, adj.

Z

2830	Zero	n.	Nil	Нуль m.	Zéro, m.	Null, f.
2831	Zero defects	phr.	Production quality	Бездефектный adj.	Zéro Défaut, m.	Null Fehler, m.
2832	Zinc	n.	Metal	Цинк m.	Zinc, m.	Zink, n.
2833	Zone	n.	Area	Зона f.	Zone, f.; domaine, m.	Gebiet, n.; Bereich, m.; Gegend, f.
2834	Zoning	n.	Districting	Разделение n. на зоны	Zonage, m.; Plan, m. d'occupation des sols (POS)	Zone, f. Einteilung, f. in Bereiche

INDEX RUSSE

Русский указатель

Абзац; параграф	1752	Административный	52
Абсентеизм	3	Администрация; правление; руководство	1459
Абсолютный	4		
Авансовый платёж	1780	Администратор	54
Аварийное освещение	833	Администратор базы	53, 647
		Адрес	44
Аварийное электропитание	834	Адресат	46
Авиакомпания	79	Адресовать; обращаться	45
Автоматизация	159	Азартная игра; рискованное предприятие	1021
Автоматизированное производство; автоматизированная система управления производстом (АСУП)	303	Азот	1641
		Аккредитив	610, 1358
Автоматизированное проектирование	296	Акроним	34
Автоматический	157	Акт	677
Автомобиль	160, 321	Актив; капитал	134
Автономный	161	Акции	2407
Авторское право	568	Акции без дивиденда	886, 2302
Авторский гонорар; роялти	2225	Акционер	2413
Автострада	1093, 1598	Акционерное общество; корпорация	569
Агент	68		
		Акция	2300
Агент с исключительным правом	2342	Акционер	2301
Агрессивность	71	Алгоритм	84
Адаптация	40	Алфавитно-цифровой	89
Адаптировать	39	Альтернатива	92

Русский указатель

Алюминий	93	Армирование; усиление	2056
Амальгамирование	94	Ассигнование; размещение	86
Амортизатор	2314	Ассигновать ; размещать	85
Анализ	99	Ассортимент товаров	1388
Анализ качества	100	Атака	148
Анализ затрат и результатов	102, 585	Атом	146
Аналитический	103	Аукцион	151
Аннуитет; ежегодная рента	104	Аэропорт	82
Аннулирование	1656	Багаж	1428
Аннулировать	307, 2156	База	199
Аннулировать; отменять	105, 1260, 1657	База данных	642
		Базис	201
Аннулировать контракт	306	Базисный; основной	200
Антенна	108	Байт	294
Аппаратные средства	477, 1081	Балансовый отчёт; бухгалтерский баланс	172
Апеллировать; обращаться	109	Банк	178
Арбитр; третейский судья	122	Банкир	185
Арбитраж; третейский суд	119, 121	Банкнота; банковский билет	1651
Аренда	1341	Банковое дело	186
Арендатор; съёмщик	1356	Банковский автомат	145, 158, 339, 2515
Арендная плата	2130	Банкрот; несостоятельный должник	1204
Арендовать	1342		
Арендодатель	1357	Банкротство	188
Аргумент; доказательство	124	Баррель	196

Русский указатель

Бартерный товарообмен	2566	Бетон	501
Бартер; товароообмен	198	Библиотека	1368
Барьер	197	Библиотека стандартных текстов	230
Бастовать	2428		
Батарея	203	Бизнес-класс (на авиа/ железнодорожных линиях)	279, 405
Бездействующий завод	1121		
Бездефектный	2831	Бит (двоичная единица измерения количества информации)	227
Бездоказательный	2668	Благодарить	2534
Безнадёжный долг	169,660	Благосостояние; богатство	2769
Безопасность	2237, 2273	Блок питания	1867
Безопасность работы	1697	Бод	204
Безответный	2627	Бойкот	243
Безработица	2642	Большая электронно-вычислительная машина; Большая ЭВМ	1442
Безработный	2641		
Безрезультатный	1177	Большинство	1448
Безубыточное ведение дела	250	Большой	1322
Безукоризненный	944	Брак	2114
Безусловное право собственности на недвижимость; фригольд	995	Браковать; отклонять	2115
		Бриллиант	726
		Брокер; маклер	258
Бензин	1025	Бронза	260
Бесконечный	1181	Брошюра	1750
Бесполезный; непригодный	2689	Брутто	1065
Беспошлинный	799		
Бессрочное владение	1803	Будущее время	1016

Русский указатель

Будущие контракты	1014	Вводить новшества	1197
Будущий	1015	Ввоз; импорт	1134
Буква	1360	Ввозить; импортировать	1132
Бум; быстрый подъём (деливой активности)	238	Ввозная пошлина	1131
		Ввоз товаров	1258
Бумага	1751	Ведомство; отдел	698
Быть в долгах	2091	Величина; важность	1437
Бюро; рабочее место	709	Верность	1425
Бюро патентов	1764	Вероятность	1378
Быть должным; задолжать	1739	Вероятность; возможность	1930
Быть применимым; быть соответствующим	110	Вероятность; шанс	363
		Верфь	2313
Бюджет	261	Вес	2774
Вагон-ресторан	734	Вес брутто	1064, 2773
Вакуум	2695	Вец нетто	2275
Валовой национальный продукт (ВНП)	1042, 1063	Вести переговоры	1626
Валюта	622	Вето; запрещение	2720
Ванадий	2708	Ветровое стекло	2788
Вариант	1707, 2719	Взаимность; взаимный обмен	2076
Вариация; изменение	2711	Взаимный; общий	1606
Введение бухгалтерских книг; бухгалтерия	237	Взаимозависимость	1230
		Взаимозависимый	1231
Ввод; вход	1200	Взаимозаменяемость	1233
Ввод в эксплуатацию	229	Взимать налог	1363

Русский указатель

Взнос; пай	547	Влияние	1184
Взятка	254	Влиятельный	1185
Взяточничество	255	Вложение капитала с риском	317
Видеолента; видеокассета	2723	Вместимость	310
Видеомагнитофон	2722	Вмешиваться	1241
Видимость	2731	Вмещать	2420
Виза	2730	В наличии; в ассортименте	2409
Визит	2732	Внешний; наружный	930
Визитная карточка	280, 324	Внешний; иностранный	977
Вилять; увиливать	1086	Внешняя торговля	929, 976, 2567
Вино	2789	Внутренний	1245
Витрина	2786	Внутренняя торговля	1246
Вкладчик	1268	Вода	2764
Вкладывать (в конверт)	843	Возвращать	1038
Включать	1147, 2618	Возвращать; восстанавливать	2193
Включающий всё; содержащий всё	1148	Возвращать; компенсировать	2087
		Возвращать; отдавать	1774
Владелец; собственник	1741, 1984	Возвращаться	2198
Владение	1855	Возвращение	2196
Владение (землёй)	1098	Воздействие; влияние	1127
Владеть	1740, 1854	Возмещать; возвращать	2112
Власть	1871	Возмещать; компенсировать	2139
Влезать в долги	662	Возмещение; выплата	2140

Русский указатель

Возможность	1856	Вторичный	2266
Возможный; потенциальный	2727	Вход; ввод	478
Вознаграждение	520	Выбирать	386; 2276
Возражение	1661	Выбор	385; 1708
Волокна	950	Выбор; подбор	2277
Волоконная оптика	1702	Выборы	822
Вольфрам	2614	Вывеска	2324
Вопрос	1275, 2027	Вывод; заключение	1180
Воровать; красть	2400	Выводить из эксплуатации	2190
Воспламенение	436	Выполнение; осуществление	1003, 1129
Воспроизведение	2155	Выгодная покупка	191
Воспроизводить	2154	Выдерживать	2467
Восстановление; возмещение	2089	Выдача удостоверения; сертификация	358
В последнюю минуту; в последний момент	1325	Выездная виза	2729
Временный	2517	Вызов	360
Время	2547	Вызывать в суд	598
Время по Гринвичу	1061	Выигрывать; побеждать	2784
Всемирный	2813	Выключать	2617
Всеобъемлющий	473	Выкуп	2093
Вставлять	1202	Выполнимый; реальный	2802
Встречаться	1519	Выполнять; приводить в исполнение	1002, 1128
Встроенный	269	Выпуск; выход	1729

Русский указатель

Выпускать на рынок	442
Выпускать; производить	2616
Вырабатывать; производить	1942
Выравнивание; уравнивание	866
Высокий технический уровень	1092
Высококачественный	1090
Высококачественный товар	2672
Высокоэффективный	1089
Выставка	905
Выставка; ярмарка	941
Выставлять; экспонировать	904
Выступающий представитель; оратор	2367
Высшее качество	2019
Выхлоп; выпуск	903
Выход; вывод	481
Выходить из строя (при поломке)	252
Выходить на рынок	1480
Вычисление	475, 487
Вычислительная система	2472
Вычислять	476
Выявлять и устранять ошибки (в программе)	664
Въездная виза	2728
Газ	1023
Газета	1638
Гальванизация	1020
Гарант; поручитель	1070
Гарантировать	2640
Гарантия	1069, 2761
Генеральное соглашение по таможенным тарифам и торговле	75, 1026, 1030
Генератор	1035
Генерация	1034
Генерировать; порождать	1033
Гибель; разорение	2229
Гибкий	965
Гибкий (магнитный) диск; дискета	746, 964, 966
Гибкость	963
Гидравлика	1112
Гидроэлектрический	1114
Гипотеза	1116
Гипотетический	1117
Главный	1441
Гласность	1040
Говорить по телефону	2511
Год	2824
Годовой отчёт	2147

Русский указатель

Голос	2737
Голос; голосование	2745
Голосовать	2746
Гонорар	947
Город	399
Городской	2681
Горючий; воспламеняющийся	1182
Государственная собственность	1977
Государственный; национальный	1610
Государственный служащий	401, 2293
Государство	2387
Государственные ценные бумаги	1050
Готовый	2060
Градус	686
Гражданский	400
Гражданское строительство	853
Гражданство	398
Грамм	1058
График	373, 1060
Графопостроитель	1833
Груз	326
Грузовик	1414, 2606
Грузополучатель	521
Груз; партия товара	522
Давать	1039
Давление	1899
Данные	641
Даровать; давать дотацию	1059
Дата; число	649
Дать справку; информировать	1188
Дверь	773
Движение	1595, 2575
Двигатель	848
Двоичный	226
Двойственный	786
Двусторонний	218
Дебет	658
Дебетовать	659
Дебитор; должник	663
Девальвация	713
Девальвировать	714
Действие	36
Действие; операция; управление	1696
Действительность; законность	2699
Действительный; законный	2696
Действующее предприятие	493
Декодирование	673

Русский указатель

Делать; изготовлять	1450	Дефляция; снижение цен	684
Делать скидку	743	Децентрализация	666
Дело	274, 1499	Децибел (дБ)	667
Деловая операция; сделка	2579	Дешёвый	377
Деловое предприятие	276	Диагностика	721
Деловой	284	Диаграмма	722
Делопроизводство	411	Диаметр	725
Денежное обращение	396	Дивиденд	763
Денежный	1580	Дизель	727
Денежный перевод	1583	Динамика	802
Денежный рынок	1581	Динамичный	801
День	650	Дипломированный бухгалтер высшей квалификации	23, 24
День выплаты зарплаты	1777	Директория; каталог	737
Деньги	1582	Диск; лимб	723
Депеша; отправка	750	Дисковод	748
Депозит; вклад	701	Дисплей	751
Депрессия	703	Дистилляция	757
Дерево	2600, 2793	Дисциплина	740
Десятилетие	665	Дифференциал	729
Деталь	469	Диффузия	731
Дефективный	681	Длина	1354
Дефектный	681	Добавлять	41
Дефицит; нехватка	683, 2318	Добавочный; дополнительный	43, 931

Русский указатель

Добровольный	2744	Долгосрочная аренда	1340
Доверенное лицо	951	Долгосрочный	1412
Доверенный; уполномоченный	1996	Должность	1857
Доверие	2608	Доллар	769
Доверитель	1914	Дом	1108
Доверять	2609	Доминирование; господство	772
Доводить до конца	969	Доминировать	771
Договор; контракт	542	Домна	1011
Договор; соглашение	73, 2599	Дополнение	466
Договор купли-продажи	540, 2239	Дополнительная рабочая смена	2305
Доза	774	Дополнительное обеспечение	430
Док	765	Дополнительные льготы	211, 999
Доказывать	2068	Допуск; допустимое отклонение	2556
Доказывать; обосновывать	1993	Дорогой	656, 910
Доклад	2145	Дорогостоящий; дорогой	1091
Документ	766	Досада; неприятность	1653
Документация	767	Досрочный платёж; внесение аванса	56
Документы о прибыли и убытках	1956	Доставка; поставка	693
Документы, удостоверяющие личность	1163	Достаточный	2449
		Достаточный; адекватный	47
Долг	661	Достигать	2057
Долговое обязательство; облигация	657	Достигать зрелости	1500
		Достоверность; несомненность	356

Русский указатель

Достоинство	1530	Ежечасный	1105
Доход	1150, 2202	Жалоба	465
Доходность; прибыльность; рентабельность	1962	Железная дорога	2036, 2037
		Железная руда	1271
Доходный; прибыльный; рентабельный	1427, 1963	Железо	1272
Доход от вложенных денег	2195	Жесть	2549
Драгоценности	2700	Жёсткий	2212
Драгоценный	1882	Жёсткий диск	747
Драгоценный камень	1029	Жидкий	1392
Дробь	988	Жизненный цикл; цикл развития	634, 1373
Дубликат; копия	566, 788	Жизнь	1375
Дублировать; копировать	789	Жильё; жилище	800, 1110
Дума; мысль	2539	Житель; жилец	1674
Думать	2538	Журнал	1435
Дюжина	780	Жюри	1293
Единица измерения	2650	Забастовка	2427, 2753
Единица; элемент	2651	Забастовщик	2430
Единогласный	2626	Завершение	468
Единство; сплочённость	2653	Завершение операции	418
Ежегодный	2825	Завод	1829, 2808
Ежедневный	638	Завышать цену	1731
Ежеквартально	2026	Загрязнение	1844
Ежемесячно	1588	Загрязнение воздуха	78, 1845
Еженедельный	2772		

Русский указатель

Загрязнение окружающей среды	861	Законный	1330, 1350
Загрязнённая вода	1842, 2765	Закон об исковой давности	2396
Загрязнённый воздух	77, 1843	Законодательство	1349
Загрязнять	1841	Закрывать	49, 416
Задание; поручение	138	Закрывать фабрику	415
Задаток; первый взнос	1782	Замедлять	2338
Задержка; отсрочка	687	Замена; подмена	2444
Задержка платежей	689	Заменять	2141, 2238
Заём	1399	Замкнутая цепь	417
Зажигание	1122	Замок	1404
Заказ	1710	Занимать; одалживать	240
Заказное письмо	2106	Занятие	841
Заканчивать	497	Занятие; профессия	1675
Заклад; ипотека	1593	Занятый	286, 847
Закладывать	1594	Запаздывание	2543
Заключать контракт (доровор)	496	Запас	2419, 2462
Заключать субподрядный договор	2436	Запас; резерв	2410
		Запасать; копить	1096
Заключение	500	Запасная часть	2353
Заключение договора	498	Запасная шина	2354
Заключение сделки	499	Запас сырья	2408
Заключить договор	74	Запатентованное изделие; фирменное изделие	1983
Заключить сделку	275		
Закон	35, 1329	Запатентованный	1767

Русский указатель

Запатентованный; фирменный	1983	Здание; сооружение	815
(За)Патентовать	1765	Земля	1319
Запатентовать	1766	Зерно	1057
Запирать	1405	Знание	1307
Записи; протоколы	2086	Значение; вовлечение	1130
Запись; учёт; регистрация	2083	Значительный; важный	1133
Запоздалый; просроченный	1732	Золото	1044
Заполнять бланк	467	Золото / серебро в слитках	273
Запоминающее устройство (память) компьютера	482	Зона	2833
Запрашиваемая цена	1907	Зона обслуживания; сбытовая территория	2527
За пределами морской границы; заокеанский	1685	Зона сбыта	2242
		Зонд; щуп	1931
Запрещать	1970	Зрители; аудитория	152
Запрос; просьба	2159	Игра на бирже; спекуляция	2361
Зарабатывать	803	Играть на бирже; спекулировать	2360
Заработок	807		
Зарплата; заработная плата	1770, 2238, 2748, 2751	Идентификация	1118
		Идентичность	1120
Застой	653	Иена	2826
Защита; предосторожность	1988	Иерархия	1088
Заявление	112	Избыток; затоваривание	1041
Заявлять	2389	Избыточность; чрезмерность	2097
Звуковое письмо	2738	Извещение	65

Русский указатель

Изготавливать; производить	1468	Имитировать; моделировать	2328
Изготовитель комплектного оборудования	871	Импортная пошлина	793
		Импортные товары	1135
Изготовление (продукции)	1467	Импровизировать	1140
Издавать; выпускать	1276		
		Инвентаризация; опись	1262
Издание	2000		
		Инвестирование; капиталовложение	1267
Издатель	2003		
Издержки; затраты	1726	Инвестировать; вкладывать	1264
Издержки производства	588, 1000	Инвестиционный банк	181, 1266
Излишек; избыток	896	Индекс	1166
Излишек; остаток	2465	Индивидуальный; отдельный	1167
Излишек производственных мощностей	1730	Индустриализация	1171
		Индустрия	1172
Изменение	90, 365		
		Инженер	849
Измерение; размер	1507		
		Инженер-механик	851
Измерительная линейка	2822		
		Инженер-технолог	852
Износ	2770		
		Инженер-электротехник	850
Изобретние	1261		
		Инициатива	1195
Изоляция	1274		
		Иностранная валюта	620, 974
Изучение коньюнктуры; изучение возможностей рынка	1477		
		Инспектор	1207
Иллюминация; освещение	1123	Инспекция; осмотр	1206
Имеющий обратное действие	2194	Инструкция; правила по эксплуатации	1212
Имитатор	2329		
Имитация	1125	Инструкция по эксплуатации	1695

Русский указатель

Инструмент	1213, 2558	Исключать	899
Интегральная схема (ИС)	391, 1221	Исключение	895
Интеллектуальная собственность	1224, 1979	Исключительный; единственный	900
		Испарение	883
Интерактивный; взаимодействующий	1232	Исполнительный; быстрый	1976
Интервал; промежуток	1253	Использование; применение	2686
Интервенция; вмешательство	1254	Использовать	2693
Интервью	1255	Использовать; применять	2687
Интервьюировать	1256	Исправление	571
Интерес	1235	Исправление счёта	51
Интерпретация; толкование	1250	Исправлять; уточнять	50
Интерпретировать	1248	Испытание; проба	2531
Интерфейс	1240	Испытывать	2532
Интуиция; внутреннее чутьё	1075	Исследование	918, 2162, 2434
Инфляция	1183	Исследование и разработка	2163
Информационная система управления	1186, 1457, 1556	Исследование операций	1698
		Исследователь	2164
Информация	1187	Исследовательская лаборатория	2528
Инфраструктура	1192	Истечение (срока контракта)	914
Игра	1022	Источник	2351
Играть на бирже	2360	Источник информации	367
Иск; дело	37	Итерация; повторение	1279
Искажение	758	Кабель (электрический)	295
Искажение (фактов)	1557	Как можно скорее	128, 234

Русский указатель

Календарное планирование методом критического пути	615, 1768
Календарь	301
Калибровка; тарировка	302
Калькулятор	300
Калькулировать; вычислять	298
Кампания	304, 783
Канал	305, 368
Канал связи	1385
Канцелярская волокита; бюрократизм	2092
Капитал	314, 1913
Капитализация; превращение в капитал	319
Капитализировать; превращать в капитал	320
Капиталоёмкий	318, 1227
Карандаш	1790
Карта	323
Картель	330
Кассета	331, 341
Кассир	340
Кассовый аппарат; касса	335
Катализатор	343
Каталог	342
Каучук	2226
Кафе	297
Качественный	2016
Качественный анализ	100, 2015
Качество	2020
Квадрат	2372
Квалификация	2014
Квалифицированный	2334
Квалифицированный труд	1313, 2335
Квартал	2025
Кворум	2032
Квота	2033
Киловатт	1304
Килограмм	1302
Километр	1303
Киоск; палатка	1305
Кирпич	256
Кислород	1743
Клавиатура	1300
Клапан	2707
Классификация	407
Классифицировать; оценивать	2044
Класс; разряд	403

Русский указатель

Клаузула; предложение	408	Коммерция; торговля	439
Клиент	412	Коммерческая школа	282, 2256
Клиентура	413	Коммерческий банк	1526
Клиринговый банк	180	Коммерческий вопрос	440
Книга	235	Коммерческо-информационное обслуживание	1225
Коалиция	422	Комиссионные; куртаж	259
Код	424	Коммунальная служба	2691
Кодирование	425	Коммунальные услуги	1998
Командировка	281	Компания-держатель; холдинг-компания	1097
Коленчатый вал	603		
Колесо	2776	Компания с ограниченной ответственностью	453, 1384
Количественный	2023	Компенсация	458
Количественный анализ	98, 2022	Компенсация; вознаграждение	2081
Количество	2024		
Коллега	431	Компетентность; квалификация; опыт	913
Коллектив; группа	2494	Компилятор	464
Коллективная работа	2495, 2800	Комплект; ряд; серия	2298
Коллективный	433	Комплект шрифта	970
Коллекция	432	Компромисс	474, 2570
Командировка; деловая поездка	278, 2604	Компьютер	483
		Компьютеризировать	486
Комиссия	443	Конвейерная лента	559
Команда	438	Конвенция	555
Коммерсант; бизнесмен	283	Конверт	858

Русский указатель

Конвертер	556	Контроллер	553
Конвертируемая валюта	558, 619	Контроль; проверка	550, 1586
Конвертируемая (твёрдая) валюта	1080	Контроль за уровнем издержек	552, 583
Конгломерат	514	Контроль качества	2017
Конечная станция	2524	Контрольный список	380
Конечный пользователь	845	Контрольная установка	548
Конкурент	462	Конференция	506
Конкурентоспособная цена	461	Конфиденциальный	509
Конкуренция	460	Конфисковать	511
Конкурс	538	Конфронтация	512
Коносамент; транспортная накладная	222	Концентрация	491
		Концепция; понятие	492
Консолидация; укрепление	524	Концерн	494
Консульство	527	Кооператив	561
Консультант	528	Кооперация	560
Контакт; соприкосновение	534	Координация	563
Контейнер	535	Копия; дубликат	595
Контейнер для судна	536	Корабль	2306
Контора; кабинет	1683	Коробка; ящик	242
Контракт на строительство под ключ	545, 2620	Короткое замыкание	394, 2316
Контролёр; финансовый инспектор	554	Корреспонденция	572
		Коррупция	573
Контролировать	551	Коэффициент нагрузки	1397
Контролировать; проверять	379		

Русский указатель

Кража	2535	Кумулятивный	618
Крайность	933	Купля; покупка; закупка	2006
Крайняя необходимость; авария	835	Купчая	223
Кран	602	Курс обмена	897, 2046
Красить	1749	Лаборатория	1315
Краска	1748	Лазер	1324
Краткий биографический очерк	1955	Лазерный принтер	1919
Кратковременный	2317	Легализация	1347
Кредит	606	Легализовать	1348
Кредитная карточка	605	Легальность; законность	1346
Кредитовать счёт	18, 608	Лесоматериал; древесина; строевой лес	2542
Кредитор	611	Летучий	2740
Кредитоспособность; платежеспособность	607	Лёгкая промышленность	1175, 1377
Кремний	2325	Лидер; руководитель	1336
Кривая обучения	628, 1339	Ликвидация	1393
Кризис	612	Ликвидность	1394
Кристаллизация	617	Линейный	1389
Критерий	613	Линия высокого напряжения	1868
Критический	614	Линия связи	1387
Круг	390	Литейный завод	987
Крупномасштабный	1323	Лицензирование	1371
Ксерография	2821	Лицензия на торговлю	1369
Ксерокс; копировальная машина	1815	Лицо свободной профессии	996

Русский указатель

Личный состав	1806
Лишать права выкупа	973
Логарифм	1406
Логарифмическая линейка	1407
Логика	1408
Ложный; лживый	2670
Локальная сеть	1318, 1401
Лом; скрап	2258
Лошадиная сила (ЛС)	1102
Лучше	212
Магазин	2315, 2418
Магнит	1436
Магнитная запись	2484
Магнитофон	2085, 2483
Макет	127, 1567
Макроэкономика	1434
Максимально увеличить	1501
Максимизовать	1501
Максимум	1502
Малый ход; малая скорость	1423
Манипуляция	1465
Марганец	1463
Маргинальный; предельный	1473
Марка (немецкая)	712
Маркетинг	1494
Массовая память	2417
Массовое производство	2743
Массовое увольнение; локаут	1405
Мастер; прораб	978
Мастерская; цех	2810
Мастерство	601, 2807
Масштаб	2252
Математическое обеспечение	480, 2341
Материал	1496
Материально-техническое обеспечение	1409
Матрица	1498
Машина; станок	1432
Машиностроение	1509
Машины; техника	1433
Мгновенный	1211
Мебель	1012
Медленный	2337
Медь	564
Международная корпорация	1601
Международный	1247
Мелкие деньги; мелочь	364

Русский указатель

Мелкий; детальный	1555
Меморандум; памятная записка	1521
Меновая стоимость	898
Меньший	1355
Меню	1523
Мера; датчик	1027
Места для адвокатов	189
Местный	1400
Место	1820, 1852, 2265, 2352
Местная администрация	1053
Местоположение; место	1403
Металл	1532
Металлический	1533
Металлы	1534
Метод	1537, 2499
Метод ПЕРТ	1807
Метр	1536
Метрический	1538
Механизация	1511
Механизировать	1512
Механизм	1510
Механик	1508
Мешать	1094

Мёртвая точка	653
Микроволна	1543
Микрокомпьютер	1540
Микрокристалл	1539
Микропроцессор	1542
Микрофиша	1541
Миллиард	225
Миллиграмм	1545
Миллиметр	1546
Миллион	1547
Миниатюризация	1549
Миникомпьютер	1550
Минимизировать	1551
Минимум	1552
Министерство	1553
Мировой рынок	1488, 2812
Миссия	1562
Мнение	1699
Многосторонний	1600
Многочисленный	1660
Мода	943, 1568
Модель; образец	1569, 1769
Модем	1570
Модернизация	1573, 2674

Русский указатель

Модернизировать	1574, 2675
Модификация; видоизменение	1575
Модифицировать	1576
Модуль	1577
Молекула	1578
Молибден	1579
Молодой	2829
Монета	426
Монополия	1587
Мораль	1590
Мораторий	1591
Морская перевозка; морской транспорт	2260
Морским путём; морем	2261
Мотор (двигатель)	1597
Муниципалитет	1605
Муниципальный	1604
Мышь	1599
Набирать номер	724
Наблюдать	1668
Наблюдение	1667
Наблюдение; надзор; контроль	2458
Набор; ассортимент	2042
Набросок; черновик	782
Навалом	270
Наведение справок; запрос	1201
Навигация	1619
Наводить справки	1189
Навык; практический опыт	2333
Награждать; вознаграждать	2209
Нагрузка	1398, 2426
Надбавка цены	215
Надёжность	2119
Надёжный; заслуживающий доверия	2610
На душу (населения)	1791
Наёмный рабочий	2749
Нажатие клавиши	1301
Название	1607
Название фирмы; фирменное название товара	2562
Назначение	708
Наказание; штраф	1788
Накапливание	490
Накладная на предметы материально-технического обеспечения	221
Накладные расходы	1733

Русский указатель

Налагать вето	2721	Нарушение договора	544
Наличные деньги	337, 1079	Нарушение суточного ритма	1282
Наличный; доступный	162	Наряд на погрузку	2312
Наличными против (грузовых) документов	338, 768	Население	1848
		Настоящнй	1892
Налог	2489	Настоящий; подлинный	1036
Налог доходов	570	Насущный; существенный	2735
Налоговая льгота	2492	Натурализация	1616
Налогообложение	2493	Наугад; случайно	2041
Налог с доходов	570	Наука	2257
Налог с доходов корпорации	2491	(Научные) исследования и опытные разработки	718
Наложенный платёж	334, 692		
Наложенным платежом	423	Национализация	1613
Намерение	1229	Национализировать	1614
Нанимать	838, 1095	Национализм	1611
Наниматель; арендатор	2518	Нация; страна; государство	1609
Наниматель; работодатель	840	Начало	1718
На открытом воздухе; внешний	1725	Начальный	1194
Нападать; атаковать	149	Начинать	2385
Нарастать	29	Неадекватный	1144
Народный	1847	Неблагоприятный	2645
Нарушать	2725	Небрежность	1625
Нарушать законы	1328	Неверная информация	1559
Нарушение	2726	Неверное истолкование	1558

Русский указатель

Невозместимый	1273	Нематериальный; неосязаемый	1219
Невозможность	1136	Немедленный доступ	8
Не выполнить обязательства	679	Немецкая марка	637, 712
Негодный; неисправный	2665	Ненадёжный	2664
Недвижимость	2062	Ненаходящий сбыта; неподходящий для рынка	2660
Недействительный	1259,1654	Необходимость	1622
Недооценивать	2637	Неоглашение	1645
Недостаток	1316	Неограниченный	2655
Недостаток; дефицит	2254	Неоднозначность	95
Недостаток; невыполнение обязательств; неуплата	678	Неопределенность	2633
Незавершённый	1155	Неопределенный	2632
Независимость	1164	Неопытный	1179, 2669
Независимый	1165	Неорганическая (химия)	1199
Незаконный	2654, 2820	Неотъемлемый; существенный	1220
Не иметь на складе	2411	Неофициальная забастовка	2429, 2783
Неисправность машины	253	Неплатёжеспособный; несостоятельный	1203
Неисправность; неприятность	2605	Неподвижный; стационарный	2390
Нейтрализация	1635	Неподходящий	1178
Нейтральный	1634, 2634	Неправдоподобный; невероятный	1137
Некомпетентный; неквалифицированный	2663	Неправильное мнение; суждение	1561
Неконвертируемая валюта	623	Неправильное употребление; злоупотребление	1564
Нематериальные активы; "неосязаемые ценности"	1218	Неправильный; неверный	2818

Русский указатель

Непредвиденный	2628	Неудачный; безуспешный	2667
Неприемлемый	2624	Неуправляемый; неподдающийся контролю	2658
Непризнанный	2625	Неустойчивый	2666
Непродуктивный	2661	Неуступчивый; упрямый	2671
Нерабочий день	1099	Нефтехимический	1810
Неравномерный; несбалансированный	2630	Нефть	1687, 1811
Неравный; неравномерный	2643	Нехватка денег	1317, 1584
Нерентабельный	2662	Нечистота; грязь	1141
Нерешительность	1162	Низкий	1420
Нержавеющая сталь	2379	Низкосортный	1422
Несоблюдение правил	1644	Никель	1640
Несовместимый	1153	Ниша	1639
Несостоятельность; банкротство	940	Новости	1637
		Новшество	1198
Неспособность	1143	Новый	1636
Неспособный	1145	Номинальный	1643
Неспособный; некомпетентный	1154	Норка	1554
Несправедливый	2644	Норма	1646
Нестабильность; неустойчивость	1208	Нормализация	1648
Несчастный случай	11	Нормализовать	1649
Неточный; неправильный	1157	Нормальный; обычный	1647
Нетто-капитал; нетто-активы	135	Нотариус	1650
Нетто-капитал; чистая стоимость	236, 1631, 2705, 2706	Ноу-хау; техническая информация	1306

Русский указатель

Ночная смена	2304	Оборот	2222
Нужда	2754	Оборотный капитал; оборотные средства	136, 315
Нужда; необходимость	1621	Оборудование	870, 1830
Нуждаться	2160, 2755	Обоснованность предположения	2698
Нуждаться (в чём-либо)	1623		
Нуль	1655, 2830	Обрабатывать	1937
Обанкротившийся	187	Обрабатывающая промышленность	1173, 1471
Обеспечение; снабжение	1995	Обработка данных в реальном масштабе времени	1939
Обеспечивать	144		
Обеспечивать персоналом	2377	Обработка информации	645
Обеспечивать; снабжать	1994	Обработка информации в реальном масштабе времени	2064
Обесценение; амортизация	702		
Обещание	197	Обработка информаций	1191, 1938
Обещать	1973	Образец	2245
Обёртка; упаковка	2815	Образ; репутация	1124
Обкатка	2233	Обратимость; конвертируемость	557
Обкатка (машины)	249	Обратная связь	948
Облагать налогом	2490	Обращение товаров	1046
Облигация	231	Обстоятельство	397
Обман	992	Обсуждение; дискуссия	745
Обманывать	378, 685	Обусловливание; условие	2405
Обмен валюты	975	Обход; окружной путь	393
Обновлять	2129	Общение; связь	451
Обобщать	1032	Общественный сектор	2271

Русский указатель

Общий	1031	Однородность; единообразие	1101, 2647
Общий рынок; Европейское Экономическое Сообщество(ЕЭС)	447, 880, 1481	Однородный; единообразный	2646
		Одобрение	117
Общий убыток; суммарные потери	1417	Одометр	1678
Общий; целый; полный	2559	Ожидание	906
Объединение; интегрирование	1222	Окно	2785, 2787
Объединение; слияние	1529	Окружающая среда	859
Объединять(ся); сливать(ся)	1528	Окружение; окружающая среда	860
Объём	2742	Оплата; вознаграждение	2128
Объяснение	917	Оплачиваемый; подлежащий оплате	1775
Объяснять	916	Оправдание	1296
Обыкновенные акции	448	Оправдывать	1297
Обычным путём	366	Определение стоимости	2050
Обязательный	1462, 1666	Опрос	1840
Обязательный; неизбежный	1620	Оптация; выбор	1709
Обязательства	1365	Оптимальность; оптимум	1706
Обязательство	445, 798, 1665	Оптимальный	1703, 1705
Ограничение	525, 1382, 2178	Оптимизировать	1704
Ограничивать	1381, 2177	Оптический	1701
Ограниченная ответственность	1366, 1383	Оптовая цена	1909, 2778
Одалживать	1351	Оптовик; оптовый торговец	2781
Одновременно	2330	Оптовые закупки	2779

Русский указатель

Оптовый	2780	Осуществимый; выполнимый	946, 1877
Организация	1716	Осуществление; реализация	2066
Организовывать	1717	Осязаемый	2481
Органическая химия	1715	Ответ	106, 2143
Ординарный; обычный	1713	Ответсвенное лицо	2175
Освобождение	902	Ответственность; подотчётность	20, 2174
Ослаблять	2767	Ответственный	1367
Осматривать	892, 1205	Отвечать	107, 2144
Основа; каркас	989	Отдел	764
Основа; фундамент	1066	Отдельный; сепаратный	2288
Основная причина; логическое обоснование	2054	Отделять	2289
Основной	1008	Отель; гостиница	1103
Основной; первичный	1912	Отечественный; внутренний	770
Основной капитал; основные средства	137	Отзыв	2098
Основные фонды	316	Отказ	2100, 2116
Основы	1009	Отказать	2101
Оспаривать	754	Отказываться	2120, 2752
Оставаться	2398	Откладывать	688
Останавливать(ся)	2415	Отклонение; отход	719
Остаток	2121	Открывать(ся)	1691
Осторожность; внимание	325	Отличный	894
Осторожный	346	Отметка; высота	1087
Осуществимость; выполнимость	945	Отметка; репер	209

Русский указатель

Относительный показатель	2051	Охрана окружающей среды	863
Относящийся к делу; уместный	2118	Оценивать	132, 881
Отношение; связь	2117	Оценивать; расценивать	2049
Отправитель	2285	Оценивать; составлять смету	879
Отправитель авиапочтой	80	Оценка	115, 133, 882, 2701
Отправить заказным письмом	2105	Очевидный; ясный	1672
Отправка	2308	Очередной взнос; частичный платёж	1210
Отправлять	697, 2307	Очередь	2030
Отправная точка	1835	Очистка от таможенных пошлин	410
Отпуск	1343, 2694	Очистка; очищение	2010
Отрасль	952	Ошибка; заблуждение	875, 1563
Отрицательный; негативный	1624	Ошибка; помеха	264
Отсрочивать	682	Падение; спад активности	672, 778
Отсрочивать; откладывать	1860	Пакет	1755
Отсрочка; откладывание	1861	Память	1522
Отсрочка; продление срока	928	Папка; дело	953
Отставание; просрочка	125	Параллельный	1753
Отставка	2171	Параметр	1754
Отставка; выход на пенсию	2191	Партия	202, 1419
Отступать; уклоняться	762	Партнёр	1762
Отходы	2762	Пассажир	1763
Отчёт о понесённых расходах	14, 909	Пассив; задолженность	1364
Отчёт о прибыли и убытках	1151	Патент	1765

Русский указатель

Паушальная сумма	1429	Переменные издержки	584,736
Первичный; первоначальный; предварительный	1911	Переносить	329
Первый сорт	2021	Переоценивать; завышать стоимость	1736
Первый класс (на авиа/железнодорожных линиях)	404	Перепродавать	2165
		Переписывать	567
Перевес; излишек веса	1738	Пересматривать	2206
Перевод	2589	Пересмотр	2205
Перевод денег	2124	Пересмотр цен	1904
Переводить	1249, 2588	Перестройка	1793
Переводчик	1251, 2590	Пересылать	985
Перевозка	2582	Переход	2587
Переговоры	194, 1627, 2480	Переходить в наступление	1680
Перегружать	1735	Перечислять	1396
Перегрузка	1734, 2598	Перечислять по пунктам	1278
Передавать в собственность	2580	Период; срок	1797, 2522
Передавать в субаренду	2439	Период действия налоговых льгот	1100
Передать телекс	2514		
Передача данных	449, 643	Периодический	1788
Передача; перевод	2581	Периодичность технического обслуживания	1446
Передача; пересылка	2591	Периодичный	1798
Передающее устройство; передатчик	2593	Период развития	716, 2546
Переключение передач	1028	Периферийное устройство	1799
Переменное напряжение	91	Персональный компьютер (ПК)	484, 1805

Русский указатель

Перспектива	1728	Плата за перевозку	2311
Перспективное планирование	1827	Платёж	1783
Перспективный	1411	Платёжеспособность	2345
Петля	1413	Платёжеспособный	2346
Печатать	1916	Платёжный баланс	171
Печатать на машинке	2622	Платёж против документов	1773, 1781
Печатная плата	1917	Платить	1772
Печатная схема	1918	Платить аванс	1771
Печать; пресса	1898	Платить авансом; авансировать	55
Пиковая нагрузка	1786	Платить наличными	336
Писать; записывать	2816	Плотина	639
Писать через дефис	1115	Плотничное дело	327
Письмо	1359	Плотность населения	696, 1849
Питание	1876	Плохое управление; плохое руководство	1560
Пишущая машинка	2623	Площадь	123
Пищевые продукты	971	Побочные доходы	1804
План	706, 1822	Побочный продукт	293
План; карта	2466	Поведение	206
Планирование	1828	Поведение потребителей	207, 532
Планировать	1823	Повестка дня	67
План маркетинга	1825	Поворачивать	2204
План работы	1824	Поворот; вращение	2220
Пластмассы	1831		

Русский указатель

Повторный заказ; возобновлённый заказ	2133	Поддержка	168, 2464
Повторять заказ; возобновлять заказ	2134	Подкуп	1056
		Подлежащий уплате счёт	2073
Повторять; резюмировать	2070	Подлинный	1720
Повышательная рыночная коньюктура	272	Подниматься	2214
		Подоходный налог	1149, 2488
Повышать цены	1476	Подписать	2321
Повышение заработнной платы	2039	Подписать контракт	543
Повышение стоимости	116	Подпись	2323
Погашать (долг) в рассрочку	96	Подробность; деталь	711
Погода	2771	Подрядчик	546
Погрузочная ведомость	1464	Подтверждение	31, 510
Подавать в суд	1345, 2448	Подъём	2213
Подарок	1037, 1893	Поезд	2576
Подвергать опасности; рисковать	1280	Поздний	1326
Подвижность	1566	Поиск	2013
Подводить баланс	173	Поиск; исследование	2262
Подготавливать	1891	Показатель; степень	1505
Подготовка	1887	Показывать; выставлять	752
Подготовка; обучение	2578	Покупатель	290, 629, 2008
Подготовка текста	2794	Покупательная способность	292, 1875, 2009
Подданство; гражданство	1612		
Подделка; подлог	980	Покупать в кредит	287, 609
Подделывать	594	Покупать; закупать; приобретать	2007

Русский указатель

Покупать снова (ранее проданный товар)	289
Покупать что-либо	288
Полагать; предполагать	1900
Полезный	2688
Полезный груз	1779
Полимер	1846
Политика; стратегия	1839
Полиция	1837
Полная занятость	1005
Полная перемена; поворот на 180 градусов	2203
Полно	1004
Полное списание со счёта	2817
Половина	1076
Положительный; определённый	1853
Полупроводник	2283
Получатель платежа	1778
Получать	2074
Получать; добывать	2038
Получать; достигать	1671
Получать выполненный заказ	694
Получать доступ	9
Получать; обратно взыскивать	2088
Получать справки	1190
Польза; выгода	210
Помещать бок о бок; сопоставлять	1298
Помнить	2122
Помощник; ассистент	141
Помощник руководителя; референт	140
Помощь; содействие	139
Понижательный	779
Понимание	2639
Понимать	2638
Поражение	680
Порождать; давать начало	1721
Порог; преддверие	2541
Порошок; пудра	1866
Порт	1850
Портфель для документов; атташе-кейс; дипломат	147, 332
Портфель заказов	167
Портфель ценных бумаг	1851
Поручать	507
Порядковый номер	2291
Посетитель	2734
Посещать	2733
Последний; заключительный	955
Последовательность	523

Русский указатель

Последовательность; порядок	2290	Поточно-массовое производство	1948
Послужной список	2182	Потребитель	529, 2690
Посредник	1243	Потребительские товары	530
Посредничать	1514	Потребление	533
Посредничество	1515	Почасовая заработная плата	1106, 2750
Посредственный	1516	Почасовой	1104
Поставка оборудования	1940	Почта	1439, 1440, 1858, 1859
Поставка фоб	994	Почтовая бумага; писчебумажные принадлежности	2391
Поставлять	690	Пошлина; налог	797, 2487
Поставщик	2460	Пошлины	794
Постанавливать	2231	Правда	2611
Постоянно проживающий	2169	Правдивый; верный	2607, 2612
Постоянный	1800	Правдоподобный	1832
Постоянный ток	735	Правило; закон	2230
Поступление товара	126	Правильный; справедливый	2210
Посылать	2284	Правительство	1051
Посылающий (бросающий) вызов	361	Право	2211
Посылка	1745	Правонарушение	2819
Посылка; пакет	1744	Право удержания	1372
По телефону	2508	Практика	1879
Потенциал	1863	Практиковать	1880
Потенциальный	1862	Практический	1878
Потери	1418		

Русский указатель

Прачечная	1327
Превышать	893
Предварительный	1886
Предел	1379
Предел; граница	239, 1000
Предельные издержки	589, 1474
Предельный срок	652, 1380, 2544
Предлагать цену	216
Предлагать надбавку к цене	217
Предложение	214, 1682, 2287, 2520
Предложение; заявка	1981
Предложение; заявление	1982
Предметы роскоши	1430
Предоставление займов; ссуда	1353
Предостережение	345
Предосторожность	1881
Предохранитель	1013
Предохранять; защищать	1987
Предполагать	1072
Предположение	142, 1071
Предпочитать	1883
Предпочтение	1884
Предприниматель	857
Предприятие	855
Председатель	359
Предсказание; прогноз	972
Представитель	2152
Представительный	2151
Представительство	2150
Представление; доклад; показ	1894
Представлять	1257, 2149, 2440
Предубеждение	1885, 2760
Предыдущий	1902
Преемник	2447
Преемник; замена	2142
Президент	901, 1896
Преимущество	57
Прейскурант; ценник	1905
Прейскурантная цена	1908
Прекращение	2
Прекращение работы; вывод из эксплуатации	2297
Премиальная надбавка	1889
Премия; бонус	234
Премия; награда; вознаграждение	2208
Преобладать; господствовать	1901
Прерывать	1252
Преследовать	2012

Русский указатель

Пресс-конференция	1897	Принимать решение	2344
Преувеличение	889	Приносить прибыль	2200, 2828
Прибавка; прирост	1161	Приносящий процент	1239
Приближение	118	Принтер	1920
Прибыль	1472, 1958, 2197, 2827	Принцип	1915
Прибыль; выигрыш	1019	Принятие решения	670
Прибыль; доход	2199	Принятые в международной практике определения международных коммерческих терминов; Инкотермы	1158
Привилегия; право	991, 1926		
Привод; механизм	720	Приобретать	32
Приготовление; подготовка	1890	Приобретение	33, 2479
Приемлемый	6	Приоритет; порядок очередности	1923
Приём товара	7		
Приз	1927	Природа	1617
Признание	2078	Природный газ	1024, 1615
Приказ о регулярных платежах	1711	Присоединение	66, 516
Приказывать; командывать	1712	Приход; получение денег	2072
Прикладное программное обеспечение	113, 2340	Причина	2067
		Причина; повод	344
Приложение	844		
Применение	700	Причитающийся; налог	787
Применение (компьютерной) программы	111	Проба; испытание	2602
		Проблема; задача	1932
Применять	837	Пробная работа	2530
Примерная фактура	1270, 1929	Проверка; подтверждение	2717
Принадлежности; аксессуары	10		

Русский указатель

Проверять; проводить ревизию	153	Продовольствие	2052
Проверять; подтверждать	2718	Продолжать	1934
Провод	2790	Продолжать; возобновлять	2181
Проводить инвентаризацию; делать опись	2412, 1263	Продолжительность	792
Проводка	2791	Продолжительность работы в исправном состоянии	2679
Прогноз сбыта	2243	Продукция	1945
Программа; план	1964	Продукция высшей категории	1487
Программа; расписание	2255	Продукция низшей категории	1482
Программа вычислительной машины	479	Проект	1971
		Проект; дизайн	705
Программирование	1967	Проект договора	541, 781
Программировать	1965	Проектировать	707
Программист	1966	Прожиточный минимум	574
Прогресс	1969	Прозрачный; ясный	2594
Продавать	2281	Производитель	1451, 1943
Продавать в розницу	2187	Производитель; фабрикант	1469
Продавать по себестоимости	578	Производительность; объём выпуска	311, 313
Продавать по цене	2279		
Продавать товары за комиссионное вознаграждение	444, 2280	Производительность; эффективность функционирования	1796
Продавец	2244, 2282, 2714	Производительный	1950
Продажа; сбыт	2240	Производитель с низкими издержками производства	1421, 1944
Продвигать; повышать; содействовать	1974	Производить	934

Русский указатель

Производная	704	Простые проценты	1237, 2327
Производственная бухгалтерия	576	Протест	1989
		Протестовать	1990
Производственная мощность	1694, 1949	Протокол	1991
Производственные отношения	1311	Протокол (запись) испытания	2529
Производственные помещения	935	Прототип	1992
Производственный доход	804, 1152	Профессионал	1953
Производственный конфликт	755, 1169, 1310	Профессия	1952, 2569, 2736
		Профсоюз	1309, 2564, 2648
Производственный учёт	25	Процветание	1986
Производство	1947	Процедура; процесс	1933
Производительность	1951	Процентная прибыль	1957
Произвольный	120	Процентная ставка	1234, 2047
Прокатный стан	2219	Процентное отношение	1792
Промежуток времени	1242	Процентный доход	1236
Промежуточный	1244, 1517	Процесс; метод	1936
Промышленник	1469	Прочность	790, 2227
Промышленный	1170	Прямой; категорический	1836
Прописная буква	2677	Публикация	2001
Пропорционально	1928	Пункт	1277
Пропускать	1689	Пункт о штрафах	409, 1789
Проспект	1985	Пунктуальность; точность	2005
Просроченный	1732	Пунктуальный; точный	2004
Простой	485, 777	Пустое место; ничто	1652

Русский указатель

Пустой	842, 2739	Разветвление; ответвление	2040
Путешествие	1288, 2561	Развивать	885
Пути сообщения; пути транспортировки	2595	Разгружать	2656
		Разгрузка	2657
Пытаться; стараться	2613	Разделение на зоны	2834
Работа	2798	Раздельные счета	2631
Работа; место работы	1283	Размер	2332
Работа неполный рабочий день	1757	Размещать	12, 1402
Работа по совместительству в вечернюю смену	1589	Размещать; устанавливать	1821
Работать	2799	Разница	728
Работающий без обслуживающего персонала; безлюдный (о технологии)	2659	Разнообразие	1602
		Разрабатывать; развивать	715
Работник; рабочий	2803	Разработка; развитие	717
Работы	2809	Разрешение	1370, 1801, 1802
Рабочая сила	2796	Разрешение на работу	2801, 2806
Рабочая смена	2303	Разрушать; уничтожать	2228
Рабочее время	2804	Разумный; интеллектуальный	1226
Рабочее место (автоматизированное)	2811	Расчёт; калькуляция	299
Равенство	1756	Расхождение	744
Равновесие	868	Район	2102
Равномерно; регулярно	2110	Ранг	2043
Радио	2035	Ранжирование	2045
Радиопередача	2592	Распечатка	1922

Русский указатель

Расписание	2545	Реальное время	2063
Расписка; оправдательный бухгалтерский документ	2747	Реальность	2065
		Реальный	38, 2061
Расписка; квитанция	2071	Ревальвировать	2201
Расположение рядом; сопоставление	1299	Ревизия; пересмотр	2207
Распределение	760	Региональный; районный	2103
Распределительная организация; оптовый торговец	761	Регистратура; регистрационное бюро	2108
Распределять	759	Регистрация	2107
Расследование	1265	Регистрировать	2084, 2104
Расстояние	756	Регистрировать как корпорацию	1156
Растрата; присвоение	832	Регулироване; управление	2111
Расход	908	Регулярный; обычный	2109
Расходовать	371	Режущая кромка	633
Расходовать (тратить) деньги	2365	Резерв; запас	2167
Расходы; затраты	372, 586, 907	Резервировать; бронировать	2168
Расхождение; изменение	2710	Резервный запас	2414
Расчёт; калькуляция	299	Резкий экономический спад; кризис	2339
Расчёт окупаемости капиталовложений	101	Результат; последствие	1724
Расчёт; уплата Рационализировать; модернизировать	2299 2422	Результат; следствие	2179
		Резюме	627
Рациональный; разумный	2053	Резюме; сводка	2453
Реактор	2059	Реинвестировать	2113
Реакция	2058		

Русский указатель

Реклама	1975	Ресурсы; запасы	2172
Реклама; (рекламное) объявление	59	Реферат	5
Рекламировать	58	Реформа	2099
Рекламное агенство	61	Рециркулировать; повторно использовать	2090
Рекламные материалы	62	Решать	668
Рекламный щит	63, 224	Решающий	671
Рекламодатель	60	Решение	165, 669, 2343
Рекомендация	2080	Риск	1082, 1281, 2215
Рекомендовать	2079	Рискованное предприятие	2715
Ремень (единица скорости передачи информации)	208	Рисковать	2216
Ремесло; ручная работа	1077	Робототехника	2218
Ремитирование; перевод денег	2124	Розница	2186
		Розничная продажа	2185
Ремитировать; переводить (деньги)	2123	Розничные цены	2184
Ремонт	2136	Розничный	2183
Рентабельный	577	Розничный торговец	2188
Рентный доход	2132	Роскошь	1431
Реорганизация	2135	Рост производства	2679
Репатриация	2138	Рост; развитие	1068
Репатриировать	2137	Рубль	2221
Репутация (фирмы); условная стоимость деловых связей (фирмы)	1049	Руководитель; начальник	2459
		Руководитель; управляющий; заведующий	1461
Ресторан	2176	Руководить	1455

Русский указатель

Руководство	1073,1337	Сантиметр	350
Руководящая линия	1074	Сберегательный банк	184
Руль	2777	Сбережения; накопления	2250
Ручное управление	1466	Сбой	1452
Ручной работы	1078	Сбор; налог	1362
Рынок	1483, 1484	Сборка	130
Рынок, на котором наблюдается тенденция к повышению курсов	271,1490	Сборочный конвейер	129, 1386
		Сборочный чертёж	130
Рынок, на котором наблюдается тенденция к снижению курсов	205, 1489	Сбывать; продавать	1486
		Сверхпроводник	2454
Рынок сбыта	1727	Сверхурочное время; переработка	1737
Рынок срочных сделок	1491	Свет	1376
Рыночная власть	195,1874	Свеча зажигательная	2355
Рыночная конъюнктура	291	Свободно на борту; франко-борт; фоб	993
Рыночная стоимость	1478, 2702	Связанный с окружающей средой	862
Рыночная цена	1910	Сдавать в аренду	2131
Рыночная экономика	1479	Сдача под ключ	2619
Сальдо	176	Сдвиг к лучшему; улучшение	2680
Сальдо банковского счёта	170	Сделать заявление	114
Самовольный; недозволенный	2629	Сделать предложение по более низкой цене	2635
Самолёт	81,1826		
Самообеспеченность	2278	Сделка	654
Санкция; уполномочивание	156	Сделка за наличные	281

Русский указатель

Себестоимость	575	Симметричная нагрузка	177
Себестоимость единицы продукции	579	Синдикат	2470
Сегмент	2274	Синхронизировать	2469
Сегментация	2275	Синька	229
Сезон (время года)	2263	Система	2473
Сезонный	2264	Система (расчётов по методу) ПЕРТ	1808
Сейф	2236	Систематизировать	2474
Секретарь	2267	Система управления	549
Секция	2269	Система управления базой данных	651, 1458
Сельское хозяйство	76		
Сельскохозяйственные продукты	1941	СИФ (стоимость; страхование; фрахт)	389
Семья	1109	Сканирующее устройство	2253
Серебро	2326	Скидка	742
Середина	1544	Скидка при расчете наличными	741
Серия	2292	Скидка; уступка	2069
Сертификат о гарантии качества	2018	Склад	2756
Сеть обслуживания	2294, 2295	Складская таможенная закладная	233, 2758
Сеть	1062, 1633	Склад; хранилище	2148
Сечение; разрез	2268	Скоро	2347
Сигнал	2322	Скорость	2048, 2363, 2713
Сила	1870, 2423	Скрывать	488
Сильный; прочный	2431	Скрытая тенденция	2636
Символ; обозначение	2468	Слабость	2768

Русский указатель

Слабый	2766	Собирать	463
Следовать; проистекать из чего-либо	2180	Соболь	2235
		Собрание	1520
Следствие	519	Собственность; имущество	1978
Слиток	190, 1193	Собственный	1142
Слово	2795	Собственный капитал	873
Сложение; добавление	42	Событие	884
Сложные проценты	472, 1238	Совершенный; безукоризненный	1794
Слой	1333	Совершенствовать; улучшать	1795
Служащий	839	Совет	64, 591
Служебный; официальный	1684	Совет; намёк	2550
Случай	1673	Совет Экономической Взаимопомощи; СЭВ	437, 590
Случай; возможность; оказия	1700		
Случай; дело	333	Совместимость	456
Случайность	539	Совместимый	457
Случаться; происходить	1676	Совместное предприятие	1286
Смазка; смазывание	1426	Совместные усилия	1285
Смежный	48	Совместный	1287
Смесь	471	Совокупный	70
Смесь; состав	1565	Совпадать	427, 502
Смета; оценка	878	Совпадающий	503
Смущение	513	Современный	1572, 2673
Снабжать	869, 2463	Согласие	13, 518
Собственность; владение	1742	Согласовать	72

Русский указатель

Согласовывать	562	Состав	470
Содержание	87, 537	Составление; формирование	983
Содержать; обслуживать	1443	Состояние	2388
Соединять	515, 1390	Сотрудничать	428
Создавать	604	Сохранять	1895
Сознательный	517	Сохранять; записывать	2249
Сокращение	1	Сочетание	435
Сокращать	2094, 2319	Спад	2075
Сокращать; урезывать	2192	Спад производства	775
Сокращение; уменьшение	2096	Спальный вагон	2336
Сокращение кадров	1334	Спекулянт; биржевик	2362
Сомнение	775	Специалист	2356
Сомнительный	2029	Специальность	2357
Сообщать; докладывать	2146	Спецификация	2359
Сообщение	1531	Специфический	2358
Сооружение	266	Спирт	83
Соотношение; пропорция	1980	Список	1395
Соперник	2217	Сплав; примесь	88
Сопоставлять	429	Спонсор	2368
Сорт	1055	Спор; разногласие	753
Сорт; марка изделия	247	Способность	312
Сорт; тип; вид	2349	Способность; возможность	308
Сортировать	2350	Способность приносить доход	806, 1873
Со склада	2757		

Русский указатель

Способный	309	Стабилизация	2374
Справедливость	1295	Стажёр; ученик	2577
Справедливый	872, 1294	Сталелитейный завод	2402
Спрашивать; задавать вопрос	2028	Сталь	2401
Спрос	695	Стандарт; норма	2383
Спрос и предложение	2461	Стандартизация	2384
Спутник	2246	Стартер	2386
Сравнивать	455	Старший по положению; начальник	2455
Сравнимый	454	Старый	1688
Среднеквадратическое отклонение	2382	Статистик	2393
		Статистика; статистичекие данные	2394
Средний	163, 1503		
Средства	1504	Статистический	2392
Средства масовой информации	1513	Статут; закон	2397
Средство	1518	Статус; состояние	2395
Срок годности при хранении	2416	Стекловолокно	949
Срок поставки	648, 691	Стереофонический	2404
Срок хранения	1374	Стиль	2435
Срочная работа	1284	Стимул	1146, 1168
Срочно; мгновенно	1126, 2684	Сто	1111
Срочное письмо	924	Стоградусный; по шкале Цельсия (C°)	354
Срочность	2682		
Срочный	2683	Стоимость обслуживания	1445
Ссудодатель; кредитор	1352	Стоимость; ценность	581, 2703

Русский указатель

Стоить	580
Сторонник защиты окружающей среды	864
Страна	596, 1320
Страница	1747
Стратегия	2421
Страхование	143, 599, 1215
Страховать	1217
Страховая защита	1216
Страховая премия	1888
Страховой агент	69
Страховой полис	1214, 1838
Стресс	2425
Строитель	265
Строительная площадка	2331
Строительные правила	267
Строительство; построение	526
Стройка	268
Строчная буква	1424
Структура; здание	2433
Структурное подразделение	349, 1960
Структурный	2432
Субподрядчик; завод-смежник	2437
Субсидировать	2441
Субсидировать; финансировать	2369
Субсидия	2442
Суд	597
Судебный процесс	1331
Судить	1290
Судоходная компания	2309
Судья	1289
Суждение; мнение	1291
Сумма	97, 2451, 2560
Суммировать	2452
Схемы	395
Сцепление (на автомибильное)	419
Счёт	219
Счёт в банке; бухгалтерский учёт в банке	15
Счёт в банке	179
Счёт за товары или обслуживание; фактура	220
Счёт расчётов с покупателями	28
Счёт расчётов с поставщиками	27
Счёт-фактура; накладная	1269
Счётчик	593, 1535
Считать	2077
Считать; подсчитать	592
Сырьё	1497, 2055

Русский указатель

СЭВ (Совет Экономичекой Взаимопомощи)	420	Телеуправление; дистанционное управление	2125
Таблица	2475	Телефон	2509
Табулирование	2477	Телефон-автомат	2510
Табулировать (составлять таблицу)	2476	Телефон занят	285
		Телефонная связь	2504
Тактика	2478	Телефонный звонок	2506
Таможенные пошлины	630	Телефонный номер	2507
Таможенный досмотр	631, 890	Тема; вопрос	2438
Таможенный союз	632	Температура	2516
Тарифные барьеры	2486	Тенденция	213, 2519, 2601
Твёрдая (конвертируемая) валюта	621	Теория	2536
Твёрдое предложение	1681	Термин	2521
Текст	2533	Терминал	2523
Текст; рукопись	565	Терминология	2525
Текущая работа	2797	Терпимость; выносливость	2555
Текущие активы	1391	Терять	979, 1415
Текущий	625	Терять право выкупа заложенного имущества	1592
Текущий (банковский) счёт	16	Техник	2498
Текущий счёт	624	Техника	854
Текущий уход	1447	Техника; технология	2503
Телевидение	2512	Технологический	2502
Телеграмма	2505	Технический; промышленный	2496
Телекс	2513		

Русский указатель

Технический характер; техничность	2497	Топливо	1001
Техническое обеспечение	1444	Торговаться	192
Технократ	2501	Торговая палата	362
Технократия	2500	Торговец	1527, 2572
Технологическая схема	967	Торговец; дилер	655
Тигель	616	Торговля	2568, 2574
Тип; вид	2621	Торговый	2573
Типография	1921	Торговый баланс	175, 2565
Титан	2553	Торговый банк	182
Тихий	2031	Торговый знак	246
Товар	446	Торговый; коммерческий	1524, 441
Товарооборот	2241	Торговый представитель	2153
Товары	1525	Торгпред (торговый представитель)	2563
Товар(ы)	1048	Тормоз (автомибильный)	244
Товары и услуги	1045	То, чего можно избежать	164
Товары; продукты производства	2759	Точка безубыточности	251
Товары, не обложенные пошлиной	232	Точка зрения	2724
Товары длительного пользования	531, 791	Точность	30
Товары со склада	887	Точный	888
Товары широкого потребления	1047	Транзитом	2586
Ток	626	Транслировать	257
Толщина	2537	Транспорт	2596
Тоннаж	2557	Транспортёр	328

Русский указатель

Транспортировать; перевозить	2597	Уважение	2173
Транспортное средство	2712	Увеличение	1160
Трансформатор	2585	Увеличить	1159
Трансформация; изменение	2584	Уверенность	508
Трансформировать; изменять	2583	Увольнять	749
Трасса; маршрут	2223	Углеводород	1113
Тратить зря; растрачивать	2763	Углерод	322
Требование	2554, 2161	Уголь	421
Требовать	402	Удаление; смещение	2126
Трубопровод	1819	Удалять; вынимать; убирать	2792
Труд	1312	Удержание; вычет	676
Трудность	730	Удерживать; вычитать	675
Трудовой доход	805	Удовлетворение	2247
Трудоёмкий	1228, 1314	Удостоверение	357
Трюк; уловка; обман	2603	Удостоверение личности	1119
Турбина	2615	Узкий	1608
Тысяча	2540	Узкое место (в экономике)	241
Тяжёлая промышленность	1084, 1174	Указатель фирм	738
Тяжёлый; для тяжёлой работы; сверхпрочный	1085	Укреплять	2424
		Улаживать; согласовывать	2082
Убирать; удалять	2127		
Убыток; вред	640	Улица с односторонним движением	1690
Убыток; потеря	739, 1416	Улучшать	138
Уважаемый	2157	Улучшение	1139

151

Русский указатель

Умение; компетентность	459
Умение; мастерство	1954
Уменьшать	674
Уменьшение; сокращение (в размере)	2320
Умеренный; скромный	1571
Уместный; подходящий	1809
Умножать	1603
Универмаг; супермаркет	2456, 2457
Универсальный магазин	699
Уникальный; особый	2649
Упаковка	1746
Уполномоченный; адвокат	150
Употребление	2685
Управление базой данных	646
Управление методом оценки эффективности	1460, 1664
Управление технологическим процессом	1935
Управлять	1456, 1692, 2232
Управлять кораблём/ самолётом	1618
Управляющая программа; драйвер	785
Уравнение	867
Уравновешивать	174
Уровень	1361
Усилие	820
Ускорять	2364
Условие	504
Условия	2526
Условия труда	2805
Условный	505
Успех	2445
Успешный	2446
Установившаяся практика	2224
Установившееся состояние	2399
Установка	1209
Установка; установление	877
Устаревание	1669
Устаревший; вышедший из употребления	1670
Устарелый	1722, 1723
Устойчивость	2373
Устойчивый	2375
Уступать	489
Уступка	495
Утверждать; подтверждать	2697
Утечка	1338
Утилизация; использование	2692
Уход; ремонт; содержание	2676

Русский указатель

Уходить в отставку/ на пенсию	2170	Фактор; обстоятельство; коэффициент	937
Уходить на пенсию	2189	Фармацевтический	1812
Ухудшаться; недоставать	939	Ферма	942
Ухудшаться; портиться	2366	Филиал; отделение	245
Уценка	1906	Фильтр	954
Уценка; понижение цены	2095	Финансировать	957
Уценка; понижение в цене	2704	Финансист	959
Участвовать	1760	Финансовая поддержка	2370
Участие	1761	Финансовый	958, 962
Участие рабочих в разделе прибыли фирмы	1961	Финансовый год	262, 961, 2823
		Финансы	956
Участник	1759	Фирма	960
Учёт	21, 26	(Фирма-) Изготовитель комплектного оборудования	1470, 1679, 1719
Учётная ставка	183		
Учёт рентабельности	19		
Учётно-калькуляционное подразделение	348, 582	Фирма; предприятие	452
		Фирменное название	248
Учитывать; измерять	1506	Флуктуация; колебание	968
Учреждать; устанавливать	876	Фон; задний план	166
Фабрика; завод	938	Фонд	1007
Фабричная марка; торговый знак	246, 2571	Фондовая биржа	2406
		Фонды; капитал	1010
Фаза	1813	Форма	981
Факсимиле	936	Формальный; официальный	982

153

Русский указатель

Форма правления	1054
Формула	984
Фосфат	1814
Фотокопия; ксерокс	1816
Фраза; предложение	1817
Франк	990
Фрахт; груз	997
Фрахтовщик; экспедитор	998
Функция	1006
Фунт (мера веса)	1865
Фунт стерлингов	1864
Характер	369
Характеристика	370
Хартия	374
Ход работы	1968
Хром	387
Хронологический	388
Цвет	434
Целевой	1662
Цель	1043, 1663, 2485
Цель; намерение	2011
Цена	1903
Цена за единицу; единичная цена	2652
Цена при распродаже	193
Цена; расценка	2034
Ценность	2814
Ценные бумаги	2272
Центр	347
Централизация	353
Центральное правительство	1052
Центральный	351
Центральный процессор (ЦП)	352, 600
Цены снижать	1475
Церемония	355
Цикл	635
Цилиндр	636
Цинк	2832
Цифра	732
Цифровой	733
Чаевые	2551
Частичный	1758
Частная телефонная станция с выходом в общую сеть	1785, 1924
Частное предприятие	856
Частный	1925
Частный сектор	2270
Часы	414
Часы работы	277

Русский указатель

Часы-пик	2234
Часы работы преприятия	1107
Чек	382
Чек на зарплату	1776
Человек	1453
Человеко-час	1454
Чемодан	2450
Чернила	1196
Черный рынок	228
Честность; цельность	1223
Чип; интегральная схема	384
Число; номер	1658
Числовой; цифровой	1659
Чистый; нетто	1630
Чистый вес	1629
Чистый доход; чистая прибыль	1628, 1632, 1959
Чрезвычайный	932
Чувствительность	2286
Чушковый чугун	1818
Шаг	2403
Шариковая ручка	1787
Шасси	375
Штамп	2380

Шахта	1548
Шеф; начальник; руководитель	383
Шина	2552
Ширина	2782
Широко распространённый в промышленности	1176
Шофёр	376, 784
Штабквартира; ставка	1083
Штамп	2380
Штамповать	2381
Штат	2376
Штепсель	1834
Шум	1642
Экзамен	891
Эконометрия	808
Экономика	810
Экономика, обусловленная ростом производства	812, 2251
Экономика; хозяйство	813
Экономист	811
Экономить; копить	2248
Экономический	809
Экономический класс (на авиалиниях)	406, 814
Экономичность	819

Русский указатель

Экономящий время; времясберегающий	2548	Электроника	829
Экран	2259	Электронная обработка данных	644, 816, 827
Экранный монитор	1585	Электронная почта	828, 1438
Экспедитор	2310	Электронная схема	392
Экспедитор; фрахтовщик	986	Электронная таблица	2371
Эксперимент	911	Электронный	826
Эксперт; знаток; специалист	912	Электростанция	1869
Эксплуатационные расходы	587, 1693	Элемент	830
		Эмбарго	831
Экспорт; вывоз	923	Эмблема	1410
Экспортёр	922	Эмиссия; выпуск	836
Экспортирование	921	Энергия	846, 1872
Экспортировать; вывозить	920	Энзим; фермент	865
Экспортная пошлина	796, 919	Эргономика	874
Экспроприация	927	Этап	2378
Экспроприировать; лишать	926	Эффективность	818
Экстренная почта	925	Эффективный	817
Эластичность	821	Юридический; правовой	1344
Электрификация	824	Юрисдикция	1292
Электричекий мотор	1596	Юрист; адвокат	1332
Электрическое напряжение	2741	Язык	1321
Электричество	823	Ярлык; этикетка; наклейка	1308
Электролиз	825		

INDEX FRANÇAIS

INDEX FRANÇAIS

À bout portant	1836	Accident	11
À brûle-pourpoint	1836	Accomplir	1002
À découvert	2091	Accomplissement	1003
À haute intensité de capital	318, 1227	Accord	13, 73
À haute intensité de main-d'œuvre	1228, 1314	Accord général sur les tarifs douaniers et le commerce	75, 1026, 1030
À jour	2673	Accorder	1059
À l'heure	1104	Accroissement	1161
À la dernière minute	1325	Achat	2006, 2479
À la pointe du progrès	633	Achat en gros	2779
À long rayon d'action	1411	Acheter	2007
À long terme	1412	Acheter à crédit	287, 609
À prix coûtant	578	Acheter qch.	288
À une grande échelle	1323	Acheteur	290, 2008
Abandonner	2120	Achèvement	468
Abimer	2366	Acier	2401
Abréviation	1	Acier inoxydable	2379
Absentéisme	3	Aciérie	2402
Absolu	4	Acompte	1210, 1782
Abus	1564	Acquérir	32
Accélérer	2364	Acquisition	33
Acceptable	6	Acte	677
Acceptation de marchandises	7	Acte de constitution	374
Accès direct	8	Acte (contrat) de vente	223
Accessoires	10		

INDEX FRANÇAIS

Actif	134	Adresser	45
Actifs circulants	136	Aéroport	82
Actifs immobilisés	137	Affaiblir	2767
Actifs incorporels	1218	Affaire	191, 274, 494
Action	36, 2300, 2407	Affaire en participation	1286
Action en justice	37	Affaire qui marche	493
Actionnaire	1268, 2301, 2413	Affectation	86
Actions coupon détaché	886, 2302	Afficher	752
Actions ordinaires	448	Affiliation	66
Actualisation des flux futurs	101	Affirmatif	1853
Actualiser	2675	Affirmer	2389
Actualités	1637	Agence d'affrètement	2309
Actuel	1892, 2673	Agent d'assurances	69
Adaptation	40	Agent de maîtrise	2459
Adapté	47	Agence de publicité	61
Adapter	12, 39, 50	Agent	68
Addition	42, 219, 2560	Agent exclusif	2342
Adjacent	48	Agent maritime	2310
Adjoint	141	Agglomération	490
Administrateur de base de données	647	Agressivité	71
Administratif	52	Agriculture	76
Administration centrale	1052	Aide	139
Administration locale	1053	Aimant	1436
Adresse	44	Air pollué	1843

INDEX FRANÇAIS

Air vicié/pollué	77	Analyse coût-rendement	102, 585
Ajournement	1861	Analyse qualitative	100, 2015
Ajouter	41	Analyse quantitative	98, 2022
Alcool	83	Analytique	103
Algorithme	84	Année	2824
Alimentation (élect.)	1876	Année fiscale	262, 961, 2823
Alimentation de secours	834	Annonce	59
Aliments	971	Annonceur	60
Alliage	88	Annuaire	738
Allouer	85	Annuel	2825
Allumage	1122	Annuité	104
Allumer	2618	Annulation	1656
Allure	2048	Annuler	105, 307, 1657
Alphanumérique	89	Antenne	108
Alternative	92	Appareil (s)	720, 1433
Aluminium	93	Appel téléphonique	2506
Ambiguïté	95	Application logicielle	111
Amélioration	1139	Apprentissage	2578
Améliorer	1138	Approbation	117
Amortir	96	Approprié	1809, 2118
Amortissement	702	Approvisionnement	1940
Amortisseur	2314	Approximation	118
Ampleur	1437	Appui	2464
Analyse	99	Aptitude	308

INDEX FRANÇAIS

Arbitrage	119	Assurance	143, 1215
Arbitraire	120	Assurer	144, 1217
Arbre	2600	Atelier	1829, 2810
Archives	2085	Atome	146
Argent	1582, 2326	Attaque	148
Argent liquide	1079	Attaquer	149
Armature	2056	Atteindre	2057
Arrêt avant terme	2	Atteindre le point mort	250
Arrêter	2415, 2617	Attente	906
Arrhes	1782	Au hasard	2041
Arrière-plan	166	Au large(des côtes)	1685
Arriérés	125	Au prorata	1928
Arrivage de marchandises	126	Augmentation	1160, 2213
Arriver à échéance / maturité	1500	Augmentation de salaire	2039
Article	1277	Augmenter	1159, 2038
Articles de bureau	2391	Augmenter le prix	1476
Artifice	2603	Autarcie	2278
Artisanat	1077	Auto-suffisance	2278
Aspects commerciaux	440	Automatique	157
Assemblage	131	Automatisation	159
Assentiment	518	Automobile	160
Assistance	139	Autonome	161
Associé	1762	Autorisation	156, 1370, 1802
Assortiment	1565	Autorisation d'un permis	1371

INDEX FRANÇAIS

Autorité	155	Banque	178
Autoroute	1093, 1598	(la) Banque	186
Aussitôt que possible	2348	Banque de compensation	180
Avancement d'un projet	1968	Banque d'affaires	181, 182, 1266, 1526
Avancer	55	Banquier	185
Avantage	57, 210	Baril	196
Avantages en nature	211, 999	Barrage	639
Avantages sociaux	1804	Barreau	189
Avarie	1399	Barrière	197
Avenir	1016	Barrières tarifaires	2486
Avertissement	345, 2760	Bas	1420
Avion	81, 1826	Bas de gamme	1422, 1482
Avis	65	Base	199, 201
Avocat	150, 1332	Base de données	642
Avoir accès à qqch	9	Bâtiment	266
Azote	1641	Batterie	203
Bagages	1428	Baud (vitesse de transfert de données informatiques)	204
Bail	1341	Bénéfice (s)	807, 1019, 1958
Bail à long terme	1340	Bénéfice net	1632, 1959
Bailleur	1357	Bénéficiaire	1778
Baisser le prix	1475	Besoin	1622
Balance commerciale	175, 2565	Besoin	2754
Balance des paiements	171	Béton	501
Bande vidéo	2723		

INDEX FRANÇAIS

Bibliothèque	1368	Bourse des valeurs	1485, 2406
Biens	1978	Boycottage	243
Biens de consommation	530, 1047	Brevet	1765
Biens de consommation durables	531, 791	Breveté	1767
Biens et services	1045	Breveter	1766
Bientôt	2347	Brique	256
Bilan	172	Brochure	1750
Bilatéral	218	Bronze	260
Billet de banque	1651	Brouillon	782
Billetterie	339	Bruit	1642
Binaire	226	Brut	1065
Bit	227	Budget	261
Blanchisserie	1327	Bureau	709, 1683
Bloc d'alimentation	1867	Bureau de l'enregistrement	2108
"Bogue"	264	Bureau de poste	1859
Bois	2793	But	1043, 1663, 2011, 2485
Bois de construction	2542	Byte	294
Boîte	242	C.V.	627, 2182
Bon	2747	Cabine	1305
Bon marché	377	Cabinet de brevets	1764
Boom	238	Câblage	2791
Bordereau de chargement	1464	Câble (électrique)	295
Boucle	1413	Cadeau	1037, 1893
Bougie	2355	Cadran	723

INDEX FRANÇAIS

Cadre	989	Capital-risque	317, 2716
CAF (Coût, assurance, fret)	389	Capitalisation	319
Café	297	Capitaliser	320
Caisse	335	Capitaux propres	873
Caisse d'épargne	184	Caractère	369, 1360
Caissier	340	Carbone	322
Calcul	299, 475	Carburant	1001
Calcul informatique	487	Cargaison	326, 536, 997
Calculer	298, 476	Carnet de commandes	167
Calendrier	301, 2255	Carré	2372
Calibrage	302	Carte	323, 1523
Calme	2031	Carte à circuit imprimé	1917
Camion	1414, 2606	Carte d'identité	1119
Campagne publicitaire	304	Carte de crédit	605
Campagne de promotion	783	Carte de visite	280, 324
Canal	305	Cartel	330
Caoutchouc	2226	Cartouche	331
Capacité	310, 819	Cas	333
Capacité bénéficiaire	806	Cassette	341
Capacité de fabrication	311	Catalogue	342
Capacité de gain	1873	Catalyseur	343
Capacité de mémoire	482	Cause	344
Capacité de production	313, 1694, 1949	Cent	1111
Capital	314, 1913	Centigrade(C°)	354

INDEX FRANÇAIS

Centimètre	350	Chantier naval	2313
Central	351	Charbon	421
Centrale électrique	1869	Charge	1398
Centralisation	353	Charge équilibrée	177
Centre	347	Charge utile	1779
Centre de coût	582, 348	Charger	371
Centre de profits	349, 1960	Charges	372
Cercle	390	Charpenterie	327
Cérémonie	355	Charte	374
Certificat	357	Chassis	375
Certificat de stockage	2758	Chauffeur	376, 784
Certification	358	Chef	383, 1336
Certitude	356	Chef d'entreprise	840
Césurer	1115	Chemin de fer	2036, 2037
Chaîne de montage	129, 1386	Chèque	382
Challenger	361	Chèque de salaire	1776
Chambre de commerce	362	Cher	656, 910
Champ / domaine d'activité	952	Chercheur	2164
Chance	363	Cheval-vapeur (CV)	1102
Change	975	Chiffre	732
Changement	365	Chimie organique	1715
Changement de vitesse	1028	Choisir	386, 2276
Chantier	268	Choix	385, 1708
Chantier de construction	2331	Chômage	2642

INDEX FRANÇAIS

Chômeur	2641	Clientèle	413
Chrome	387	Clôture d'opération	418
Chronologique	388	Clôturer les comptes	173
Cible	2485	Coalition	422
Circonstance	397	Code	424
Circuit électronique	392	Codification	425
Circuit fermé	417	Coefficient d'utilisation	1397
Circuit intégré	391, 1221	Coffre-fort	2236
Circuit imprimé	1918	Cohérence	523
(Les) circuits	395	Coïncider	427
Circulation	2575	Colis	1745, 1755
Circulation des marchandises	1046	Collaborateur indépendant	996
Circulation monétaire	396	Collaborer	428
Civique	400	Collationner	429
Classe	403	Collectif	433
Classe affaires	279, 405	Collection	432
Classe économique	406, 814	Collègue	431
Classement	2045	Combinaison	435
Classification	407	Combustible	1001
Clause	408, 1995	Combustion	436
Clause pénale	409, 1789	Comité	443
Clavier	1300	Commande	1710
Clé en main	2619	Commande à distance	2125
Client	412, 629	Commande permanente	1711

INDEX FRANÇAIS

Commander	1712	Compétence	308, 312, 459, 1954, 2014, 2333
Commencer	2385	Compétent	309, 2334
Commerce	439, 2568, 2574	Compilateur	464
Commerce de détail	2183	Compiler	463
Commerce extérieur	929, 976, 2567	Complet	2559
Commerce intérieur	1246	Comportement	206
Commerçant	1527	Comportement des consommateurs	207, 532
Commercial	441, 1524, 2573	Composant (électronique)	469
Commercialisable	1493	Composé	471
Commercialiser	442	Composer un numéro	724
Commercialisation de produits	1494	Composition	470
Commissaire aux comptes	154	Compréhension	2639
Commission	443	Comprenant toute la branche de l'industrie	1176
Communauté Économique Européenne (CEE)	447, 880, 1481	Comprendre	1147, 2638
Communication	451	Compromis	474
Communiquer	450	Compromis d'options	2570
Commutateur privé	1785, 1924	Comptabilité	21, 26
Compagnie aérienne	79	Comptabilité analytique	25, 576
Comparable	454	Comptabilité tenue de livres	237
Comparer	455	Comptable	22
Compatibilité	456	Comptant contre documents	338, 768
Compatible	457	Compte	17
Compensation	458	Compte bancaire	15, 179

INDEX FRANÇAIS

Compte(s) clients	28, 2073	Concurrence	460
Compte courant	16, 624	Concurrent	462, 2217
Compte fournisseurs	27	Condition(s)	504, 2161, 2526
Compte de résultat (s)	19, 1151, 1956	Conditionnel	505
Compte d'exploitation générale	1956	Conditions de travail	2805
Compte rendu	2145	Conférence de presse	1897
Compte rendu d'essai	2529	Confiance	508, 2608
Compter	592, 2077	Confidentialité	1645
Compteur	593, 1535	Confidentiel	509
Compteur kilométrique	1678	Confier	507
Concéder	489	Confirmation	510
Concentration	491	Confisquer	511
Concept	492	Conflit de travail	755
Conception	706	Conflit social	1169, 1310
Conception assistée par ordinateur (CAO)	296	Confrontation	512
		Confusion	513
Concession	495, 991	Congé exceptionnnel	1343
Concevoir un plan	707	Congédier	749
Concilier	2082	Conglomérat	514
Conclure un accord	496	Conjoint	1287
Conclure / faire une affaire	275	Connaissance	1307
Conclusion	500	Connaissement	222
Conclusion d' une affaire	499	Connexion	516
Concours	538	Consciencieux	517

INDEX FRANÇAIS

Conseil(s)	64, 591, 1073		Continuer	1934
Conseil d'Assistance Économique Mutuelle (CAEM)	420, 437, 590		Contrainte	525, 2426
			Contrat	542, 2599
Conséquence(s)	519, 2040		Contrat de vente	540, 2239
Conserver	1895		Contrat clef en main	2620
Considération	2078		Contre-partie	595
Console de visualisation	751		Contrefaçon	980
Consolidation	524		Contrefaire	594
Consommateur	529		Contremaître	978
Consommation	533		Contribution	547
Consortium	2470		Contrôle	1586
Constituer une société	1156		Contrôle de gestion	550
Constructeur d'équipements	1470, 1679		Contrôle de qualité	2017
Constructeur d'équipements originaux	1719		Contrôle des coûts	552, 583
Construction	526		Contrôle du processus industriel	1935
Construction mécanique	1509		Contrôler	551
Consulat	527		Contrôleur	553
Consultant	528		Convenir de	72
Consultation	591		Convention	73, 555
Contact	534		Convertibilité	557
Contenance	310		Convertisseur	556
Contenu	537		Coopération	560
Contestable	2029		Coopérative	561
Contester	754		Coordination	563

INDEX FRANÇAIS

Coordonner	562	Court terme	2317
Copie	566, 788	Couru	1732
Copier	567, 789	Coût(s)	581, 586
Correction	571	Coûts de fonctionnement	587
Correspondance	572	Coût de la vie	574
Corruption	255, 573, 1056	Coût de production	588, 1946
Cotation	2034	Coût(s) direct(s)	584, 736
Couche	1333	Coûter	580
Couleur	434	Coûts annexes	589
Cour	597	Coûts marginaux	1474
Courant	625	Couverture	1216
Courant alternatif	91	Couverture par une assurance	599
Courant continu (CC)	735	Crayon	1790
Courant (électrique)	626	Créances	2073
Courbe d'expérience	628, 1339	Créancier	611
Courir	29	Crédit	606
Couronné de succès	2446	Créditer un compte	18, 608
Courrier	1440	Créer	604
Courrier en exprès	925	Créneau	1639
Courroie	208	Creuset	616
Cours	1903, 2034	Crise	612, 703
Court-circuit	394, 2316	Cristallisation	617
Courtage	259	Critère	613
Courtier	258	Croissance	1068

INDEX FRANÇAIS

Crucial	614	Débrayage	2753
Cuivre	564	(fatigue due au) Décalage horaire	1282
Cumulatif	618	Décennie	665
Curriculum vitae	627, 2182	Décentralisation	666
Cycle	635	Déchargement	2657
Cycle de vie	634, 1373	Décharger	2656
Cylindre	636	Déchets	2762
Danger	1281	Décibel (dB)	667
Date	649	Décider	668
Date de livraison	648, 691	Décisif	671
Date limite	652	Décision	669
De bonne réputation	2157	Décision de justice	165
De l'environnement	862	Déclarer	2389
De première qualité	2019	Déclin	672
De toute urgence	2684	Décodage	673
De valeur	2700	Décomposition	253
Débattre	754	Décroître	674
Débit	658	Dédommagement	2081
Débiter	371	Dédommager	2087
Débiter un compte	659	Dédouané	795
Débiteur	663	Dédouanement	410
Déboguer	664	Déduction	676
Débouché	1483, 1727	Déduire	675
Debours	1726	Déduction	1180

INDEX FRANÇAIS

Défaut	264	Département	698
Défaut de paiement	678	Dépassé	1723
Défavorable	2645	Dépasser	893
Défectueux	681	Dépenser de l'argent	2365
Défendre	1987	Dépenses	907
Défi	360	Dépôt	701, 2148
Déficit	683	Dépréciation	702
Déflation	684	Dépression	703
Degré	686	Dérivé	704
Degré de solvabilité	607	Déroger	2725
Délai	1380	Dès que possible	128
Délai de rigueur	2544	Désagrément	1653
Délégué commercial	2563	Désavantage	739
Demande	112, 2159	Déséquilibré	2630
Demande de renseignement	1201	Désignation	708
Demander	1623	Dessin	705, 1335
Démarreur	2386	Destinataire	46, 521
Demeurer	2398	Détail	711
Démission	2171	Détaillant	2188
Démissionner	2170	Détailler un compte	1278
Démontrer	1993	Détournement de fonds	832
Denrées	446	Dette(s)	661, 1364
Densité de population	696, 1849	Dévaluation	713
Départ entrepôt	887, 2757	Dévaluer	714

INDEX FRANÇAIS

Développement	717, 1068	Directeur	1461
Développer	715, 885, 1067	Directeur Administratif et Financier (DAF)	554
Déviation	719	Directeur général (DG)	901
Devis	878	Direction	368, 1337, 1459
Devise	622	Direction par objectifs	1460, 1664
Devise(s) étrangère(s)	620, 974	Dirigeant	1336
Devoir	798	Diriger	1456, 2232
Devoir qch. à q.	1739	Discipline	740
Diagnostic	721	Discussion	124, 745
Diagramme	722	Disponibilités	1391
Diagramme de production	967	Disponible	162, 2409
Diamant	726	Disposer en tableau	2476
Diamètre	725	Dispositif	720
Diesel (moteur)	727	Disquette	746, 964, 964
Différence	728	Disque dur	747
Différend	753	Dissimuler	488
Différentielle	729	Distance	756
Différer	682	Distillation	757
Difficulté	730, 2605	Distorsion	758
Diffusion	731	Distribuer	759
Digital	733	Distributeur	761
Digne de foi	2610	Distributeur automatique	145, 158, 2515
Dimension	1507	Distributeur de billets	339
Diminution	2096		

INDEX FRANÇAIS

Distribution	760	Droit(s)	797, 1329, 2211
Diverger	762	Droit de propriété	1742
Dividende	763	Droits d'auteur	568, 2225
Division	764	Droit(s) de douane	630, 794
Dock	765	Droit(s) d'entrée	793, 1131
Document	766	Droits d'exportation	796
Documentation	767	Droit(s) de sortie	796
Dollar	769	Dû	787, 1775
Domaine	123, 2833	Duplicata	788
Domaine public	1977	Durée	792
Domination	772	Durée d'élaboration	716
Dominer	771	Durée de vie	1375
Dommage	640	Durée d'immobilisation	777
Données	641	Durée de conservation	1374, 2416
Donner	1039	Dynamique	801, 802
Donner des renseignements	1188	Eau	2764
Dose	774	Eau polluée	1842, 2765
Dossiers	2086	Écart	744
Double	566, 786	Écart type	2382
Doute	775, 2027	Écarter	899
Douteux	2029	Échange	2581
Douzaine	780	Échantillon	2245
Dresser l'inventaire	1263, 2412	Échappement	903
Dresser la liste	1396	Échec	680, 940

INDEX FRANÇAIS

Échelle	2252	Effort	820
Échelle logarithmique	1407	Efforts conjoints	1285
Échoir	915	Élasticité	821
Échouer	939	Élection	822
Échu	1732	Électricité	823
Éclairage	1123	Électrification	824
Éclairage de secours	833	Électrolyse	825
École de commerce	282, 2256	Électronique	826, 829
Écologiste	864	Élément	830
Économétrie	808	Élévation	2213
Économie(s)	810, 813, 2250	Emballage	535, 1746, 2815
Économie(s) d'échelle	812, 2251	Embargo	831
Économie de marché	1479	Embrayage	419
Économique	809	Émettre	257, 1276
Économiser	2248	Émission	836, 2592
Économiste	811	Emmagasiner	2420
Écran	1585, 2259	Empaquetage	1746
Écrire	2816	Empêcher	1970
Édifice	815	Emplacement	1403
Éditeur	2003	Emploi	841, 1283, 1857
Effectif complet	466	Emploi du temps	2255
Efficace	817	Employé(e)	839
Efficacité	818	Employer	837, 838, 2687
Effondrement	2339	Employeur	840

INDEX FRANÇAIS

Emprunter	240	Enlèvement	2126
En amont	2678	Enlever	2127
En bloc	1419	Ennui	2605
En faillite	1203	Enregistrement	2107
En magasin	2409	Enregistrer	2084, 2104
En aval de la production	776	Enregistreur	2483
Enchère(s)	151, 215	Enregistreuse	335
Encourager	1974	Ensemble	130
Encre	1196	Entraver	1094
Énergie	846, 1872	Entrepôt	2148, 2756
Enfreindre	2725	Entrepôts des douanes	233
Enfreindre la loi	1328	Entrepreneur	265, 546, 857
Engagement(s)	445, 1365	Entreprise	855, 2715
Engager	1095	Entreprise privée	856
Engager du personnel	2377	Entretien(s)	1255, 1444, 2480, 2676
Engénierie	854	Enveloppe	858
Enquête	1265	Environnement	859
Enregistrement	2083	Envoi	750
Entrée	478, 1200	Envoi de Marchandises	522
Entreprise (société) multinationale	1601	Envoyer en recommandé	2105
En faillite	187	Enzyme	865
En franchise douanière	799	En retard	125, 1326
En gros	2780	En vrac	270
		Envoyer	2284

INDEX FRANÇAIS

En transit	2586	Établissement	877
Épaisseur	2537	Étain	2549
Épargnes	2250	Étalon	2822
Épreuve	2531	Étalonnage	302
Équation	867	Étape	2378
Équilibre	868	État	2387, 2388
Équilibrer	174	État stable	2399
Équipe	2303, 2494	Éteindre	2617
Équipe de nuit	2304	Étiquette	1308
Équipe supplémentaire	2305	Étranger	930, 977
Équipement	870	Être à l'origine de	1721
Équipement de contrôle	548	Être acheteur	1480
Équiper	869	Être applicable	110
Équitable	872	Être dans le rouge	2091
Ergonomie	874	Être en grève	2428
Erreur	264, 875, 1563	Être en panne	252
Erroné	1157	Étroit	1608
Escompte pour paiement comptant	741	Étude de marché	1477
Escompter	743	Étude	2434, 2466
Espèce(s)	337, 981	Évaluation	115, 133, 882, 2050, 2701
Essai	2531, 2602	Évaluer	132, 298, 881, 2044, 2049
Essayer	2613	Évaporation	883
Essence	1025	Événement	539, 884, 1677
Estimer	879, 2077	Éventail	2042

INDEX FRANÇAIS

Éventuel	1862	Expéditeur	986, 998, 2285, 2309, 2310
Évident	1672	Expédition	2308
Évitable	164	Expérience	911
Éviter de répondre	1086	Expérience professionnelle	601
Évoluer	885	Expert-comptable	23, 24
Exact	888	Expert	912
Exagération	889	Expertise	913
Examen	891	Expiration	914
Excédent	896, 2465	Explication	917, 1250
Excellent	894	Expliquer	916, 1248
Exception	895	Exploration	918
Excès	1041	Exportateur	922
Exclure	899	Exportation	921
Exclusif	900	Exporter	920
Exécuter	1128	Exposer	904
Exécution	1129	Exposition	905
Exemplaire	565	Expression	1817
Exemption	902	Expropriation	927
Exercer (une profession)	1880	Exproprier	926
Exercice fiscal	262, 961, 2823	Extérieur	930, 1725
Exhaustif	473	Extraordinaire	932
Exigence	2161	Extrême	933
Exiger	1623, 2160	FAB	993
Expédier	2307	Fabricant	1451, 1469

INDEX FRANÇAIS

Fabricant constructeur de système	871	Fausse déclaration	1557
Fabrication	1467	Fausse estimation	1561
Fabrication assistée par ordinateur (FAO)	303	Faute	875
Fabriquer	934, 1450, 1468, 1942, 2616	Faux	2818
Facteur	937	Fenêtre	2785, 2787
Facturation séparée	2631	Fer	1272
Facture	220, 1269	Fer blanc	2549
Facture pro forma	1270, 1929	Ferme	942
Faible	2766	Fermer	416
Faiblesse	2768	Fermer une usine	415
Faillite	188	Fermeture	1405
Faire appel	109	Ferraille	2258
Faire confiance	2609	Fiabilité	2119
Faire de la publicité	58	Fiabilité de fonctionnement	1697
Faire des économies	2192	Fibre de verre	949
Faire faillite	1204	Fibre optique	1702
Faire payer un prix excessif	1731	Fibres	950
Faire passer un entretien	1256	Fiche	1834
Faire suivre	985	Fichier	953
Faire un compte rendu	2146	Fiduciaire	951
Faire une offre	216	Fil	2790
Faisabilité	945	File	2030
Fait	1677	Filtre	954
Fait à la main	1078	Final	955

INDEX FRANÇAIS

Finance	956	Force	2423
Financer	957	Formalités de douane	631
Financier	958, 959	Formation	983, 2578
Fiscal	962	Forme	981
Flexibilité	963	Formel	982
Flexible	965	Forme de gouvernement	1054
Fluctuation	968	Formule	984
Foire	941	Fort	2431
Fonction	1006	Forte hausse	238
Fonctionnaire	401, 2293	Fourneau	1011
Fonctionnement	1696, 2686	Fournir	1994, 2463
Fonctionnement manuel	1466	Fournisseur	2460
Fonctionnner	1692	Foyer	1109
Fondamental	200, 1008	Fraction	988
Fondation	877	Frais	586, 908
Fondé de pouvoir	1996	Frais de transport	2311
Fonder	876	Frais d'entretien	1445
Fonderie	987	Frais d'exploitation	1693
Fonds	1007, 1010	Frais généraux	1733
Fonds de commerce	276, 1049	Franc	990
Fonds de roulement	315	Franchise	991
Fonds ou titres d'Etat	1050	Franco à bord	993
Fonte	970	Franco destination	994
Fonte brute	1818	Frappe	1301

INDEX FRANÇAIS

Fraude	992	Génération	1034
Frauder	685	Générer	1033
Frein	244	Génie civil	853
Fret	997	Genre	981
Frontière	239, 1000	Gérant	54, 1461
Fuite	1338	Gérer	1456
Fusible	1013	Gérer une entreprise	1455
Fusion	94, 1529	Gestion	1459
Fusionner	1528	Gestion de base de données	646
Future	1015	Gestionnaire de bases de données	53
Gagner	2784	Glasnost	1040
Galvanisation	1020	Global	70
Gamme	2042	Goodwill	1049
Garant	1070	Goulet d'étranglement en production	241
Garantie	1069, 1216, 2761	Gouvernement	1051
Garantir	2640	Gouverner	2231
Gaspiller	2763	Grain	1057
Gâter	2366	Graissage	1426
Gaz	1023	Gramme	1058
Gaz naturel	1024, 1615	Grand	1322
Gêner	1094	Grand magasin	699
Général	1031	Grande surface	2457
Généraliser	1032	Graphique	373, 1060
Générateur	1035	Grève	2427

INDEX FRANÇAIS

Grève sauvage	2429, 2783	Hydraulique	1112
Gréviste	2430	Hydrocarbure	1113
Grille	1062	Hydroélectrique	1114
Grossiste	2781	Hypermarché	2456
Gros ordinateur	1442	Hypothèque	1593
Gros système	1442	Hypothéquer	1594
Grue	602	Hypothèse	142, 1116
Hauteur	1087	Hypothétique	1117
Heure de Greenwich (GMT)	1061	Idée	492
Heure de main d'œuvre	1454	Idée d'origine	2054
Heure de pointe	2234	Identification	1118
Heures de bureau (des affaires)	277	Identité	1120
Heures supplémentaires	1737	Illégal	2654
Hiérachie	1088, 2045	Illicite	2820
Homme	1453	Illimité	2655
Homme d'affaires	283	Image	1124
Homogénéité	1101	Imitation	1125
Honoraires	947	Immédiatement	1126
Horaire	1105, 2545	Immobile	2390
Horaire de travail	2804	Immobilisations	316
Horloge	414	Impact	1127
Hors taxe	799	Impasse	653
Hôtel	1103	Implication	1130
Huile	1687	Important	1133

INDEX FRANÇAIS

Importation(s)	1134, 1135	Incitation	1146, 1168
Importer	1132	Inclinaison	2519
Imposer	2490	Incompatible	1153
Imposition	1362	Incompétent	1154
Impossibilité	1136	Incomplet	1155
Impôt	2489	Incorporé	269
Impôt sur les sociétés	570, 2491	Incoterms	1158
Impôt sur le revenu	1149, 2488	Indécision	1162
Impression	1922	Indépendance	1164
Imprévu	2628	Indépendant	1165
Imprimante (à) laser	1919, 1920	Indice	1166
Imprimer	1916	Individuel	1167
Imprimeur	1921	Industrialisation	1171
Improbable	1137	Industrie	1172
Improductif	2661	Industrie lourde	1084
Improviser	1140	Industriel	1170, 1469
Impureté	1141	Industrie légère	1175, 1377
Inacceptable	2624	Industrie lourde	1174
Inadéquat	1144	Industrie manufacturière	1173, 1471
Inattendu	2628		
		Inefficace	1177
Incapable	1145		
		Inégal	2643
Incapacité	1143		
		Inéligible	1178
Incertain	2632		
		Inexpérimenté	1179
Incertitude	2633		

INDEX FRANÇAIS

Infini	1181	Inscrire	1396
Inflammable	1182	Insérer	1202
Inflation	1183	Insolvable	1203
Inflexible	2671	Inspecter	892, 1205
Influence	1184	Inspecteur	1207
Influent	1185	Inspection	1206
Information	1187	Instabilité	1208
Informatique	644, 816, 827	Instable	2666
Informatiser	486	Installation(s)	935, 1209, 1830
Infraction	2726, 2819	Instantané	1211
Infrastructure	1192	Instruction	1212
Ingénieur	849	Instrument	1213
Ingénieur électricien	850	Intangible	1219
Ingénieur industriel	852	Intégral	1220
Ingénieur mécanicien	851	Intégration	1222
Ingérable	2658	Intégrité	1223
Initial	1194	Intelligent	1226
Initiative	1195	Intenter un procès à q.	2448
Injuste	2644	Intention	1229
Innovation	1198	Interchangeabilité	1233
Innover	1197	Interactif	1232
Inoccupée	1121	Interdépendance	1230
Inorganique (chimie)	1199	Interdépendant	1231
Inox	2379	Interdire	1970

INDEX FRANÇAIS

Intéressement du personnel	1961	Invendable	2660
Intérêt(s)	1235, 1236	Inventaire	1262
Intérêts composés	472, 1238	Invention	1261
Intérêts simples	1237, 2327	Inventorier	1263
Interface	1240	Inversion	2203
Intérieur	770, 1245	Investigation	1931
Intérim	1242	Investir	1264
Intermédiaire	1243, 1244	Investissement	1267, 1726
International	1247	Investisseur	1268
Interne	1142, 1245	Irrécouvrable	1273
Interprétation	1250	Irrégulier	2643
Interprète	1251	Irréprochable	944
Interpréter	1248, 1249	Isolement	1274
Interroger	2028	Issue	1724
Interrompre	1252	Itération	1279
Interruption	2, 253	Itinéraire d'acheminement	2595
Intervalle	1253	Jauge	1027
Intervention	1254	Jeu	1022, 2298
Introduire un produit sur le marché	1486	Jeu de hasard	1021
Intuition	1075	Jeune	2829
Inutile	2689	Joindre	515
Inutilisable	2665	Joindre (lettre)	843
Inutilisée	1121	Joint venture	1286
Invalider	1260	Jour	650

INDEX FRANÇAIS

Jour de congé	1099	Lancement de produits	1258
Jour de paie	1777	Langage	1321
Juge	1289	Laser	1324
Jugement	1291	La Poste	1858
Juger	1290	La Presse	1898
Juridiction	1292	Le détail	2186
Jury	1293	Leader	1336
Juste	1294, 2210	Légal	1330, 1344
Justice	1295	Légalisation	1347
Justification	1296	Légaliser	1348
Justifier	1297	Légalité	1346
Juxtaposer	1298	Législation	1349
Juxtaposition	1299	Légitime	1350
Kilogramme	1302	Lent	2337
Kilomètre	1303	Les cours de Bourse	1910
Kilowatt	1304	Les exportations	923
Kiosque	1305	Les Médias	1513
L'immobilier	2062	Lettre	1359, 1360
L'offre et la demande	2461	Lettre de crédit	610, 1358
Label de qualité	2018	Lettre en exprès	924
Largeur	2782	Lettre de voiture	221
Laboratoire	1315	Lettre recommandée	2106
Laboratoire d'essais	2528	Libre	2634
Laminoir	2219	Licence de commerce	1369

INDEX FRANÇAIS

Licenciement	1334	Localiser	1402
Lieu	1820	Locataire	1356, 1674, 2518
Ligne à haute tension	1868	Lock-out	1405
Ligne de communication	1385, 1387	Logarithme	1406
Ligne directrice	1074	Logement	1110
Ligne occupée	285	Logiciel	479, 480, 2341
Ligne produits	1388	Logiciel d'application	2340
Limitation	1382	Logique	1408
Limite	1379	Logistique	1409
Limiter	1381	Logo	248, 1410
Linéaire	1389	Loi	35, 1349, 2397
Lingot	190, 1193	Longeur	1354
Liquidation	1393	Lot	202, 1419
Liquide	1392	Louer	1095
liquidité(s)	1391, 1394	Louer	1342, 2131
Liste de contrôle	380	Loyauté	1425
Liste	1395	Loyer	2130, 2132
Liste de prix	1905	Lubrification	1426
Livraison	693	Lucratif	1427
Livre (sterling)	1864	Lumière	1376
Livre (0,5Kg)	1865	Luxe	1431
Livre	235	Machine à calculer	300
Livrer	690	Machine à écrire	2623
Local	1400	Machines	1432

INDEX FRANÇAIS

Macro économie	1434	Marchandage	194
Magasin	2315, 2418	Marchandise(s)	446, 1048, 1525, 2759
Magazine	1435	Marchandises sous douane	232
Magnétophone	2085, 2484, 2722	Marché	654, 1484, 1495
Main-d'œuvre qualifiée	1313	Marché à la baisse	205, 1489
Main d'œuvre spécialisée	2335	Marché à la hausse	271, 1490
Maintenance	1444, 2676	Marché à terme	1491
Maintenir	1443	Marché au comptant	281
Maison	1108	Marché acheteur	291
Maître d'œuvre	546, 2796	Marché Commun	1481
Majorer	1731	Marché d'options	1492
Majorité	1448	Marché mondial	1488, 2812
Majuscule	2677	Marché monétaire	1581
Malentendu	1558	Marché noir	228
Mauvais fonctionnement	1452	Marché soutenu	272
Mandant	1914	Marge	1472
Mandat	1583	Marge bénéficiaire	1957
Manganèse	1463	Marginal	1473
Manipulation	1465	Mark allemand	637, 712
Manque	1316, 2318, 2754	Marque de commerce	248
Manque d'argent	1317, 1584	Marque de fabrique	246
Manquer à ses engagements	679	Marque déposée	247, 2571
Maquette	127, 1567	Matériaux bruts	2408
Marchand	1524	Matériel	870, 1081, 1496

INDEX FRANÇAIS

Matière	1496	Menu	1523
Matière(s) première(s)	1497, 2055	Mérite	1530
Matières plastiques	1831	Message	1531
Matrice	1498	Messagerie électronique	828, 1438
Mauvais renseignement (s)	1559	Messagerie vocale	2738
Mauvaise créance	169, 660	Mesure	1505, 1507
Mauvaise gestion	1560	Mesurer	1506
Maximiser	1501	Métal	1532
Maximum	1502	Métallique	1533
Mécanicien	1508	Métaux	1534
Mécanisation	1511	Méthode	1537
Mécaniser	1512	Méthode du chemin critique	615, 1768
Mécanisme	1432, 1510	Méthode PERT	1807
Médiateur	122	Métier	1675, 1952, 2569
Médiation	1515	Mètre	1536
Médiocre	1516	Métrique	1538
Meilleur	212	Mettre à jour	2675
Mélange	1565	Mettre au point	664
Mémoire	1522	Mettre en colonnes	2476
Mémoire de masse	2417	Mettre en marche	2618
Mémorandum	1521	Mettre en péril / danger	1280
Ménage	1109	Mettre son veto	2721
Mensonger	2670	Mettre une enchère	217
Mensuellement	1588	Meubles	1012

INDEX FRANÇAIS

Micro-onde	1543	Mission	1562
Micro-ordinateur	1540	Missive	1359
Microfiche	1541	Mobilité	1566
Microprocesseur	1542	Mode	943, 1568
Milieu	860, 1503, 1544	Mode d'emploi	1695
Mille	2540	Modèle	705, 1569, 1769
Milliard	225	Modem	1570
Milligramme	1545	Modéré	1571
Millimètre	1546	Moderne	1572
Million	1547	Modernisation	1573
Mine	1548	Moderniser	1574
Minerai	1714	Modification	90, 1575
Minerai de fer	1271	Modifier	1576
Mini-ordinateur	1550	Module	1577
Miniaturisation	1549	Moins	1355
Minimiser	1551	Moitié	1076
Minimum	1552	Molécule	1578
Ministère	1553	Molybdène	1579
Minuscule	1555	Mondial	2813
Minuscules (Lettres)	1424	Monétaire	1580
Mise à jour	2674	Moniteur	1585
Mise en service	2296	Monnaie	622
Mise hors service	2297	Monnaie convertible	558, 619
Miser	217	Monnaie faible	623

INDEX FRANÇAIS

Monnaie forte	621, 1080	Nationalité	398, 1612
Monopole	1587	Naturalisation	1616
Montant	97	Nature	1617
Monter	2214	Navigation	1619
Morale	1590	Naviguer (navire/avion)	1618
Moratoire	1591	Navire	2306
Mot	2521, 2795	Nécessaire	1620
Moteur	848, 1597	Nécessité	1621
Moteur électrique	1596	Négatif	1624
Motif	1769, 2067	Négligence	1625
Mouvement	1595	Négociant	655, 1527, 2572
Moyen(s)	163, 1504, 1517, 1518	Négociation	1627
Multilatéral	1600	Négocier	192, 1626
Multiplicité	1602	Net	1630
Multiplier	1603	Neutralisation	1635
Municipal	1604	Neutre	1634
Municipalité	1605	Niche	1639
Mutuel	1606	Nickel	1640
Nantissement	430	Niveau	1361
Nation	1609	Nom	1607
National	1610	Nom de marque	2562
Nationalisation	1613	Nombre	1658
Nationaliser	1614	Nombreux	1660
Nationalisme	1611	Nominal	1643

INDEX FRANÇAIS

Non autorisé	2629	Objectif	1662, 1663
Non essayé	2669	Objection	1661
Non qualifié	2663	Objet	2011
Non-respect de la réglementation	1644	Obligation	231, 1665
Non rentable	2662	Obligation (non garantie)	657
Non reconnu	2625	Obligatoire	1462, 1666
Non valable	1259	Observation	1667
Normal	1647	Observer	1668
Normalisation	1648	Obsolescence	1669
Normaliser	1649	Obsolète	1670
Norme	1646, 2383	Obtenir	1671
Normes de construction	267	Obtention	1940
Notaire	1650	Occasion	1673, 1700
Note	1521, 2083	Occupant	1674
Note(s) de frais	14, 909	Occupé	286, 847
Notice d'utilisation	1695	Octet	294
Nourriture	971	Octroi de licence	1371
Nouveau	1636	Off-shore	1685
Nouvelles	1637	Office	1711
Nul	1655, 2739	Officiel	1684
Nul et non avenu	1654	Offre	214, 2520
Numérique	1659	Offre ferme	1681
Numéro de série	2291	offre publique d'achat (OPA)	2479
Numéro de téléphone	2507	Offrir des conditions plus avantageuses	2635

INDEX FRANÇAIS

Oléoduc	1819	Origine	1718, 2351
Omettre	1689	Originel	1720
Onéreux	2700	Outil	2558
Opération	1696	Ouvrage	2000
Opération bancaire	186	Ouvrier(ière)	2803
Opérer	1692	Ouvrir	1691
Opinion	1699	Oxygène	1743
Optimal	1703, 1705	Page	1747
Optimiser	1704	Paiement	520, 1783, 2299
Optimum	1706	Paiement anticipé	1780
Option	1707	Paiement à la livraison	334, 423
Optique	1701	Paiement contre documents	1773, 1781
Or	1044	Panneau d'affichage	2324
Or/argent en barres (en lingots)	273	Panneau publicitaire	63, 224
Ordinaire	1713	Paperasserie	2092
Ordinateur	483	Papier	1751
Ordinateur (matériel)	477	Papier à lettre	2391
Ordinateur personnel	484, 1805	Paquet	1744, 1745
Ordre	438	Par avion	80
Ordre d'expédition	2312	Par mer	2261
Ordre du jour	67	Par téléphone	2508
Organisation	1716	Par tête	1791
Organiser	1717	Paragraphe standard	230
Original	1720	Pare-brise	2788

INDEX FRANÇAIS

Pari risqué	1021	Paye	2748
Parrain	2368	Payer en espèces	336
Parrainage	2370	Payer	1772
Parrainer	2370	Pays	596, 1320, 1609
Participant	1759	PC	1805
Participation	1098, 1761	Peindre	1749
Participer	1760	Peinture	1748
Particularité	370	Pénalité	1788
Partiel	1758	Pensée	2539
Partir	697	Penser	2538
Parution	2001	Per capita	1791
Parvenir à un accord	74	Perdre	1415
Paragraphe	1752	Perdre par confiscation	979
Parachever	1795	Perestroïka	1793
Parallèle	1753	Performance	819
Paramètre	1754	Péril	1281
Parfait	1794	Périmé	1670, 1722
Parité	1756	Période	1797, 2522
Pas	2403	Période d'exomération d'impôts	1100, 2492
Passager	1763	Période d'exonération fiscale	2492
Passif	1364	Périodique	1798
Payable	1775	Périphérique	1799
Payable à la livraison	692	Permanent	1800
Payable d'avance	56	Permis	1370, 1802

INDEX FRANÇAIS

Permission	1801	Pièces d'identité	1163
Permis de travail	2801, 2806	Pierre précieuse	1029
Perpétuité	1803	Pile	203
Personnel	1806	Pilote	785
(le) Personnel	2376	Pipeline	1819
Perspective	1728	Place	2352
Perte(s)	1338, 1416, 1418	Placer	1821
Perte totale	1417, 2817	Plainte	465
Pertinent	1809	Plan	705, 706, 1822, 1971, 2466
Petite monnaie	364	Plan d'occupation des sols (POS)	2834
Pétrochimique	1810	Plan de Marketing	1825
Pétrole	1687, 1811	Plan de Montage	131
Pétrolier	1686, 2482	Planification	1828
Peu fiable	2664	Planification à long terme	1827
Pharmaceutique	1812	Planning d'entretien	1447
Phase	1813	Pleine propriété	995
Phosphate	1814	Plein	1004
Photocalque (plan)	229	Plein emploi	1005
Photocopie	1816	Pneu	2552
Photocopieuse	1815	Poids	2774
Phrase	2287	Poids brut	1064, 2773
Pièce (monnaie)	426	Poids en excès	1738
Pièce jointe	844	Poids net	1629, 2775
Pièce détachée	2353	Point	1277

INDEX FRANÇAIS

Point de repère	209	Position	1852
Point de vue	2724	Posséder	1740
Pointe de consommation	1786	Posséder	1854
Police	1837	Possession	1098, 1855
Police d'assurance	1214, 1838	Possibilité	1709, 1856
Police de caractères	970	Poste	1439, 1857
Politique	1839	Poste (automatique) de travail	2811
Polluer	1841	Poste de travail	2303
Pollution	1844	Poste émetteur	2593
Pollution de l'air	78, 1845	Pot-de-vin	254
Pollution de l'environnement	861	Potentialité	1863
Polymère	1846	Potentiel	1862
Ponctualité	2005	Poudre	1866
Ponctuel	1976, 2004	Pourboire	2551
Populaire	1847	Pourcentage	1792
Population	1848	Poursuite	2013
Port	1850	Poursuites judiciaires	1345
Porte	773	Poursuivre en justice	598
Porte-document	147, 332	Poursuivre qch.	2012
Porte-parole	2367	Pourvoir	1994
Porteur d'intérêt(s)	1239	Pouvoir	155, 1870, 1871
Portefeuille	1851	Pouvoir (capacité) d'achat	2009
Poser	1821	Pouvoir d'achat	292, 1875
Positif	1853	Pouvoir de négociation	195, 1874

INDEX FRANÇAIS

Pratique	1878, 1879	Prescription légale	2396
Précaution	325, 1881	Présent	1892
Précédent	1902	Présentation	905, 1894
Précieux	1882	Présenter	904, 1257, 2440
Précis	888	Présenter sa candidature	114
Précision	30	Préserver	1895
Préférence	1884	Président	1896
Préférer	1883	Président du conseil d'administration	359
Préjugé	1885	Pression	1899
Prélever	1363	Prêt	1353, 1399, 2060
Préliminaire	1886, 1887	Prêter	1351
Premier	1911	Prêteur	1352
Première classe	404	Prévaloir	1901
Première qualité	1090, 2021	Prévention	213
Prendre à bail	1342	Prévision	972
Prendre/passer à l'offensive/l'attaque	1680	Prévisions de ventes	2243
Prendre des renseignements	1189	Prime	234, 1889
Prendre livraison	694	Prime d'assurance	1888
Prendre part à	1760	Primitif	1912
Prendre rang	2044	Principal	1441, 1911, 1913
Prendre sa retraite	2189	Principe	1915
Préparation	1066, 1890	Principes essentiels	1009
Préparer	1891, 1937	Priorité	1923
Prescription	2359	Prise de décision	670

INDEX FRANÇAIS

Prise (élect.)	1834	Production de masse	1948, 2743
Privé	1925	Productivité	1951
Privilège	1372, 1926	Produire	1450, 1468, 1942, 2616, 2828
Prix	1903, 1927	Produit	1941, 1945, 2827
Prix catalogue	1908	Produit haut de gamme	2672
Prix compétitif	461	Produit National Brut (PNB)	1063, 1042
Prix de détail	2184	Produits brevetés	1983
Prix de gros	1909, 2778	Produits de luxe	1430
Prix de revient	575	Profession	1675, 1952, 2569
Prix demandé	1907	Professionnel	1953
Prix élevé	1091	Profil	1955
Prix en solde	193	Profit	1019
Prix unitaire	579, 2652	Progiciel	480
Probabilité	1378, 1930	Programmation	1967
Problème	1275, 1932	Programme	785, 1964
Procédure	1933	Programme informatique	479
Procédure d'arbitrage	121	Programme d'entretien	1446
Procès	1331	Programmer	1965
Processus	1936	Programmeur	1966
Procuration	155	Progrès	1969
Producteur	1943	Prohiber	1970
Producteurs à faible coûts	1421, 1944	Project	1971
Productif	1950	Projet	2715
Production	1467, 1947	Projet d'entreprise	1824

INDEX FRANÇAIS

Projet de contrat	541, 781	Prouver	1993
Projeter	1823	Provenir de	1721
Projet clefs en main	545	Provision	87, 2419
Prolongation	928	Provocateur	361
Promesse	1972	Prudent	346
Promettre	1973	Public	152, 1999
Promotion des ventes	1975	Publicité	62, 2002
Promouvoir	1974	Publication	2000
Proportion	1980, 2051	Publication Assistée par Ordinateur (PAO)	710
Proposition	1682, 1981, 1982	Puce	384, 1539
Propriétaire	1741, 1984	Puissance	1871, 1872
Propriété intellectuelle	1224, 1979	Purification	2010
Propriété publique	1977	Qualification	2014
Prospectus	1985	Qualifié	2334
Prospère	2446	Qualitatif	2016
Prospérité	1986	Qualité	2020
Protection	1988	Qualité d'exécution	2807
Protection de l'environnement	863	Qualité garantie	2018
Protéger	1987	Quantitatif	2023
Protestation	1989	Quantité	2024
Protester	1990	Question	2027
Protêt	1989	Questionner	2028
Protocole	1991	Queue	2030
Prototype	1992		

INDEX FRANÇAIS

Qui fait gagner du temps	2548	Rapporter qch	2146
Quitter l'hôtel	381	Rareté	2254
Quorum	2032	Ration	2052
Quote-part	2033	Rationaliser	2422
Quotidien	638	Rationnel	2053
R & D	2163	Réacteur	2059
Rabais	2069	Réaction	948, 2058
Raccourcir	2319	Réalisable	946, 1877, 2802
Rachat	2479	Réalisation	1003, 2066
Racheter	289	Réaliser	1002
Radio	2035	Réalité	2065
Raffermir	2424	Réapprovisionnement	2133
Raison	2067	Rebut	2114
Raison sociale	2562	Rebuter	2115
Raisonnement	2054	Récapituler	2070
Raisonner	2068	Récépissé	31
Ralentir	2338	Réception	2072
Rang	2043	Récession	2075
Rapatriement	2138	Recette	2072, 2199, 2202
Rapatrier	2137	Recevoir	2074
Rapide	1976	Recevoir des renseignements	1190
Rapport	2145	Recherche	2013, 2162, 2262
Rapport annuel	2147	Recherche et développement (R&D)	718, 2163
Rapporter	803, 2200, 2828		

INDEX FRANÇAIS

Recherche opérationelle (RO)	1698	Réel	38, 2061
Récipient	535	Réévaluer	2201
Réciprocité	2076	Référence(s)	166, 2098
Réclamation	695	Réforme	2099
Réclamer	402	Refus	2100, 2116
Recommandation	2080	Refuser	2101, 2115
Recommander	2079	Région	123, 2102
Reconnaissance	2078	Régional	2103
Récompense	1784, 2081, 2208	Règle	2230
Récompenser	2139, 2209	Règlement	2111, 2230, 2299
Réconcilier	2082	Règlement d'un compte	51
Recouvrement	2089	Réglementation	2111
Recouvrer	2088	Régularisation	866
Reçu	2071	Régulier	1647, 2109
Recul	778	Régulièrement	2110
Relever	2038	Réinvestir	2113
Récupération	2089	Rejet	2116
Récupérer	2087, 2088, 2193	Rejeter	2101
Recycler	2090	Relance	2680
Redevance	2225	Relation	2117
Redondance	2097	Relations sociales	1311
Réduction	2096	Relations publiques	1997
Réduction de prix	1906	Relier	515, 1390
Réduire	2094, 2192, 2319	Remboursement	1393, 2093, 2140

INDEX FRANÇAIS

Rembourser	1774, 2112, 2139	Répartition des tâches	700
Remercier	2534	Répertoire	737
Remettre	1860, 2123	Répétition	1279
Remise	742, 2069	Répondre	107, 2144
Remplacement	2142	Réponse	106, 2143
Remplacer	2141	Reporter	49, 329
Remplir un formulaire	467	Reprendre	2181
Rémunération	520, 2128	Représentant	2152
Rendement	819, 1796, 2197, 2827	Représentant de commerce	2153
Rendre qch.	1038	Représentatif	2151
Renforcer	2424	Réprésentation	2150
Renforcement	2056	Réprésenter	2149
Renoncer	2752	Reprise	2680
Renouveler	2129	Reproduction	2155
Renouveler la commande	2134	Reproduire	2154
Renseignements commerciaux	1225	Répudier	2156
Rentabilité	1962	Réputation	2158
Rentable	577, 1963	Réseau	1633
Renversement	2203	Réseau local	1318, 1401
Renverser	2204	Réservation	2166
Renvoi	1861	Réserve(s)	2419, 2167, 2462
Renvoyer	1860	Réserver	2168
Réorganisation	2135	Résidant	2169
Réparation	2136	Résilier un contrat	306

INDEX FRANÇAIS

Résoudre un problème	2344	Retour sur investissements	2195
Respect	2173	Retrait	2093
Responsabilité	20, 2174	Retraite	2191
Responsabilité limitée	1366, 1383	Rétrécissement	2320
Responsable	1367, 2175	Rétroactif	2194
Ressources	2172	Réunion	506, 1520
Restaurant	2176	Réunir	1519
Reste	2121	Revalorisation	116
Resté sans réponse	2625	Revendre	2165
Rester	2398	Revenir	2198
Restreindre	2177, 2192	Revenus du travail	805
Restriction	2178	Revenus salariaux	804, 1152
Résultat	1724, 1784, 2179	Revenu	1150
Résultat de traitement	481	Revenu net	1628
Résulter	2180	Revenus	2202
Résumé	5, 2453	Réviser	2206
Résumer	2452	Révision	2205, 2207
Retard	687, 2543	Révision des prix	1904
Retarder	688	Revoir	2206
Retard de paiement	689	Richesse	2769
Retirer de la circulation	2190	Rien	1652
Retirer	2792	Rigide	2212
Retour	2196, 2199	Risque	1082
Retour d'information	948	Risquer	2216

INDEX FRANÇAIS

Risques	2215	Saisir l'immeuble hypotheque	1592
Ristourne	2069	Saisir un bien hypothéqué	973
Rival	2217	Saison	2263
Robotique	2218	Saisonnier	2264
Robustesse	2227	Salaire(s)	1770, 2238, 2748, 2751
Rodage	249, 2233	Salairehoraire	1106, 2750
Rotation	2220	Salarié	2749
Rouble	2221	Sans appuis	2668
Roue	2776	Sans opérateur	2659
Roue de secours	2354	Sans profit	2662
Route	2223	Sans réponse	2627
Routine	2224	Sans succès	2667
Rue à sens unique	1690	Sans travail	2641
Ruine	2229	Sarl	1384
Ruiner	2228	Satellite	2246
Rupture d'un contrat	544	Satisfaction	2247
Rupture de stock	2411	Sauvegarde	168
S'écarter	762	Sauvegarder	2249
S'élever	2214	SAV	2294
S'endetter	662	Savoir-faire	1306
S'entendre	502	Scanner	2253
S'entreposer	1514	Science	2257
S'immiscer	1241	Se développer	1067
Saisie d'information	478	Se présenter	1676

INDEX FRANÇAIS

Se réunir	1519	Service(s) public (s)	1998, 2691
Se servir de	2693	Serviette	147
Se souvenir de qch.	2122	Seuil	2541
Se substituer à q.	2443	Seuil de rentabilité	251
Secondaire	2266	Seul	900
Secrétaire	2267	Siège social	1083
Secteur	2269	Siège	2265
Secteur privé	2270	Sigle	34
Secteur public	2271	Signal	2322
Section	2268	Signature	2323
Sécurité	2237, 2273	Signature d'un contrat	498
Segment	2274	Signer un contrat	543
Segmentation	2275	Signer	2321
Sélection	2277	Silicium	2325
Semi-conducteur	2283	Simulateur	2329
Sensibilité	2286	Simuler	2328
Séparer	2289	Simultané	503
Séparé	2288	Simultanément	2330
Série	2292	Situation	2395
Série complète	2298	Société	452
Sérieux	284	Société de négoce	2572
Serrure	1404	Société à responsabilité limitée (Sarl)	453, 1384
Service	698, 2295	Société commerciale	960
Service après vente	2294		

INDEX FRANÇAIS

Société enregistrée	569	Sous-produit	293
Société holding	1097	Sous-programme	113
Soin(s)	325	Sous-traitant	2437
Solde de banque	170	Sous-traiter	2436
Solde(s)	193, 176, 2121	Soutenir	2467
Solidité	790	Spécialiste	912, 2356
Solution	2343	Spécialité	2357
Solvabilité	2345	Spécification	2359
Solvable	2346	Spécifique	2358
Somme	97, 2451	Spéculateur	2362
Somme globale forfaitaire	1429	Spéculation	2361
Sondage d'opinion	1840	Spéculer	2360
Sonde	1931	Sponsor	2368
Sorte	2349, 2621	Sponsoriser	2369
Sortie	1729	Stabilisation	2374
Sortie d'imprimante	1922	Stabilité	2373
Soumission	2520	Stable	2375
Soupape	2707	Stade	2378
Souple	965	Stage	2578
Source	2351	Stagiaire	2577
Souris	1599	Standard	2383
Sous-directeur	140	Standardisation	2384
Sous-estimer	2637	Stationnaire	2390
Sous-louer	2439	Statisticien	2393

INDEX FRANÇAIS

Statistique	2392	Sujet	1275, 2438
(la) Statistique	2394	Supérieur	2455, 2459
Stéréophonique	2404	Supermarché	2457
Stipulation	2405	Supplémentaire	43, 931
Stock	1262, 2167, 2408, 2410	Supposer	1072, 1900
Stocks de réserve	2414	Supposition	1071
Stratégie	2421	Supraconducteur	2454
Stress	2425	Surcapacité	1730
Structure	989, 2433	Surcharge	1734
Structurel	2432	Surcharger	1735
Style	2435	Surévaluer	1736
Stylo à bille	1787	Surplus	896, 2465
Substituer	2443	Survaloir	1049
Substitution	2444	Surveillance	2458
Subvention	2442	Survenir	1676
Subventionner	2441	Symbole	2468
Succès	2445	Synchroniser	2469
Successeur	2447	Syndicaliser	2471
Succession	2290	Syndicat	2470
Succursale	245	Syndicat ouvrier	1309
Suffisant	2449	Syndicat ouvrier	2564, 2648
Suite	2290	Systématiser	2474
Suivre	969	Système	2473
Suivre la filière normale	366	Système de contrôle	549

INDEX FRANÇAIS

Système de gestion de base de données (SGBD)	651, 1458	Taxation	1362, 2493
Système PERT	1808	Taxe	2489, 2493
Système informatique	2472	Taxer	2490
Système informatique de gestion	1556	Technicien	2498
Système de gestion informatisé	1186, 1457	Technicité	2497
Table	2475	Technique	2333, 2496, 2499
Table traçante	1833	Technocrate	2501
Tableau	373	Technocratie	2500
Tableur	2371	Technologie	2503
Tabulation	2477	Technologie de pointe	1092
Tâche	138	Technologique	2502
Tactique	2478	Télécommande	2125
Taille	1087, 2332	Télé-communications	2504
Tampon	263, 2380	Télécopie	936
Tamponnner	2381	Télégramme	2505
Tangible	2481	Téléphone	2509
Taper à la machine	2622	Téléphone public	2510
Tapis roulant	559	Téléphoner	2511
Tarif	2487	Télévision	2512
Taux d'intérêt	1234, 2047	Télex	2513
Taux de change	897, 2046	Télexer	2514
Taux de rentabilité interne (TRI)	2195	Tempérament	1617
Taux officiel d'escompte	183	Température	2516
		Temporaire	2517

INDEX FRANÇAIS

Temps	2547, 2771	Tolérance	2555, 2556
Temps d'immobilisation	485	Tonnage	2557
Temps de fonctionnement	2679	Total	2559, 2560
Temps de réalisation	2546	Tournée	2561
Temps-plein	1005	Tour	2222
Temps réel	2063	Tout compris	1148
Tendance	213, 2601	Traceur	1833
Tendance à la baisse	779	Traducteur	2590
Tension	2741	Traduction	2589
Terme	2521, 2522	Traduire	1249, 2588
Terminal	2523	Trafic	2574
Terminer	497	Train	2576
Terminus	2524	Traitement	2238, 2748, 2751
Terminologie	2525	Traitement de l'information	1191, 1938
Terrain	1319	Traitement de texte	2794
Terre	1319	Traitement des données	645
Territoire de vente	2242, 2527	Traitement en temps réel	1939
Test de pré-série	2530	Traitement en temps réel de l'information	2064
Tester	2532	Trajet	393
Texte	2533	Transaction	654, 2579
Théorie	2536	Transactions à terme	1014
Thésauriser	1096	Transbordement	2598
Titane	2553	Transférer	2580
Titre	2554		

INDEX FRANÇAIS

Transfert	2581	Très résistant	1085
Transformateur	2585	Tribunal	597
Transformation	2584	Trier	2350
Transformer	2583	Trimestre comptable	2025
Transition	2587	Trimestriellement	2026
Transmetteur	2593	Troc	2566
Transmission	2591	Tromper	378
Transmission de données	449, 643	Troquer	198
Transparent	2594	Trouver une solution	2344
Transport	2582, 2596	Truc	2603
Transport maritime	2260	Tungstène	2614
Transporter	2597	Turbine	2615
Transporteur	328	Tuyau	2550
Travail	1283, 1312, 2798	Type	2621
Travail à mi-temps	1757	Un	2651
Travail au noir	1589	Unanime	2626
Travail d'équipe	2495	Uniforme	2646
Travail de bureau	411	Uniformité	2647
Travail de première urgence	1284	Union douanière	632
Travail en cours	2797	Unique	2649
Travailler	2799	Unité	2651, 2653
Travail en équipe	2800	Unité de mesure	2650
Travaux	2809	Unité centrale (d'un ordinateur)	600
Travaux publics	853	Unité centrale (Informatique)	352

INDEX FRANÇAIS

Unité de disques	748	Valeur réduite	2095, 2704
Unité périphérique	1799	Valider	2697
Urbain	2681	Validité	2699
Urgence	835, 2682	Validité des hypothèses	2698
Urgent	2683	Valise	2450
Usage	2685, 2686	Vanadium	2708
Usine	938, 1829, 2808	Variable	2709
Usine arrêtée	1121	Variance	2710
Usure	2770	Variation	2711
Utile	2688	Véhicule	2712
Utilisateur	2690	Vendable	1493
Utilisateur final	845	Vendeur	2244, 2282, 2714
Utilisation	2692	Vendeuse	2244
Utiliser	2693	Vendre	2281
utiliser	2687		
		Vendre au détail	2187
Vacances	2694		
		Vendre à la commission	2280
Valable	2696		
		Vendre au prix coûtant	2279
Valeur	1530, 2703, 2814		
		Venir à échéance	915
Valeur comptable	135, 236, 2706		
		Vente(s)	2240, 2241
Valeur d'échange	898		
		Vente à la commission	444
Valeur du marché	2702		
		Vente au détail	2185, 2186
Valeur marchande	1478		
		Véridique	2612
Valeur nette comptable	1631, 2705		
		Verification	2717
Valeurs mobilières	2272		
		Vérifier	379, 969, 2532, 2718

INDEX FRANÇAIS

Vérifier (comptes)	153	Vital	2735
Véritable	1036, 2061	Vitesse	2713
Vérité	2611	Vitesse réduite	2363
Versement	2124	Vitrine	2786
Verser	1772, 2123	Vocation	2736
Verser sur un compte	1771	Voie de communication	367
Version	2719	Voiture	321
Veto	2720	Voix	2737, 2745
Vide	842, 2695, 2738	Vol	2535
Vieux	1688	Volant	2777
Vilebrequin	603	Volatil	2740
Ville	399	Voler	2400
Vin	2789	Volontaire	2744
Violation	2726	Volume	2742
Virtuel	2727	vote	2745
Visa	2730	Voter	2746
Visa d'entrée	2728	Vouloir	2755
Visa de sortie	2729	Voyage	1288, 2561
Visibilité	2731	Voyage d'affaires	278, 2604
Visite	2732	Vraisemblable	1832
Visite de douane	890	Vrai	2607
Visiter	2733	Wagon restaurant	734
Visiteur	2734	Wagon-lit	2336
Vison	1554	Xérographie	2821

INDEX FRANÇAIS

Yen	2826	Zinc	2832
Zéro	1655, 2830	Zonage	2834
Zéro Défaut	2831	Zone	2833
Zibeline	2235		

INDEX ALLEMAND

INDEX ALLEMAND

Ab Lager	887, 2757	Abschnitt	1752
Abändern	1576	Absatzprognose	2243
Abänderung	365, 1575	Absatz von Waren	1494
Abbestellen	307	Absatzmarkt	1483, 1727
Abfall	2258, 2762	Abschalten	2617
Abgabe	1362	Abschließen	497
Abgezinster Cash Flow	101	Abschnitt	2274
Abhängig von	505	Absender (in)	2285
Abkommen	13, 73	Absetzen	759
Abkürz	1	Absicht	1229
Ablauf	914	Absinken	672
Ablaufen	915	Absolut	4
Ablehnung	2100, 2114	Abstimmen	2746
Abmachen	72	Abteilung	698, 764
Abmachung	13, 555	Abwärtstrend	779
Abmessung	1507	Abweichen	762
Abnahme	1338	Abweichung	719, 2710
Abnehmen	674	Abwerten	714
Abnehmer	529, 629	Abwertung	702
Abnutzung	2770	Abwesenheit	3
Abrechnungsbank	180	Abzahlung	1784
Abrechnungsstelle	180	Abziehen	675
Abreisen	697	Abzweigung	2040
Absatz	760, 1752	Abzug	87, 676

INDEX ALLEMAND

Achtung	2173	Allgemeines Zoll- und Handelsabkommen GATT	75, 1026, 1030
Addition	42	Alphanumerisch	89
Adressat (in)	46	Als Transitwarei im Transit	2586
Adresse	44	Als Zulieferant übernehmen	2436
Adressentabelle	737	Alternative	92
Adressieren	45	Alt	1688
Agent	68	Aluminium	93
Aggressivität	71	Am Gewinn beteiligt	1961
Akkreditiv	610, 1358	Amortisieren	96
Akronym	34	Amt	1683
Akten	953, 2086	Amtlich	1684
Aktentasche	147, 332	Amtsschimmel	2092
Aktie	2300	Anlage	844, 1830
Aktien	2407	Analyse	98, 99
Aktionär	2301, 2413	Analytisch	103
Aktualisierung	2674	Anbau	1068
Aktivschulden	2073	Anbauen	1067
Akustische Notiz	2738	Anbieten	216
Algorithmus	84	Änderung	90, 365
Alkohol	83	Anerkennung	31, 2078
Alleinvertreter	2342	Anfangen	2385
Alles inbegriffen	1148	Anfänglich	1194
Allgemein	1031	Anforderung	2161
Allgemeine Geschäftsunkosten	1733		

INDEX ALLEMAND

Anfrage	1201	Annahmeverweigerung	2116
Angaben	641	Annehmbar	6
Angabengrundlage	642	Annuität	104
An jds. Stelle treten	2141	Annullieren	1657
Angebot	214, 1682, 2520	Anordnung	1335
Angebotspreis	1907	Anorganisch	1199
Angebot n. und Nachfrage	2461	Anpassen	39, 50
Angelegenheit	494, 1499	Anpassung	40
Angemessen	47	Anpassungsfähigkeit	963
Angenommen	1117	Anreiz	1146
Angesehen	2157	Ansammeln	1096
Angestellte	839	Anschaffen	32
Angestellter	839	Anschaffung	33
Angreifen	149	Anschlagbrett	2324
Angrenzend	48	Anschlagtafel	224
Angriff	148	Anschluß	516
Anhalten	2415	Ansehen einer Firma	1049
Anhäufung	490	Ansprechgruppe	152
Anlagevermögen	137	Anspruch	2554
Anlasser	2386	Anstrengung	820
Anlegen	1264	Anteil	547, 1419
Anleitung	1212	Anstellen	1095
Annäherungswert	118	Antenne	108
Annahme	117, 142, 1180	Antrag	112, 1595

INDEX ALLEMAND

Antrag stellen	114	Arbeitseinkommen	805
Antrieb	1146, 1168	Arbeitsverhältnis	1283
Antriebsriemen	208	Arbeitsschicht	2303
Antwort	106, 2143	Arbeitserlaubnis	2801
Antworten	107, 2144	Arbeitsintensiv	1228, 1314
Anwalt	1332	Arbeitslos	2641
Anwaltsvereinigung	189	Arbeitslosigkeit	2642
Anweisung	438, 1212	Arbeitsmoral	1590
Anwendbar sein	110	Arbeitspapiere	2806
Anwenden	838	Arbeitsrechtliche Streitfrage	755
Anwender	2690	Arbeitsrechtliche Streitigkeiten	1310
Anwendersoftware	111	(Automatische) Arbeitsstation	2811
Anwendungsroutine	113, 2340	Arbeitsstunde	1454
Anzahlung	56, 1782	Arbeitstisch	709
Anzeigentext	565	Arbeitzeit	2804
Anteilig	1928	Argument	124
Apparat	720, 1213	Argumentieren	2068
Arbeit	1312, 2798	Art	943
Arbeitstreitigkeit	1169	Artikelserie	1388
Arbeiten	2799	Assistent	141
Arbeiter (in)	2803	Atom	146
Arbeitgeber	840	Auf das Mindestmaß herabsetzen	1551
Arbeitsablauf	2224	Auf dem Dienstweg	366
Arbeitsbedingungen	2805	Auf dem Laufenden	2673

INDEX ALLEMAND

Auf dem Seeweg	2261	Auf Kredit kaufen	609
Auf einen Computer übertragen	486	Aufstellung einer Mannschaft	700
Auf(gegen) Kredit kaufen	287	Auftrag	1562, 1710
Auf Lager	2409	Auftrag für eine schlüsselfertige Anlage	545, 2620
Auf lange Sicht	1412	Auftraggeber	840, 1914
Auf offener see	1685	Auftragnehmer	521
Aufgabe	138, 1982	Aufwertung	116
Aufgeben	2120	Aufzeichnen	2084
Aufgabengebiet	138	Aufzeichnung	2083
Auf(gegen) Kommission verkaufen	2280	Augenblicklich	1211
Auf den neuesten Stand bringen	2675	Ausgleichen	50
Auflage	2464	Ausbildung	2578
Aufgabenbereich	1955	Aus dem Gleichgewicht	2630
Aufgliederung	98	Aus dem Verkehr ziehen	2190
Ausfindig machen	1402	Aus einem Hotel ausziehen	381
Auflisten	1396	Aus einer Hypothek die Zwangsvollstreckung betreiben	973, 1592
Aufnahme	2484		
Aufpreis	1889	Ausbeute	2827
Aufrechterhalten	2467	Ausdruck	1922, 2521
Aufschub	687	Ausfall	1452
Aufsicht	325, 1206	Ausfuhr	921
Aufsichtsperson	2459	Ausführbar	1877, 2802
Aufs Geratewohl	2041	Ausfuhren	920, 923, 1002, 1128
Aufs Höchstmaß bringen	1501	Aufwand	907

INDEX ALLEMAND

Ausgabe	836	Ausreichend	2449
Ausgaben	907, 908	Ausreisevisum	2729
Ausgaben kürzen	2192	Ausrüsten	869
Ausgang	1724, 1729	Ausscheiden	2191
Ausgangspunkt	1835	Ausschließen	899
Ausgeben	1276	Äußerstes	933
Ausgezeichnet	894	Ausschließlich	900
Ausgleich	458, 866, 867	Ausschließliche Dividende	886
Aushandeln	194	Ausschuß	443
Auskunft	1187	Außenhandel	929, 976, 2567
Auskunft einholen	1189	Außenwirtschaftlich	930
Auskunft geben	1188	Außer Hause	1725
Ausladen	2656, 2657	Außerhalb	1725
Auslage	751	Außerordentlich	932
Ausländisch	977	Außerbetriebsetzung	2297
Ausländische Währung	620, 974	Aussicht	1728
Auslassen	1689	Aussondern	2115
Auslastungsfaktor	1397	Aussperrung	1405
Auslegen	1248	Ausstatten	869
Auslegung	1250	Ausstellen	752, 904
Ausleihe	1353	Ausstellung	905, 941
Auslieferer	761	Ausstoß	1729
Ausnahme	895	Austauschbarkeit	1233
Auspuff	903	Ausüben	2012

INDEX ALLEMAND

Ausübung	2013	Bankier	185
Auswahl	1565, 2042, 2277	Bankkonto	15, 179
Auswählen	2276	Banknote	1651
Auswärtig	930	Bankwesen	186
Ausweichbetrieb zur Hilfe/Stütze	168	Bankzins	183
Ausweichen	1086	Barbestand	1079
Ausweispapiere	1119, 1163	Bar gegen Versandpapiere	338
Auswertung von Daten	645	Bargeld	337
Auswirkung	1127	Barrel	196
Auszug	5	Barren	190, 1193
Ausverkauf	193	Barzahlen	336
Autarkie	2278	Beruf	1283
Authentisch	1036	Basis	199
Auto	160, 321	Batterie	203
Autobahn	1093, 1598	Bau	526
Automatisch	157	Baud	204
Automatisierung	159	Bauernhof	942
Autonom	161	Baugeräte	1830
Backstein	256	Bauholz	2542
Baissebewegung	205	Baukosten	588
Baissemarkt.	1489	Baulich	2432
Bald	2347	Baum	2600
Bank	178	Bauplatz	268, 2331
Bankautomat	145, 158, 339, 2515	Baupolizeiliche Vorschriften	267

INDEX ALLEMAND

Bauunternehmer	265	Begünstigen	1974
Bauwerk	2433, 2809	Behälter	242, 535
Beanspruchung	2426	Beherrschen	771
Beobachten	1668	Beherrschung	772
Beaufsichtigen	551	Beifügen	843
Beaufsichtigung	2458	Beilegen	843
Bedarf	693, 2161	Beitrag	547
Bedingt	505	Belegen	1993
Bedingung	504, 2405	Belegschaft	2376
Bedingungen	2526	Bereich	2042
Bedürfnis	2754	Bekanntmachung	2001
Beeinträchtigung	1653	Belasten	371, 659
Beanspruchen	402	Belastung	1398
Befähigung	312, 459	Belegschaft	2796
Befehl	1710	Beleuchtung	1123
Befördern	1974, 2597	Belohnung	2208
Beförderung auf dem Seeweg	2260	Bemühung	820
Beförderung	2582, 2596	Benachrichtigung	65
Befreiung	902	Benachrichtung	451
Beglaubigen	1348	Benehmen	206
Beglaubigung	1347	Benötigen	2160
Begrenzen	1381	Benutzen	2687
Begrenzung	1382	Benzin	1023, 1025
Begriff	492	Beobachtung	1667

INDEX ALLEMAND

Berater	528	Beschränkte Haftung	1366, 1383
Berechnen	298, 476	Beschwerde	109, 465
Berechnung	299, 475	Besetzt	285
Berechtigung zu verhandeln und abzuschließen	195, 1874	Besetzte Leitung	285
		Besichtigen	1205
Bereich	952, 989, 2268, 2833	Besitz	1098, 1855
Bereit	2060	Besitzer	1741
Bericht	2145	Besonderheit	2357
Beruf	1283, 1675, 1952, 2569, 2736	Besprechung	506, 745, 1520
Beruflich	1953	Besser	212
Berufszweig	1952	Bestand	2410
Berufung	2736	Bestand aufnehmen	2412
Barzahlen	336	Bestandsliste	1262
Besatzung	466	Beständigkeit	523
Besetzt	847	Bestandsaufnahme	1263
Beschädigen	2366	Bestätigen	2718
Beschäftigen	837	Bestätigun	31, 358, 510
Beschäftigt	286	Bestechlichkeit	573
Beschäftigung	841, 1283	Bestechung	254, 255, 1056
Bescheinigung	357	Bestechungsgeld	1056
Beschlagnahmen	511	Bestellen	1712
Beschleunigen	2364	Besteuern	2490
Beschluß	500	Besteurerung	2493
Beschlußfähigkeit	2032	Bestimmt	2358

INDEX ALLEMAND

Bestimmung	708, 1995	Bevollmächtigung	156
Besuch	2732	Bevollmächtiger Vertreter	1996
Besuchen	2733	Bevollmächtigung	155
Besucher	2734	Beweglichkeit	1566
Beteiligung	1098, 1761	Bewegung	1595
Beton	501	Beweggrund	1168
Beträchtlich	1322	Beweisgrund	124
Betrag	97	Bewerten	132, 881
Betreiben	2232	Bewertung	115, 133, 882, 2050, 2701
Betrieb	1696, 2295, 2808	Bewilligen	489
Betriebliche	1694	Bewohner	1674
Betriebsanweisungen	1695	Bezahlen	1772
Betriebssicherheit	1697	Bezahlung	1770, 2299
Betriebsabteilung	698	Beziehung	2117
Betriebsanlagen	935	Beziehungen	1311
Betriebskapital	315	Bibliothek	1368
Betriebskosten	587, 1693	Bieten	216, 217
Betriebsleistung	1694	Bilanz	172
Betriebsstörung	253	Bilanz ziehen	173
Betrug	992	Bild	1124
Betrügen	378, 685	Bildschirm	751, 2259
Beurteilung der Kreditfähigkeit	607	Bildung	983
Bevölkerung	1848	Billig	377, 872
Bevölkerungsdichte	696, 1849	Billighersteller	1421, 1944

INDEX ALLEMAND

Binär	226	Broschüre	1750
Bit	227	Bruchteil	988
Bitte	2159	Brutto	1065
Blatt	1747	Bruttosozialprodukt (BSP)	1042, 1063
Bleiben	2398	Bruttogewicht	1064, 2773
Bleistift	1790	Buch	235
Blockade	831	Bücher prüfen	153
Boden	1007	Bücherrevisor	23
Bonus	234	Buchführung	26
Borgen	240	Buchführungswesen	21
Börse	1485	Buchhalter	22
Börsenkurs	897	Buchhaltung	237
Börsenpreise	1910	Buchhaltungsunterlagen	17
Boykott	243	Buchprüfer	23, 24, 154
Boykottverfahren	243	Buchstabe	1360
Branche	2569	Buchungsbeleg	2747
Brauchbar	2688	Buchwer	135, 236, 2705, 2706
Breite	2782	Budget	261
Bremse	244	Bug	264
Brennstoff	1001	Bürge	1070
Brief	1359	Bürgerlich	400
Brieflicher Verkehr	572	Büroarbeit	411
Briefumschlag	858	Büro	1683
Bronze	260	Bürokratie	2092

INDEX ALLEMAND

Business Class	279	Das Gesetz brechen	1328
Byte	294	Datenaustausch	449, 643
CAD	296	Datenbankverwalter	53, 647
Café	297	Datenbankverwaltung	646, 651, 1458
Chance	363	Datenverarbeitung	1191, 1938, 2064
Charakter	369, 1617	Datum	649
Charakteristisch	370	Dauer	792, 1380
Chartervertrag	374	Dauerauftrag	1711
Chauffeur	376	Dauerhaftigkeit	790
Chef	383, 1914	Dauernd	1800
Chip	384	Dauerzustand	2399
Chrom	387	Debit	658
CIF (Kosten, Versicherung and Fracht)	389	Defizit	683
Compiler	464	Deflation	684
Computer	483	Dekodierung	673
Computereingabe	478	Dem Ermessen überlassen	120
Computerergebnis	481	Den gesamten Industriezweig umfassend	1176
Computersystem	2472	Den Preis erhöhen	1476
Container	536	Den Preis ermäßigen, zurücknehmen	1475
CPM-Methode	615, 1768	Denkbar	1862
Damm	639	Denken	2538
Danken	2534	Derivat	704
Darlehen	1399	Desktop-Publishing	710
Darstellung	1894		

INDEX ALLEMAND

Destillierung	757	Direkter Zugriff	8
Devaluation	713	Direktor	1461
Dezentralisierung	666	Diskette	746, 964, 966
Dezentralisierte Verwaltung	1053	Diskontieren	743
Dezibel (dB)	667	Diskontsatz	183
Diagramm	722	Diskutieren	2068
Diamant	726	Disziplin	740
Dicke	2537	Divergieren	762
Die Bücher abschließen	173	Dividende	763
Die eingeführten Waren	1135	DM	637, 712
Die Grundlage bildend	200	Dock	765
Die Lieferung von etw. annehmen	694	Dokumentation	767
Diebstahl	2535	Dollar	769
Dienst	2295	Dolmetschen	1249
Dienstleistungsnetz	2294	Dolmetscher	1251
Dieselmotor	727	Doppel	788
Die Presse	1898	Doppelt	786
Die Zeitungen	1898	Dosis	774
Differential	729	Draht	2790
Differenz	728	Dringend	2683
Diffusion	731	Dringlich	2684
Digital	733	Dringlichkeit	2682
Direkt	1836	Druck	1899
Direkte Kosten	584, 736	Drucken	1916

INDEX ALLEMAND

Drucker	1920, 1921	EDV	477, 644, 816
Druckvorlage	127	EDV-Geräteausstattung	1081
Duplikat	566	Effektiv	2061
Durch Fernsehen oder Radio übertragen	257	Ehrlichkeit	1223
Durch Telex übermitteln	2514	Eichmaß	2822
Durch Zufall	2041	Eichung	302
Durchführbar	946	Eigenkapital	873
Durchführbarkeit	945	Eigentum	1742, 1978
Durchführen	1128	Eigentum übertragen	2580
Durchführungsbestimmungen	2111	Eigentumsrecht	1742
Durchmesser	725	Eigentümer	1741, 1984
Durchschnitt	1503	Eignung	2736
Durchschnittlich	163	Eilbrief	924
Durchschnitts-	1517	Eiliger Auftrag	1284
Durchsehen	2206	Eilpost	925
Durchsichtig	2594	Ein Büro mit Personal einstellen	2377
Dutzend	780	Ein Büro mit Personal versehen	2377
Dynamik	802	Ein Erzeugnis auf den Markt bringen	1486
Dynamisch	801	Ein Formular ausfüllen	467
Echt	1036	Ein Geschäft (einen Handel) abschließen	275
Echtzeit	2063	Ein Geschäft führen	1455
Echtzeitbetrieb	1939, 2064	Einbringen	2200, 2828
Edelstahl	2379	Einen Beruf ausüben	1880
Edelstein	1029	Einen Betrieb (eine Fabrik) schließen	415

INDEX ALLEMAND

Einfach	1912	Einfuhr	1134
Einführen	1197	Einfuhrabgabe	1131
Eingeschriebener Brief	2106	Einführen	1132, 1257
Einbahnstrasse	1690	Einfuhrzoll	793, 1131
Einbürgerung	1616	Eingabe	1200
Eine Anzahlung leisten	1771	Eingang von Waren	126
Einen Fehler beseitigen	664	Eingebaut	269
Einen Handel abschließen	499	Einheit	2651, 2653
Ein Konto erkenne	18	Einkauf	2006
Ein Konto erkennen gutschreiben	608	Einkaufen	2007
Ein Problem lösen	2344	Einkauf im Großen	2779
Einem Konto gutschreiben	18	Einkaufsmarkt	2457
Einen Rang einnehmen	2044	Einkommen	1150, 2202
Eine Rechnung Konto detaillieren (spezifizieren)	1278	Einkommen aus Arbeit	804, 1152
		Einkommensteuer	1149, 2488
Eine Sache einer anderen vorziehen	1883	Einkünfte	807, 2202
Einen Auftrag erneuern	2134	Einlaufen	249, 2233
Einen Vertrag abschließen	496, 543	Einleitung	1887
Einen Vertrag kündigen	306	Einmischung	1254
Einen Vertrag schließen	74	Einölung	1426
Einfache Zinsen	1237, 2327	Einräumen	489
Einfluß	1184	Einreisevisum	2728
Einflußreich	1185	Einrichten	876
Einfügen	1202	Einrichtung	870, 1209, 1830

INDEX ALLEMAND

Einsatz	700	Eisen	1272
Einschalten	2618	Eisenbahn	2036, 2037
Einschätzen	2049	Eisenerz	1271
Einschließen	1147	Einverständnis	13
Einschränken	2177	Elastizität	821
Einschränkung	1382, 2178	Elektrifizierung	824
Einschreiben	2104	Elektrischer Motor	1596
Einsicht	891	Elektrizität	823
Einspruch	109, 1661, 2720	Elektroingenieur	850
Einstimmig	2626	Elektrolyse	825
Einstweilig	1886, 2517	Elektronik	829
Einteilung in Bereiche	2834	Elektronische Datenverarbeitung	644, 816, 827
Eintrag	2083	Elektronisch	826
Eintragen	2104	Elektronische Post	828, 1438
Eintragung	2107	Elektronischer Stromkreis	392
Einzahlung	701	Element	469
Einzelhandel-	2183, 2186	Emission	836
Einzelhandelhandelspreise	2184	Emittieren	1276
Einzelhändler	2188	Empfang von Geld	2072
Einzelheit	711	Empfangen	2074
Einzeln	1167	Empfänger	521
Einzelverkauf	2185	Empfehlen	2079
Einziehen	511	Empfehlung	2080
Einzigartig	2649	Empfindlichkeit	2286

INDEX ALLEMAND

En gros	2780	Entwerfen	707
Endbenutzer	845	Entwickeln	715, 885, 1033
Endgerät, n.	2523	Entwicklung	717
Endgültig	955, 1853	Entwicklungszeit	716, 2546
Endlose Fortsetzung	1803	Entwurf	229, 705, 782
Endpunkt	1043	Enzym	865
Endstation	2524	Erdgas	1024, 1615
Endverbraucher	845	Ereignis	884, 1677
Energie	846, 1872	Erfindung	1261
Engpaß der Produktion	241	Erfolg	2445
Enteignen ---	926	Erfolglos	2667
Enteignung	927	Erfolgreich	2446
Entfalten	885	Erforschung	918
Entfernen	2127	Erfüllen	1002
Entfernung	756, 2126	Erfüllung	1003
Entlassen	749	Ergeben	2828
Entlassung	1334	Ergebnis	1724, 2179
Entschädigung	2081	Ergonomie	874
Entscheiden	668	Erhalten	1671, 1895
Entscheidend	614, 671	Erheben	109, 1363, 2038
Entscheidung	669	Erheblich	2118
Entstehen	29, 1721	(Steuer-) Erhebung	1362
Entstellung	758	Erhöhen	1159
Entwenden	2400	Erhöhung	1160

INDEX ALLEMAND

Erklären	916, 1248, 2389	Erste Klasse	404
Erklärung	1250	Erste Qualität	2021
Erkundigung	1200, 1201	Erstklassige Leistung	1089
Erlangen	32, 1671	Ersuchen	2159
Erlaubnis	1370, 1801	Ertrag	2199, 2827
Erlaubnisschein	1802	Ertragsfähig	1950
Erläutern	916	Ertragsfähigkeit	806, 1873, 1951
Erläuterung	917	Erwartung	906
Erledigung	750	Erwerb	33
Ermäßigen	2094	Erwerben	32
Ermäßigigung	2096	Erwerbseinkommen	805
Ermittlung	1265	Erz	1714
Ernennung eines Nachfolgers	2142	Erzeugen	1033, 1942
Erneuern	2129	Erzeugnis	1945
Eröffnen	1691	Erzeugung	1034, 1947
Erreichen	2057	Erziehung	2578
Errichten	876	Etikette	1308
Errichtung	983	Etw.nutzen	2693
Ersatz	2142	Etw. benötigen (brauchen)	1623
Ersatzreifen	2354	Etw. berichten	2146
Ersatzteil	2353	Etw. besichtigen	892
Erschöpfung durch Zeitphasenverschiebung	1282	Etw. besitzen	1854
		Etw. betreiben	2012
Ersparnisse	2250	Etw. brauchen	2755

INDEX ALLEMAND

Etw. dem Gericht vorlegen	598	Extra	931
Etw. doppelt ausfertigen	789	Fabrik	938, 1829
Etw. gefährden	1280	Fabrikanlage	1829
Etw. in etw. umwandeln	2583	Fabrikation	1467
Etw. kaufen	288	Fabrizieren	934, 1450, 1468, 2616
Etw. liefern	2463	Facharbeiterschaft	1313, 2335
Etw. mieten	213	Fachgruppe	764
Etw. mit Steuern belegen	2490	Fachkräfte	1313
Etw. planen (entwerfen)	1823	Fachmann	912, 2356
Etw. reservieren	2168	Fachmännisch	1953
Etw. schätzen	879	Fähig	309
Etw. systematisieren	2474	Fähigkeit	312
Etw. übersetzen	2588	Fehlerlos	1794
Etw. versuchen	2613	Fehlersuchroutinen	721
Etw. (zu Eigentum) besitzen	1740	Fahrer	784
Etw. zurückgeben	1038	Fahrgestell	375
Europäische Wirtschaftgemeinschaft (EG)	880, 1481	Fahrlässigkeit	1625
Eventualfall	539	Fahrplan	2545
Exklusiv Dividende	2302	Fahrzeug	2712
Export	921	Faksimile	936
Exportieren	920	Faktisch	2727
Exporteur	922	Faktor	937
Exportzoll	796, 919	Faktura	1269
		Fall	333

INDEX ALLEMAND

Fällen von Entscheidungen	670	Fertige Ware	1945
Fällig werden	1500	Fertigstellung	468
Falsch	2818	Fertigungsindustrie	1471
Falsche Auskunft	1559	Fertigungsingenieur	852
Falsche (unrichtige) Darstellung	1557	Fest	2375
Fälschen	594	Festes Angebot	1681
Falscher Bericht	1559	Festplatte	747
Fälschung	980	Festplattenspeicher	748
Farbe	434, 1748	Festigkeit	2227
Fasern	950	Feststehend	2390
Fassungsvermögen	310	Feststellen	1402
Fehler	1563	Feststellung der Identität	1118
Fehlerfrei	944	Feuergefährlich	1182
Fehlerhaft	681	Filiale	245
Fehlschlag	940	Filter	954
Fehlschlagen	939	Finanzielle Unterstützung	2442
Fehlurteil	1561	Finanzielle Verpflichtung	445
Feiertag	1099	Finanziell	958
Fenster	2785, 2787	Finanzieren	957
Ferien	2694	Finanzmann	959
Fernbedienung	2125	Finanzwirtschaft	956
Fernsehen	2512	Firma	274, 960
Fernsteurung	2125	Firmenintern	1142
Fertig	2060	Firmenmarke	246

INDEX ALLEMAND

Firmenname	2562	Förderung	2370
Firmensymbol	1410	Forderung	660, 695
Firmenwert	1049	Forderungen	28
Fiskalisch	962	Form	943, 981
Fixpunkt	209	Formel	984
Flexibel	965	Formell	982
Fließband	129	Formular	981
Floppy disk	746, 966	Forscher	2164
Flüchtig	2740	Forschung	2162
Flughafen	82	Forschung und Entwicklung	718, 2163
Flugverkehrsgesellschaft	79	Fortfahren	1934
Flugverkehrslinie	79	Fortschreiten	1968
Flugzeug	81, 1826	Fortschritt	1969
Fluktuation	968	Fracht	997
Flußdiagramm	967	Frachtbrief	221, 222
Flüssige Mittel	1391	Frachtführer	328
Flüssig	1392	Frage	1275
FOB	993	Fragen	2028
Folge	519, 2179, 2290	Fraglich	2029
Folgerichtigkeit	523	Franc	990
Förderband	559	Frei an Bord	993
Förderer	2368	Freiberufler	996
Forderungen	2073	Freibestimmungsort	994
Fordern	402, 2369	Freies Grundeigentum	995

INDEX ALLEMAND

Freie Marktwirtschaft	1479	Gebäude	266, 815
Freilager	233	Geben	1039
Freiwillig	2744	Gebiet	123, 952, 2102, 2833
Fremd	977	Gebot	215
Franken	990	Gebrauch	2686
Frist	2522, 2544	Gebrauchen	838, 2687
Fristablauf	652	Gebühr	797, 947
Früher	1902	Gedanke	2539
Führen	1456	Gedruckte Schaltung	1918
Führung	1073	Geeignet	309
Funktion	1006	Geeignet sein	110
Funktionieren	1692	Gefahr	1082, 1281
Für nichtig erklären	1657	Gegen etw. Einspruch einlegen	2721
Für ungültig (kraftlos) erklären	105, 307	Gegend	2833
Führende Personlichkeit	1336	Gegenleistung	520
Fusion	94	Gegenseitig	1606
Fusionieren	1528	Gegenseitige Abhängigkeit	1230
Fusionierung	1529	Gegenseitigkeit	2076
Galvanisierung	1020	Gegenstand	2438
Gangschaltung	1028	Gegenstück	595
Garantie	1069, 2761	Gegenüberstellung	512
Garantiefrist	1446	Gegenwärtig	1892
Garantieren	2640	Gehalt	2238
Gas	1023	Gehaltserhöhung	2039

INDEX ALLEMAND

Gehaltsscheck	1776	Genaue Angabe	2359
Geistiges Eigentum	1224, 1979	Genauigkeit	30
Geld-	1580, 1582	Genehmigung	117, 156
Geld ausgeben	2365	Generator	1035
Geldausgabe	1726	Genossenschaft	561
Gelder	1010	Genügend	2449
Geldgeber	959	Gepäck	1428
Geldmangel	1317, 1584	Gerade noch rentabel	1473
Geldmarkt	1581	Geradeheraus	1836
Geldschrank	2236	Geräte	870
Geldumlauf	396	Geräusch	1642
Geldwechsel	974	Gerecht	872, 1294
Geldwesen	956	Gerechtigkeit	1295
Gelegenheit	1673, 1700	Geregelter Stellenwechsel	2220
Gelegenheitspreis	193	Gerichtsbarkeit	1292
Gelernt	2334	Gerichtshof	597
Gelernte Fachkräfte	2335	Gering	1420
Gemeindschaftsarbeit	2800	Gesamt	70, 1065, 2559
Gemeinsame Anstrengungen	1285	Gesamtbetrag	2560
Gemeinsamer Markt (EG)	447	Gesamtheit	1364
Gemeinschaftlich	1287	Gesamtverlust	1417
Gemeinschaftsarbeit	2495	Geschäft	274, 654, 2579
Gemeinschaftsunternehmung	1286	Geschäftgründung	276
Genau	888, 1555	Geschäftlich	441

INDEX ALLEMAND

Geschäftsbericht	2147	Gesellschaftlich organisieren	1156
Geschäftsführung durch Zielsetzungen	1460, 1664	Gesetz	35, 2397
		Gesetzmäßig	1344
Geschäftsjahr	961	Gesetzmäßigkeit	1346
Geschäftsmann	283	Gesetzbuch	424
Geschäftsmäßig	284	Gesetzgebung	1349
Geschäftsplan	1824	Gesetzlich	1350
Geschäftsprognose	972	Gesetzmäßig	1330
Geschäftsreise	278, 2604	Gesichtspunkt	2724
Geschäftsstunden	1107	Gesonderte Rechnungsstellung	2631
Geschäftsverbindung	66	Gespräche	2480
Geschäftsunternehmung	877	Getreide	1057
Geschäftszeiten	277	Getrennt	2288
Geschäftszweig	274	Gewähr	2761
Geschehen	1676	Gewähren	1059
Geschenk	1037, 1893	Gewerbliche Produktionserfahrung	1306
Geschicklichkeit	2333, 2807	Gewerkschaft	1309, 2564, 2648
Geschickt	2334	Gewicht	2774
Geschlossener Kreis	417	Gewinn	807, 1019, 1958
Geschwindigkeit	2048, 2363, 2713	Gewinn- und Verlustkonto	19
Geschworene	1293	Gewinn- und Verlusteinheit	349, 1960
Gesellschaft	452, 569	Gewinn- und Verlustrechnung	1151, 1956
Gesellschafter	2413	Gewinnbringend	1963
Gesellschaft mit beschränkter Haftung (GmbH)	453, 1384	Gewinnen	803, 2784

INDEX ALLEMAND

Gewinnspanne	1957	Gradlinig	1389
Gewissenhaft	517	Grad Celsius (C°)	354
Gewohnheit	1879	Gramm	1058
Gewöhnlich	1713	Graph	1060
Gewöhnlicher Tageslauf	2224	Graphische Darstellung	373
Gießerei	987	Greenwich Zeit	1061
Gitter	1062	Greifbar	2481
Glasnost	1040	Grenze	239, 1000, 1379
Glaswolle	949	Grenzkosten	1474
Glauben	2077	Grenzkostenrechnung	589
Glaubhaft	1832	Groß	1322
Gläubiger	611	Großbuchstabe	2677
Gleichförmig	2646	Größe	1437, 2332
Gleichförmigkeit	2647	Großhandelspreis	1909, 2778
Gleichgewicht	868	Großhändler	2781
Gleichheit	1756	Grube	1548
Gleichordnen	562	Grund	1007, 2067
Gleichstellung	866	Grundbestandteil	830
Gleichstrom	735	Grundeigentum	2062
Gleichzeitig	503, 2330	Gründen	604, 876
Glücksspiel	1021	Grundlage	201, 2054
Gold	1044	Grundlegend	1008
Gold/Silber in Barren	273	Grundlegende Vorarbeit	1066
Grad	686	Grundprinzip von etw.	1009

INDEX ALLEMAND

Grundsatz	1915	Haftbar	1367
Grundtendenz	2636	Halbfabrikat	2797
Gründung	877	Halbleiter	2283
Gruppenarbeit	2495	Hälfte	1076
Gruppeneinteilung	407	Handel	439, 654, 2568, 2574
Gültig	2696	Handelsspanne	1472
Gültig machen	2697	Handelsadressbuch	738
Gültigkeit	2699	Handelsbank	181, 182, 1266, 1526
Gültigkeit verlieren	915	Handelsbilanz	175, 2565
Gummi	2226	Handelskammer	362
Günstiger Preis	193	Handelssache	440
Günstigster Fall	1706	Handelsschule	282, 2256
Güte	2020	Handelssperre	831
Gutachten eines Sachverständigen	913	Handelsvertreter	2563
Güteklasse	1055	Handelsware	446
Güter	2759	Handelswert	2702
Güter und Dienste	1045	Handeltreibend	2573
Güterspediteur	998	Handhaben	1692
Güterverkehr Warentransport	1046	Handhabung	1465
Gutgehendes Geschäft	493	Händler	655, 2572
Guthaben	606	Handlung	36, 677
Guthaben bei der Bank	170	Handwerk	1077
Habensaldo	606	Hardware	477, 1081
Hafen	1850	Harte (starke) Währung	621

INDEX ALLEMAND

Harte Währung	1080	Hinausschieben	688
Hauptgeschäftszeit	2234	Hindern	166
Hauptgeschäftsführer	901	Hintergrund	166
Hauptrechner	1442	Hinzufügen	41
Hauptsächlich	1441	Hoch im Preis	656
Hauptsitz	1083	Hochkonjunktur	238
Haus	1108	Hochleistungs-	1085
Hausse	238	Hochofen	1011
Haushalt	261, 1109	Höchstbetrag	1502
Haushaltsjahr	262	Hochtechnologie	1092
Haussemarkt	271, 1490	Höhe	1087
Hemmen	1094	Hoher Preis	1091
Herausforderer	361	Holdinggesellschaft	1097
Herausforderung	360	Holz	2793
Herstammen aus	1721	Homogenität	1101
Herstellen	934, 1450, 1468, 1942	Honorar	947
Hersteller	1451, 1469, 1943	Hotel	1103
Hersteller mit den niedrigsten Selbstkosten	1421	Hülse	331
		Hundert	1111
Herstellung	1467, 1947	Hydraulik	1112
Herstellungskosten	588	Hypothek	1593
Hervorbringen	1721	Hypothese	1116
Hierarchie	1088	Hypothetisch	1117
Hilfe	139, 2464	Identität	1120

INDEX ALLEMAND

Im Detail verkaufen	2187	Industrie	1172
Im Freien	1725	Industriell	1170
Im letzten Augenblick	1325	Inflation	1183
Immateriell	1219	Infrastruktur	1192
Immaterielle Werte	1218	Ingenieur	849
Implikation	1130	Inhaber	1741
Importieren	1132	Inhalt	537
Improvisieren	1140	Initiative	1195
In bar bezahlen	336	Inkorporieren	1156
In das Heimatland zurücksenden	2137	Inländisch	770, 1245
In eine Liste eintragen	1396	Inner -	1245
In engen Grenzen	1608	Inserent	60
In zeitlicher (chronologischer) Reihenfolge	388	Insolvent	1203
		Inspektor	1207
Inbetriebsetzung	2296	Installierung	1209
Instandhalten	1443	Instandhaltung	1444
Instandhaltung	2676	Instandhaltungskosten	1445
In großem Maßstab	1323	Instinktive Reaktion	1075
Inländischer Handel	1246	Instruktion	1212
In Konkurs, zahlungsunfähig	187	Integriert	1220
Incoterms	1158	Integrierter Schaltkreis	391, 1221
Index	1166	Intelligent	1226
Individuell	1167	Interaktiv	1232
Industrialisierung	1171	Interesse(n)	1235

INDEX ALLEMAND

Interim	1242	Jdm. vertrauen	2609
International	1247	Jdn. ersetzen	2141
Intervall	1253	Jdn. für etw. belohnen	2209
Intervention	1254	Jdn. jdm. vorstellen	1257
Interview	1255	Jdn. unterbieten	2635
Inventar	1262	Jdn. verklagen	2448
Investieren	1264	Jdn. vertreten	2443
Investment	1267	Jet-lag	1282
Investmentbank	1266	Jung	2829
Investor	1268	Jurist	1332
Irrtum	875, 1561, 1563	(Elektrisches) Kabel	295
Isolierung	1274	Kalender	301
Iteration	1279, 1413	Kalibrierung	302
Jahr	2824	Kalkulation	299
Jahreszeit	2263	Kalkulationstabelle	2371
Jahreszeitlich	2264	Kalkulieren	298
Jährlich	2825	Kampagne	783
Jdm. die Sorge für etwas anvertrauen	507	Kanal	305, 368
Jdm. einen Gefallen erweisen, phr.	12	Kapazität	310, 482
Jdm. etw. leihen	1351	Kapital	314, 1504, 1913
Jdm. etw. mitteilen	450	Kapitalverzinsung	2195
Jdm. etw. schulden	1739	Kapitalaufwendungen	316
Jdm. etw versprechen	1973	Kapitalanlage	1267
Jdm. verbieten (untersagen) etw. zu tun	1970	Kapitalanleger	1268

INDEX ALLEMAND

Kapitalanteil	2300	Kaufvertrag	223, 540, 2239
Kapitalertrag	2197	Kenntnis	1307
Kapitalintensif	318, 1227	Kilogramm	1302
Kapitalisieren	320	Kilometer	1303
Kapitalisierung	319	Kilometerzähler	1678
Karte	323	Kilowatt	1304
Kartell	330	Kiosk	1305
Karton	242	Klage	37
Kassette	331, 341	Klappe	2707
Kassettenrecorder	2483	Klarheit	356
Kasse gegen Versandpapiere	768	Klasse	403
Kassenführer	340	Klasse für Geschäftsreisende	405
Katalog	342	Klassifizierung	407
Katalogpreis	1908	Klausel	408
Katalysator	343	Kleinbuchstaben	1424
Kauf	2006	Klientel	413
Käufer	290, 2008	Knappheit	2254, 2318
Käufermarkt	291	Know - how	1306
Käufer von etw. sein	1480	Koalition	422
Kaufhalle	699	Kodifizierung	425
Kaufhaus	699	Koffer	2450
Kaufkraft	292, 1875, 2009	Kohlenstoff	322
Kaufmann	283, 1527	Kohlenwasserstoff	1113
Kaufmännisch	284, 441, 1524	Kollationieren	429

INDEX ALLEMAND

Kollege	431	Konto	17
Kollektiv	433	Kontokorrent	624
Kommerzialisieren	442	Kontrolle	550
Kommerzlizenz	1369	Kontrollieren	379, 551
Kommissionsgut	444	Kontrollist	380
Kompatibel	457	Kontrollkasse	335
Kompatibilität	456	Kontrolluhr	414
Konferenz	1520	Konverter	556
Konfiszieren	511	Konvertibilität	557
Konfrontation	512	Konvertible Währung	619
Konjunkturaufschwung	2680	Konvertierbare Währung	558
Konjunkturrückgang	703	Konzentration	491
Konkurrent	462, 2217	Konzession	495, 991
Konkurrenzfähiger Preis	461	Koordination	563
Konkurs	188, 940	Koordinieren	562
Konnossament	222	Kopie	566, 2155
Konsignation	522	Kopieren	2154
Konsolidierung	524	Körperschaftssteuer	570, 2491
Konsulat	527	Korrektur	571
Konsum	533	Kostbar	1882
Konsumgüter	1047	Kosten	372, 581, 580, 586, 908
Konten ausgleichen	174	Kostenbuchhaltung	25, 576
Kontensaldo	176	Kostenrechnung	14, 25
Kontingent	2033	Kosten-Nutzen-Analyse	102, 585

INDEX ALLEMAND

Kostendegression durch Erweiterung des Produktionvolumens	2251	Kundendienst	2294
Kosteneinsparung	812	Kunstfertigkeit	601
Kostenintensiv	577	Kunststoffe	1831
Kostenkontrolle	552, 583	Kupfer	564
Kostenpreis	575	Kupplung	419
Kostenstelle	348, 582	Kurbelwelle	603
Kostenvoranschlag	878	Kurze biographische Skizze	1955
Kraft	1870, 2423	Kurze Übersicht	5
Kraftlos erklären	105	Kurzfristiges Umlaufvermögen	136
Kraftwerk	1869	Kurzfristig	2317
Kran	602	Kurzschluß	394, 2316
Kredit	1399	Laboratorium	1315
Kreditgeber	1352	Laden	2315, 2418
Kreditkarte	605	Ladung	326
Kreis	390	Ladungsverzeichnis	1464
Kreislauf	393	Lage	1403
Kreuzband	2815	Lageplan	1335
Krise	612	Lager	2410, 2756
Kristallisierung	617	Lagerfähigkeit	1374, 2416
Kriterium	613	Lagern	2420
Kugelschreiber	1787	Land	596, 1319, 1320, 1609
Kumulativ	618	Landwirtschaft	76
Kunde	412	Landwirtschaftliches Erzeugnis	1941
		Länge	1354

INDEX ALLEMAND

Langfriste Planung	1827	Leistung	1796
Langfristig	1412	Leistungsfähigkeit	308, 819, 1694, 1951
Langfristiger Pachtvertrag	1340	Leiter	1336, 1461, 1914
Langlebige Verbrauchsgüter	531, 791	Leiter des Rechnungswesens	554
Langsam	2337	Leitung	1073, 1337, 1459, 2790
Laser	1324	Lernkurve	628, 1339
Laserdrucker	1919	Licht	1376
Lastwagen	1414, 2606	Lichtpause	229
Laufen	2232	Lieferant	546, 2460
Laufende Nummer	2291	Lieferdatum	648, 691
Laufende Rechnung	16	Liefermenge	202
Laufendes Konto	16	Liefern	690
Laufzeit	792	Limit	1379
Lebenshaltungskosten	574	Linear	1389
Lebensdauer	634, 790, 1373, 1375	Liquidation	1393
Lebenslauf	627, 2182	Liquidität	1394
Lebensmittel	971	Liste	1395
Lebenswichtig	2735	Listenpreis	1908
Leckage	1338	Lizensierung	1371
Leer	842	Lizenz	1370
Legierung	88	Lizenzgebühr	2225
Lehrmodell	1567	LKW	2606
Leichtindustrie	1175, 1377	Logarithmischer Maßstab	1407
Leihen	240	Logarithmus	1406

INDEX ALLEMAND

Logik	1408	Majorität	1448
Logische	2054	Makler	258
Logistik	1409	Maklergeschäft	259
Logo	247	Makroökonomie	1434
Lohn	2748	Malen	1749
Lohnempfänger	2749	Management by objectives	1460
Lohnend	1427, 1963	Management-Informationssysteme	1457, 1186, 1556
Löhne	2751	Maschine	848
Lokales Netz	1318, 1401	Maschinenbau	1509
Lore	1414	Mangan	1463
Los	202	Mangel	1316
Lose Ladung	270	Mangelhaft	681
Lösung	2343	Mangelnde Offenlegung	1645
Loyalität	1425	Manipulation	1465
Low cost	1482	Mann	1453
Luftfahrtgesellschaft	79	Mannschaft	2494
Luftverschmutzung	78, 1845	Manuelle Arbeit	1466
Luxus	1431	Mark	637, 712
Luxusartikel	1430	Marke	247, 248
Machineschreiben	2622	Markenartikel	1983
Macht	1871	Markenname	247
Magazin	1435	Marketingplan	1825
Magnet	1436	Markt	1484, 1495
Meinungsverschiedenheit	124	Marktforschung	1477

INDEX ALLEMAND

Marktgängig	1493	Mechanismus	1510
Marktnische	1639	Medien	1513
Marktwert	898, 1478	Mehrdeutigkeit	95
Maschine	1432	Mehrheit	1448
Maschinelle Anlagen	1433	Mehrseitig	1600
Maschinenbauingenieur	851	Meinung	1699
Maßeinheit	2650	Memorandum	1521
Messe	941	Menü	1523
Massenproduktion	1948, 2743	Messen	1506
Massenspeicher	2417	Metall	1532
Maß	1027, 1505	Metalle	1534
Mäßig	1571	Metallisch	1533
Maßnahme	36	Meter	1536
Maßstab	2252	Methode	1537, 2499
Massengut	270	Metrische	1538
Material	1496	Miete	2130, 2132
Materialbeschaffung	1940	Mieten	1095, 1342
Materiell	2481	Mieter	1356, 1674, 2518
Matrix	1498	Mietsverhältnis	1341
Maus	1599	Mikrochip	1539
Maximalbelastung	1786	Mikrocomputer	1540
Mechaniker	1508	Mikrofiche	1541
Mechanisieren	1512	Mikroprozessor	1542
Mechanisierung	1511	Mikrowelle	1543

INDEX ALLEMAND

Milliarde	225	Mittelmäßig	1516
Milligramm	1545	Mittelsperson	1243
Millimeter	1546	Mitwirkung	560
Million	1547	Möbel	1012
Miniaturisierung	1549	Mode	943, 1568
Minicomputer	1550	Modell	1569
Minimum	1552	Modem	1570
Ministerium	1553	Modern	1572, 2673
Mischkonzern	514	Modernisieren	1574, 2422
Mißbrauch	1564	Modernisierung	1573
Mißerfolg	680, 940	Modifikation	1575
Mission	1562	Modul	1577
Mißverständnis	1558	Möglich	1862
Mit Bindestrich schreiben	1115	Möglichkeit	1856
Mit etw. vergleichbar sein	454	Molekül	1578
Mit jdm. ein Interview führen	1256	Molybdän	1579
Mit Luftpost	80	Monatlicher	1588
Mitarbeiten	428	Monitor	1585
Mitarbeiter	141	Monopol	1587
Mitarbeiterstab	2376	Montage	130
Mitbewerber	462	Montagefließband	1386
Miteinander in Einklang bringen	2082	Montagegezeichnung	131
Mitte	1503, 1544	Moratorium	1591
Mittel	1504, 1517, 1518	Motor	1597

INDEX ALLEMAND

Motor Maschine	848	Nachweisen	1993
Multinationale Gesellschaft	1601	Nahrungsmittel	971
Mündelsichere Wertpapiere	2272	Name	1607
Münze	426	Nation	1609
Muster	1769, 1992, 2245	National	1610
Nachahmung	1125	Nationalismus	1611
Nachbestellung	2133	Nationalität	1612
Nachbilden	567	Navigation	1619
Nachfassen	969	Navigieren (Schiff/Flugzeug)	1618
Nachfolger	2447	Nebeneinanderstellen	1298
Nachforschung	1201	Nebeneinanderstellung	1299
Nachfrage	693, 2159	Nebeneinkünfte	1804
Nachgeordnete Produktion	776	Nebenerzeugnis	293
Nachlaß	87, 2069	Negativ	1624
Nachmachen	594	Nerz	1554
Nachprüfen	379	Netto	1630
Nachprüfung	2205, 2717	Nettoeinkommen	1628
Nachricht	1531	Nettogewicht	1629, 2775
Nachrichten	1637	Nettogewinn	1632
Nachrichtenverbindung	1385	Nettowert	1631
Nachrichtendienst	1225	Netz	1633
Nachsenden	985	Netzgerät	1867
Nachteil	739	Neu bewerten	2201
Nachtschicht	2304	Neuerung	1197, 1198

INDEX ALLEMAND

Neugestaltung	2135	Niedrig	1420
Neuordnung	2135	Niedriger Geschwindigkeit	1423
Neutralisierung	1635	Nominell	1643
Neutral	1634	Norm	1646, 2383
Neu	1636	Normal	1647
Nicht anerkannt	2625	Normalisieren	1649
Nicht ermächtigt	2629	Normalspur	1027
Nicht gebrauchsfähig	2665	Normierung	1648, 2384
Nicht greifbar	1219	Notar	1650
Nicht unterstützt	2668	Notbeleuchtung	833
Nicht verpflichtet	2634	Notfall	835
Nicht vertrauenswürdig	2664	Nötigung	525
Nicht verwendbar	2689	Notiz	1521
Nicht vorrätig sein	2411	Notstromanlage	834
Nicht wählbar	1178	Notwendig	1620
Nicht zuständig	1154	Notwendigkeit	1621
Nichtbeachtung der Formalitäten	1644	(Dringende) Notwendigkeit	1622
Nichtoffenbarung	1645	Null	2830
Nichtig	2739	Null Fehler	2831
Nichtigkeitserklärung	1656	Null und nichtig	1654
Nichts	1652, 1655	Nutzen	210
Nichtübereinstimmung	744	Nutzholz	2542
Nickel	1640	Nutzlast	1779
Niederlassung	2148	Nützlich	2688

INDEX ALLEMAND

Nutzlos	2689	Optische Fasern	1702
Nutzung	2692	Optisch	1701
Objektiv	1662	Ordnen	2350
Obligatorisch	1462, 1666	Ordnungsgemäß	2109
Off-shore	1685	Organisation	1716
Offensichtlich	1672	Organische (Chemie)	1715
Öffentlich	1999	Organisieren	1717
Öffentliche Einrichtung	1998, 2691	Originalgerätehersteller	871, 1470, 1679, 1719
Öffentlicher Sektor	2271	Ort	1820
Öffentliches Telefon	2510	Örtlich	1400, 2103
Öffentlichkeitsarbeit (PR)	1997	Örtliche Selbstverwaltung	1053
Öffnen	1691	Packung	1744
Ohne Dividende	886	Paket	1745, 1755
Ohne Fehler	944	Paketadresse	1308
Ohne Gewinn	2662	Palette	1565
Ökonometrie	808	Parität	1756
Öl	1687	Papier	1751
Ölleitung	1819	Parallel	1753
Öltanker	1686	Parameter	1754
Optimal	1703, 1705	Partie	1419
Optimisieren	1704	Partner	1762
Optimum	1706	Passagier	1763
Option	1707, 1709	Passend	1809
Optionsmarkt	1492	Patenschaft	2370

INDEX ALLEMAND

Patent	1765	Pfund	1864, 1865
Patentamt	1764	Pharmazeutisch	1812
Patentieren	1766	Phase	1813
Patentiert	1767	Phosphat	1814
Pauschalbetrag	1429	Photokopie	1816
PC	1805	Photokopiergerät	1815
PC-Gerät	484, 1805	Pipeline	1819
Per Einschreiben schicken	2105	Plakatwerbung	63
Pensionierung	2191	Plan	705, 706, 1822, 1971, 1982, 2255, 2466
Perestroika	1793	Planen	707
Periode	1797	Pläne auf lange Sicht	1411
Periodisch	1798	Planung	1828
Peripherieeinheit	1799	Platz	1820, 2352
Personal	1806	Plötzliches, starkes Absinken	2339
Personalausweis	1119	Plotter	1833
PERT-Method	1807	Politik	1839
PERT-System	1808	Polizei	1837
Per Telefon	2508	Polymer(isationsprodukt)	1846
Petrochemisch	1810	Portefeuille	1851
Petroleum	1811	Positiv	1853
Pfandrecht	1372	Post	1439, 1858
Pferdestärke (PS)	1102	Postamt	1859
Pflege	325	Posten	1277, 1857
Pflicht	798	Postsachen	1440

INDEX ALLEMAND

Potential	1863	Problem	1932
Praktikant	2577	Produktif	1950
Praktisch	1878	Produktion(sleistung)	1729
Praktische Durchführung	1129	Produktionskapazität	311, 313, 1949
Prämie	1927	Produktionskontrolle	1935
Präparat	471	Produktionskosten	1946
Präsident	1896	Produktivität	1951
Preis	1927, 1903	Produzent	1469
Preisabschlag	2069	Produzent mit den niedrigsten Selbstkosten	1944
Preisänderung	1904	Produzieren	1450, 1468, 1942, 2616
Preisangebot	2034	Proformarechnung	1270, 1929
Preiserhöhung	116	Programmausrüstung	480
Preisermäßigung	1906	Prolongation	928
Preisliste	1905	Pro Kopf	1791
Preiswert	377	Programm	1964
Pressekonferenz	1897	Programmieren	1965
Problem	2605	Programmierer	1966
Primär	1911	Programmierung	1967
Primitiv	1912	Projekt	1971
Privatunternehmen	856	Promptgeschäft	281
Privat	1925	Propaganda	2002
Privatwirtschaft	2270	Proportion	1980
Probe	2245	Protestieren	1990
Probelauf	2530		

INDEX ALLEMAND

Prospekt	1985	Qualitätsware	2672
Protest	1989	Quantität	2024
Protokoll	1991	Quantitativ	2023
Prozentueller Anteil	1792	Quantitative Analyse	2022
Prozeß	37, 1331, 1936	Quittung	31, 2071, 2747
Prozeßregelung	1935	Quantitative Mengenbestimmung	98
Prüfen	892, 1205, 2532	Quote	2033
Prüfliste	380	Rabatt bei Barzahlung	741
Prüfprogramme	721	Rabatt	742
Prüfung	891, 1206, 2531	Rad	2776
Publikum	152	Radio	2035
Puffer	263	Rang	1361, 1923, 2043
Pulver	1866	Rangordnung	1088
Pünktlich	1976, 2004	Rat	591
Pünktlichkeit	2005	Rat für gegenseitige Wirtschaftshilfe	420, 437, 590
Purifikation	2010	Ration	2052
Quadrat	2372	Rationalisieren	2422
Qualifizierung	2014	Rationell	2053
Qualität	2020	Ratschlag	64, 2550
Qualitativ	2016	Rauminhalt	310
Qualitative Analyse	100, 2015	Rauschen	1642
Qualitätsbescheinigung	2018	Reaktion	2058
Qualitätskontrollle	2017	Reaktor	2059
Qualitätsarbeit	2807	Realisierung	2066

INDEX ALLEMAND

Rechenmaschine	300	Reduzierter Wert	2095, 2704
Rechenprogramm	479	Referenz	2098
Rechenschaftspflicht	20	Reform	2099
Rechnerausfallzeit	485, 777	Regel	2230
Rechnergestütztes Entwerfen	296	Regeleinrichtung	548
Rechnergestützte Herstellung	303	Regelmäß	2109
Rechnung	17, 219, 220, 1269	Regelmäßig	1647, 2110
Rechnungsabschluß	172	Regieren	2231
Rechnungsjahr	961, 2823	Regierung	1051, 1054
Rechnungsprüfer	154	Regierungsform	1054
Rechnungsführung prüfen	153	Registerbehörde	2108
Rechnungswesen	26	Regulierung eines Kontos	51
Recht	1329, 2211	Regulierung	2111
Rechtfertigen	1297	Reichtum	2769
Rechtfertigung	1296	Reifen	2552
Rechtsmäßig	1344	Reihe	2030, 2292
Rechtmäßigkeit	1295	Reihenfolge	2045
Rechtsanwalt	150	Reingewinn	1632, 1959
Rechtsprechung	1292	Reise	1288, 2561
Rechtzeitig	2004	Rekapitulieren	2070
Recykeln	2090	Reklametafel	224
Redensart	1817	Rentabel	1963
Redewendung	1817	Rentabilität	1962
Redlichkeit	1223	Rentabilitätsschwelle erreichen	250

INDEX ALLEMAND

Rentabilitätsschwelle	251	Rohstoffe	2055, 2408
Reparatur	2136	Rostfreier Stahl	2379
Repatriierung	2138	Rote Zahlen schreiben	2091
Repräsentativ	2151	Routine	2224
Reproduktion	2155	Rubel	2221
Reserve	2167, 2172	Rückfluß	948
Reservierung	2166	Rückfrage	2027
Resident	2169	Rückgang	672
Rest	2121	Rückkauf	2093
Restaurant	2176	Rückkehr	2196
Resultat	2179	Rücktritt	2171
Resultieren	2180	Rückwirkend	2194
Revision	2207	Rückwirkung	948
Rezession	2075	Rückzahlung	2140
Richter	1289	Ruf	2158
Richtig	888, 2210	Ruhig	2031
Richtigkeit	30	Ruinieren	2228
Richtlinie	1074	Runde	2222
Risiko	1082, 2215	Sachanlagen	137
Risikokapital	317, 2716	Sache	1499
Riskieren	2216	Sachverständiger	912
Robotertechnik	2218	Sammeln	2038
Roheisen	1818	Sammlung	432
Rohmaterialien	1497	Satellit	2246

INDEX ALLEMAND

Satz	2287, 2298	Schlechte Geschäftsführung	1560
Sauerstoff	1743	Schließen	416
Scanner	2253	Schließen (des Strompfades)	418
Schaden	640	Schloß	1404
Schaffen	604	Schlüsselfertig	2619
Schaltkarte	1917	Schlußfolgerung	1180
Schaltung	395	Schmelztiegel	616
Schätzen	1072	Schmierung	1426
Schätzung	878, 2701	Schnell	1976
Schaubild	967, 1060	Schöffen	1293
Schaufenster	2786	Schranke	197
Scheck	382	Schreib- und Papierwaren	2391
Schema	706	Schreiben	2816
Schlichtung	119	Schreibmaschine	2623
Schicht	1333	Schreibtisch	709
Schicken	2284	Schrift	970
Schiedsrichter	122	Schriftliche Prüfung	2529
Schiedsrichterliche Entscheidung	165	Schriftwechsel	572
Schiedsverfahren	121	Schritt	2403
Schiff	2306	Schrumpfung	703, 2320
Schiffswerft	2313	Schuld	661
Schlafwagen	2336	Schuldverschreibung	231, 657
Schlange	2030	Schulden machen	662
Schlechte (zweifelhafte)	660	Schuldig fällig	787

INDEX ALLEMAND

Schuldner	663	Serie	202
Schutz	1988	Seriennummer	2291
Schützen	1987	Setzen	1821
Schwach	2766	Sich an etw. beteiligen	1760
Schwäche	2768	Sich an jdn. wenden	114
Schwache Währung	623	Sich bewerben	114
Schwächen	2767	Sich durchsetzen	1901
Schwarzmarkt	228	Sich einmischen	1241
Schwelle	2541	Sich ereignen	1676
Schwer	1085	Sich ergeben	2180
Schwerindustrie	1084, 1174	Sich erinnern an	2122
Schwer zu bewältigen	2658	Sich pensionieren lassen	2189
Schwierigkeit	730, 2605	Sich treffen	1519
Segmentierung	2275	Sich über etw. unterrichten	1190
Seine Auslagen wiederhereinbringen	2087	Sich zu einem Verband zusammenschließen	2471
Seine Verpflichtungen nicht einhalten	679	Sicherheit	2237, 2273
Seite	1747	Sicherstellen	2249
Sekretär(in)	2267	Sicherung	1013
Sektor	2269	Sichtbarkeit	2731
Sekundär	2266	Signal	2322
Selbstständig	161	Silber	2326
Seltenheit	2254	Silikon	2325
Senden	257, 2284	Simulator	2329
Sendung	2592		

INDEX ALLEMAND

Simulieren	2328	Speichern	2249
Sitz	2265	Speisewagen	734
Sitzung	1520	Spekulant	2362
Skonto	742	Spekulation	1021, 2361
Sligh end	1487	Spekulationsobjekt	2715
Sofort	1126	Spekulieren	2360
So bald wie möglich	128, 2348	Sperre	243
Sofortiz	1211	Speisekarte	1523
Sofortzugriff	8	Spesen	908
Software	2341	Spesenkonto	14, 909
Soll	658	Spesenrechnung	14
Sonde	1931	Spezifikation	2359
Sonderschicht	2305	Spezifisch	2358
Sorfältig	1555	Spiel	1022
Sorte	246, 2349	Spitzenlast	1786
Sortieren	2350	Spitzenprodukt	633
Spannung	2741	Spitzenqualität	2019
Sparen	2248	Spitzensorte	2019
Sparkasse	184	Sponsoring	2371
Spät	1326	Sprache	1321
Spediteur	328, 986, 2310	Sprecher(in)	2367
Speditionsgeschäft	2309	Staat	1051, 2387
Speicher	1522	Staatlich	1610
Speichergröße	482	Staatsangehörigkeit	398, 1612

INDEX ALLEMAND

Staatsbeamter	401, 2293	Statistiker	2393
Staatseigentum	1977	Statistisch	2392
Staatspapiere	1050	Status	2395
Staatsanleihen	1050	Steckdose	1834
Stabil	2375	Stecker	1834
Stabilisierung	2374	Stehlen	2400
Stabilität	2373	Steif	2212
Stadium	2378	Steigen	2214
Stadt	399	Steigender Markt	272
Städtisch	1604, 2681	Steigern	1159, 1501
Stadtverwaltung	1605	Steigerung	1160, 2213
Stahl	2401	Steinkohle	421
Stahlwerk	2402	Stelle	1857
Stammaktien	448	Stellen	1821
Stand	1361	Stellung	1852, 2395
Stand des Fortschritts (eines Projektes)	1968	Stellvertretender Direktor	140
Standard	2383	Stellvertretung	2444
Standardabweichung	2382	Stempel	2380
Standort	1403	Stempeln	2381
Stark	2431	Stereophonisch	2404
Stärken	2424	Sterling	1864
Starkstromleitung	1868	Steuer	2489
Starr	2212	Steuerbefreiung	1100, 2492
Statistik	2394	Steuergerät	553

INDEX ALLEMAND

Steuerlich	962	Stromversorgung	1876
Steuerrad	2777	Struktur	2433
Steuerbegünstigung	2492	Strukturell	2432
Steuerungssystem	549	Stückkosten	579, 2652
Steuerveranlagung	249	Studium	2434
Stichhaltigkeit	2698	Stundenlohn	1106, 2750
Stickstoff	1641	Stundenweise	1104
Stil	2435	Stündlich	1105
Stillegen (einer Fabrik)	1121	Subvention	2442
Stimme	2737, 2745	Subventioneren	2441
Stornierung	2203	Suche	2262
Stoßdämpfer	263, 2314	Summe	2451, 2560
Strafe	1788	Supermarkt	2456, 2457
Strategie	2421	Supraleiter	2454
Streifband	2815	Sw. Sozialpartnern (Arbeitgeber-Arbeitnehmer)	1311
Streik	2427, 2753	Symbol	2468
Streiken	2428	Symmetrische Belastung	177
Streiker	2430	Synchronisieren	2469
Streit	753	System	989, 2473
Streiten	754	Tabelle	373
Streitfrage	1275	Tabellarisch anordnen	2476
Stress	2425	Tabellarische Aufstellung	2477
Strom	626	Tafel Übersicht	2475
Stromerzeuger	1035		

INDEX ALLEMAND

Tag	650	Teilnehmer	1759
Tagesordnung	67	Teilweise	1758
Täglich	638	Teilzahlung	1210
Tagung	506	Teilzeitarbeit	1757
Taktik	2478	Telegramm	2505
Tanker	2482	Telefon	2509
Tastatur	1300	Telefonanruf	2506
Tastenanschlag	1301	Telefonisch	2508
Tätigkeitsfeld	952	Telefonieren	2511
Tatsächlich	38, 2727	Telefonleitung	1387
Tauschhandel	198, 2566	Telefonnummer	2507
Tauschwert	898	Telekommunikation	2504
Tausend	2540	Telex	2513
Teamwork	2495	Telexen	2514
Technik	854, 2503	Temperatur	2516
Techniker	2498	Tendenz	2519
Technisch	2496	Termin	652
Technischer Charakter	2497	Terminal	2523
Technokrat	2501	Terminbörse	1491
Technokratie	2500	Termingeschäfte	1014
Technologie	2503	Terminmarkt	1491
Technologisch	2502	Terminologie	2525
Teil	1758	Teuer	656, 910
Teilhaber	1762	Text	2533

INDEX ALLEMAND

Textverarbeitung	2794	Treuhänder	951
Theorie	2536	Trick	2603
Tilgen	96	Trinkgeld	2551
Tilgung	1784, 2093, 2140	Titan	2553
Tinte	1196	Tüchtigkeit	1954
Tip	2550	Tür	773
Toleranz	2555, 2556	Turbine	2615
Tonbandgerät	2085, 2483	Turnus	2220
Tonnage	2557	Typ	2621
Tonnengehalt	1507	Überalterung	1669
Total	2559	Überangebot	1041
Totalverlust	2817	Übereinstimmen	427, 502
Touristenklasse	406, 814	Überfällig	1732
Transfer	2582	Übergabe	1894
Transformator	2585	Übergang	2587
Transmitter	2593	Übergewicht	1734, 1738
Transportieren	2597	Überholt	1723
Transportwege	2595	Überkapazität	1730
Treiber	785	Überladen	1735
Treibstoff	1001	Überlasteng	1731
Trend	2601	Überlastung	1734
Trennen	2289	Übermaß	896
Tresor	2236	Übernahme	142, 2479
Treue	1425	Überschätzen	1736

INDEX ALLEMAND

Überschuß	896, 2097, 2465	Umlaufend	625
Übersetzen	1249	Umstand	397
Übersetzer	2590	Umwandlung	2584
Übersetzung	2589	Umweltverschmutzung	861
Überstunden	1737	Umwelt	860, 862
Übertragen	329	Umweltschutz	863
Übertragung	522, 2581, 2591, 2592	Umweltschützer	864
Übertreffen	893	Um etw. handeln	192
Übertreiben	1736	Unabhängig	1165, 2634
Übertreibung	889	Unabhängigkeit	1164
Überwachung	550, 1586, 2458	Unangemessen	1144
Überweisen	2123	Unannehmbar	2624
Überweisung	2124	Unausgewogen	2630
Übliches Verfahre	1879	Unbedingt	4
Unbundling	2631	Unbeantwortet	2627
Uhr	414	Unbegrenzt	2655
Umdrehung	2220	Unbemannt	2659
Umfassend	473	Unbeständig	2666
Umfrageergebnis	1840	Unbeständigkeit	1208
Umgebung	859, 860	Unbrauchbas	2665
Umhüllung	2815	Uneintreibbar	1273
Umkehren	2204	Unendlich	1181
Umkehrung	2203	Unentschlossenheit	1162
Umladung	2598	Unerfahren	1179

INDEX ALLEMAND

Unerlaubte Handlung	2819	Untauglich	1177
Unerledigter Auftragsbestand	167	Unterbrechen	1252
Unerwartet	2628	Unterhalten	1443
Unfähig	1145, 1154	Unterhaltungskosten	1445
Unfähigkeit	1143	Unternehmen	855, 2715
Unfall	11	Unternehmer	546, 857
Ungeeignet	1145, 1178	Unternehmungsforschung	1698
Ungerecht	2644	Unterschätzen	2637
Ungesetzlich	2654	Unterschlagen	685
Ungewiß	2632	Unterschlagung	832
Ungewißheit	2633	Unterschreiben	2321
Ungewisses Ereignis	539	Unterschrift	2323
Ungleich	2643	Unterstützung	139, 2464
Ungültig	1259, 2739	Untersuchen	892, 1205
Ungültig erklären	1260	Untersuchung	918, 1206, 1265
Ungünstig	2645	Unterteilung	2275
Unmöglichkeit	1136	Untervermieten	2439
Unnachgiebig	2671	Ununterbrochene Fortdauer	1803
Unorganisch	1199	Unvereinbar mit	1153
Unproduktiv	2661	Unverkäuflich	2660
Unqualifiziert	2663	Unversucht	2669
Unrecht	2820	Unverzüglich	1126
Unreinheit	1141	Unvollendet	1155
Unrichtig	1157	Unvorhergesehen	2628

INDEX ALLEMAND

Unwahrscheinlich	1137	Verarbeitende Industrie	1173
Unwahr	2670	Verband	2470
Unwirksam	1177	Verbessern	1138
Unzulänglich	1144	Verbesserung	571, 1139
Urheberrecht	568	Verbindend	515, 1244, 1390
Urkunde	766	Verbindlichkeiten	27, 1364, 1365
Urlaub	1343	Verbindung	435, 534
Ursache	344	Verbindungswege	367
Ursprung	1718, 2351	Verbrauch	533
Ursprünglich	1720	Verbraucher	529
Urteil	1291	Verbraucherverhalten	207, 532
Urteilen	1290	Verbrauchsgüter	530
Vakuum	2695	Verbrennung	436
Vanadium	2708	Verdampfung	883
Ventil	2707	Verderben	2366
Verallgemeinern	1032	Verdienen	803
Veraltet	1670, 1722	Verdienst	1530
Veränderlich	2709	Verdrehung	758
Veränderlichkeit	1208	Verdunstend	2740
Veränderung	2711	Vereinbaren	72
Verantwortlichkeit	20, 2174	Vereinbarung	2405
Verantwortlich	1367, 2175	Vereinheitlichung	1648
Verantwortung	2174	Verfahren	1345, 1933, 1936
Verarbeiten	487, 1937	Verfall	914

INDEX ALLEMAND

Verfallen	915, 979	Verlangen	2160
Verfertigen	934	Verlängerung	928
Verfolgen	969	Verlangsamen	2338
Verfügbar	162	Verkauf, auf Provisionsbasis	444
Verfügbare Betriebzeit	2679	Verleger	2003
Vergleich	474, 2570	Verleihen	1059
Vergleichen	455	Verleihung	495
Vergütung	87, 520, 458, 947, 2128	Verleiher	1352
Verhältnis	1980, 2051	Verletzen	2725
Verhandeln	1626	Verletzung	2726
Verhandlung	1627	Verlieren	979, 1415
Verhandlungen	2086	Verlust	683, 1416, 1418
Verhalten	206	Verluste machen	2091
Verjährungsfrist	2396	Vermeidbar	164
Verkabelung	2791	Vermieter	1357
Verkauf	2240	Vermindern	2094
Verkäufe	2241	Vermischung	513
Verkaufen	2281	Vermitteln	1514
Verkäufer	2244, 2282, 2714	Vermittelnd	1244
Verkaufsförderung	1975	Vermittler	122
Verkaufsvertreter	2153	Vermittlung	1515
Verkaufsgebiet	2242, 2527	Vermögen	1504, 1978
Verkehr	2575	Vermögensgegenstand	134
Verkürzen	2319	Vermögenwert	134

INDEX ALLEMAND

Vermuten	1072, 1900	Versichern	144, 1217
Vermutung	1071	Versicherung	143, 1215
Verneinend	1624	Versicherungsagent	69
Veröffentlichung	2000	Versicherungsdeckung	1216
Verpackung	1746	Versicherungspolice	1838
Verpfänden	1594	Versicherungsprämie	1888
Verpflichtung	1665	Versicherungsschein	1214
Versagung	2100	Versicherungsschutz	599, 1216
Versand	750, 2308	Versicherungsvertreter	69
Versandauftrag	2312	Version	2719
Versandbehälter	536	Versöhnen	2082
Versandkosten	2311	Versorgen	1994
Versandstück	1745	Versorgungsbetrieb	1998
Versandstück	1744	Versprechung	1972
Versäumen	1689	Verstaatlichen	1614
Verschieben	49, 682, 1860	Verstaatlichung	1613
Verschiebung	1861	Verständnis	2639
Verschiffung	2308	Verstärkung	2056
Verschluß	1404	Verstehen	2638
Verschmutzen	1841	Versteigerung	151
Verschweigen	488	Versuch	911, 2531, 2602
Verschwenden	2763	Versuchslaboratorium	2528
Versehen	1994	Vertagen	49, 1860
Versenden	2307	Vertagung	1861

INDEX ALLEMAND

Verteiler	761	Verweigerung	2100
Verteilung	86	Verwalter	54
Vertrag	73, 542, 2599	Verwaltungs -	52
Vertragsentwurf	781	Verweigern	2101
Vertragsabschluß	498	Verwenden	838, 2693
Vertragsbruch	544	Verwendung	841, 2685, 2692
Vertragsentwurf	541	Verwicklung	1130
Vertragsstrafe	409, 1789	Verwirken	979
Vertrauen	508, 2608	Verwirklung	2066
Vertrauenswürdig	2610	Verwirrung	513
Vertraulich	509	Verzeichnis	737
Vertreiben	759	Verzichten	2752
Vertreten	2149	Verzögern	688
Vertreter	2152	Verzögerung	2543
Vertretung	2150	Verzollt	795
Vertrieb	760	Video recorder	2722
Verunreinigte Luft	77, 1843	Videoband	2723
Verunreinigtes Wasser	1842, 2765	Vielfalt	1602
Verunreinigung	1844	Vierteljahr	2025
Veruntreuung	832	Vierteljährlich	2026
Verursachen	1033	Visitenkarte	280, 324
Vervielfältigen	1603	Visum	2730
Vervollkommnen	1795	Voice mail	2738
Verweigern	2156	Volk	1609

INDEX ALLEMAND

Volkstümlich	1847	Vorgesetzter	383, 2455, 2459
Volkswirt	811	Vorhaben	1971
Volkswirtschaftler	811	Vorhergehend	1902
Voll	1004	Vorlage	1769
Völliger Stillstand	653	Vorlegen	2440
Vollkommen	1794	Vorrang	1923
Vollmacht	155	Vorrat	2419, 2462
Vollständig	1220	Vorräte sparen	1096
Vollzeitbeschäftigung	1005	Vorrätig	2409
Vollzug	1003	Vorratslager	2414
Volumen	2742	Vorrecht	991, 1926
Voneinander abhängig	1231	Vorrichtung	720
Von erstklassiger Qualität	1090	Vorschießen	55
Von gutem Ruf	2157	Vorschlag	1981
Von Hand gemacht	1078	Vorschrift	1995, 2111
Von minderwertiger Qualität	1422	Vorsicht	345
Vorauszahlung	1780	Vorsichtig	346
Voraussetzung	142	Vorsichtsmaßnahme	1881
Vorauszuzahlender Betrag	56	Vorsitzender	359, 1896
Vorbereiten	1891	Vorteil	57, 210
Vorbereitung	1890	Vorteilhaftes Geschäft	191
Voreingenommenheit	213	Vorstellung	492, 1894
Vorformulierter Satz	230	Vorübergehend	2517
Vorgehen	1345	Vorurteil	213, 1885

INDEX ALLEMAND

Vorwiegen	1901	Warenzeichen	2571
Vorzeitig abschließen	2	Warnung	2760
Vorzug	1884	Wartung	1447
Wachsen	1067	Wäscherei	1327
Wagen	2712	Wasser	2764
(Aus) Wahl	385	Wasserkraft -	1114
Wahl	822, 1708	Wechsel	2711
Wählen	386, 724	Wechselbeziehung	1240
Wählnebenstellenanlage	1785, 1924	Wechselgeld	364
Wählscheibe	723	Wechselkurs	2046
Wahrscheinlichkeit	1378, 1930	Wechselstrom	91
Wahr	1036, 2607, 2612	Weg	2223
Wahrheit	2611	Wein	2789
Währung	622	Weiterführen	1443
Währungspolitisch	1580	Weltmarkt	1488
Wanze (Abhörgerät)	264	Weltmarkt	2812
Walzwerkbetrieb	2219	Weltweit	2813
Ware(n)	1525	Weniger	1355
Ware	446	Werbeagentur	61
Waren	1048, 2759	Werbekampagne	304
Warenannahme	7	Werbeschild	2324
Wareneinfuhr	1258	Wertbestimmung	882
Warenlager	2148	Werbung	59, 62, 2002
Warenvorrat	2419	Werbung betreiben	58

INDEX ALLEMAND

Werk	2808	Wilder Streik	2429, 2783
Werkmeister	978	Willkürlich	120
Werkseitig	2678	Windschutzscheibe	2788
Werkstatt	2810	Wirken	1692
Werkzeug	1213, 2558	Wirklich	2061
Wert	2703, 2814	Wirklichkeit	2065
Wert des Grundkapitals	873	Wirksam	817
Wertfeststellung	133	Wirksamkeit	818
Wertminderung	702	Wirkung(sweise)	1696
Wertpapierbörse	2406	Wirtschaft	810, 813
Wertvoll	2700	Wirtschaftlich	809
Wettbewerb	460, 538	Wirtschaftliche Unabhängigkeit	2278
Wetter	2771	Wissenschaft	2257
Wichtig	1133	Wöchentlich	2772
Wichtigkeit	1437	Wohlstand	1986, 2769
Widerspruch	744, 1989	Wohnen	1110
(Geld) Wiederanlegen	2113	Wohngebäude	800
Wiederaufnehmen	2181	Wolfram	2614
Wiederbekommen	2088	Wort	2795
Wiedererlangen	2193	Xerographie	2821
Wiedergewinnung	2089	Yen	2826
Wiederholung	1279	Zahl	1658
Wiederverkaufen	2165	Zahlbar	1775
Wiederverwenden	2090	Zahlen	1772

INDEX ALLEMAND

Zählen	592	Zentral	351
Zahlenmäßig	1659	Zentraleinheit (ZE), Zentrale Verarbeitungseinheit (ZVE)	352
Zähler	593, 1535	Zentraleinheit	600
Zahlreich	1660	Zentralisierung	353
Zahltag	1777	Zentralregierung	1052
Zahlung	1783	Zentrum	347
Zahlung bei Lieferung	334, 423, 692	Zeremonie	355
Zahlungsanweisung	1583	Ziegel	256
Zahlung gegen Dokumente	1773, 1781	Ziel	1043, 1663, 2011, 2485
Zahlungsaufschub	689	Ziffer	732
Zahlungsfähigkeit	2345	Zimmerhandwerk	327
Zahlungsrückstände haben	125	Zink	2832
Zahlungsbilanz	171	Zinn	2549
Zahlungsempfänger	1778	Zinsen	1236
Zahlungsfähig	2346	Zinseszinsen	472, 1238
Zahlungsunfähig	1203	Zinssatz	1234, 2047
Zahlungsunfähig werden	678, 1204	Zinstragend	1239
Zeit	2547	Zivilingenieur	853
Zeitplan	2255, 2545	Zobel	2235
Zeitraum von zehn Jahren	665	Zollabfertigung	410
Zeitsparend	2548	Zollagergut	232
Zeitung	1638	Zollfrei	799
Zeitverlust	687	Zollgebühren	630, 794
Zentimeter	350		

INDEX ALLEMAND

Zolllager	233	Zurückkaufen	289
Zollbeschau	890	Zusammenbrechen	252
Zollrevision	631	Zusammenkunft	506
Zollschranken	2486	Zusammenschluß	94
Zolltarif	2487	Zusammenstellen	463
Zollunion	632	Zusammenstellung	983
Zollverein	632	Zusätzlich	931
Zollverschlußschein	2758	Zusicherung	1972
Zone	2833	Zur Sache gehörig	1809
Zubehör	10	Zurückbezahlen	2139
Zuerkennung	165	Zurückerstatten	2112
Zufall	363	Zurückkehren	2198
Zufriedenheit	2247	Zurücktreten	2170
Zug	2576	Zurückweisen	2156
Zuhörer	152	Zurückweisung	2114, 2116
Zukunft	1016	Zurückzahlen	1774, 2112
Zukünftig	1015	Zurückziehen	2792
Zulieferer	2437	Zusammenarbeit	560
Zunahme	1161	Zusammenarbeiten	428
Zündkerze	2355	Zusammenfassung	2453
Zündung	1122	Zusammenkommen	1519
Zum Angriff/zur Offensive übergehen	1680	Zusammenbruch	2229
Zum Kostenpreis	578	Zusammenfassen	2070, 2452
Zum Kostenpreis verkaufen	2279	Zusammenschließen	1528

INDEX ALLEMAND

Zusammenschluß	1222, 1529	Zuwachswert	1161
Zusammensetzung	470, 471	Zuweisen	85
Zusammenspiel	1240	Zuweisung	86
Zusammentreffen	427	Zwang	525
Zusatzleistungen	211, 999	Zwangsläufig	1462
Zusätzlich	43	Zweck	2011
Zusätzlicher Nebenverdienst	1589	Zweifel	775
Zusätzliche Sicherheit	430	Zweifelhaft	2632
Zustand	2388	Zweifelhafte (uneinbringliche) Forderungen	169
Zuständigkeit	459	Zweiggesellschaft	2040
Zuteilen	85	Zweigniederlassung	245
Zustellen	690	Zweiseitig	218
Zustimmung	117, 518	Zweite Ausfertigung	788
Zutritt zu etw. haben	9	Zwischenzeit	1242
Zuverlässigkeit	356, 2119	Zwischenstaatlich	1247
Zuviel berechnen	1731	Zyklus	635
Zuwachs	1019, 1068	Zylinder	636

Achevé d'imprimer le 27 mai 1994
dans les ateliers de Normandie Roto Impression s.a.
61250 Lonrai
N° d'imprimeur : I4-1120
Dépôt légal : février 1994